John Hausmann

Psychisch krank durch Drogen

Bibliografische Information der Deutschen Nationalbibliothek: Die Deutsche Nationalbibliothek verzeichnet diese Publikation in der Deutschen Nationalbibliografie; detaillierte bibliografische Daten sind im Internet über dnb.dnb.de abrufbar.

Die automatisierte Analyse des Werks, um daraus Informationen insbesondere über Muster, Trends und Korrelationen gemäß §44b UrhG („Text und Data Mining") zu gewinnen, ist untersagt.

Verlag: BoD · Books on Demand GmbH,
In de Tarpen 42, 22848 Norderstedt, bod@bod.de
Druck: Libri Plureos GmbH, Friedensallee 273,
22763 Hamburg

ISBN: 978-3-7693-5590-1

Im Wald

Ich lief Nachts durch den dunklen Wald. Konnte meine Hand nicht vor Augen sehen, so dunkel war es. Im Schein des Mondes und der Sterne konnte ich gerade so dem Weg folgen. Ich suchte die Gruppe von Jugendlichen, die als Antifa in unserer Heimatstadt bekannt waren. Sie schlossen sich zusammen im Kampfe gegen die Nazis in der Stadt. Es war circa das Jahr 2001. Ich empfand die Nazis nicht so als Bedrohung. Hab nie viel Kontakt zu denen gehabt oder bin ihnen auch nicht oft begegnet. Nur einmal im Jugendzentrum kam so eine Truppe zu uns. Sie riefen Nazisprüche. Die Antifa-Jugendlichen haben sich denen entgegengestellt und riefen ihnen auch Sprüche entgegen. Später als ich in der Dorfdisco war kam einer an und erzählte, dass die Nazis auf ihn losgegangen waren. Es gab wohl eine Schlägerei. Ich hörte auch davon, dass mal die Polizei bei uns im Jugendzentrum war und mit den Antifa-Jugendlichen geredet hatte. Doch die Antifa-Jugendlichen bestanden zum Teil aus Punks und mochten die Polizei nicht. Ich als Halb-Türke fand es aber gut, dass die Jugendlichen was gegen Rechtsradikale und rechter Gesinnung machen wollten. Sie setzten sich ja für Ausländer ein und beschützten diese sozusagen. Sie waren Helden. Die Antifa-Jugendlichen bestanden aus Jugendlichen, die alle aus einen Jahrgang nach mir kamen. Hatten ich und unsere Clique vorher das Jugendzentrum besetzt, so haben diese jüngeren nun das Jugendzentrum in ihrer Hand und hingen immer dort ab. Ich spielte Schach mit denen. Brachte und verkaufte ihnen auch ab und zu Hasch. Nach dem Abitur war unsere Clique nicht mehr da. Alle zogen in die Großstadt, um zu studieren. Mit meinen alten besten Freunden Ben und Christian, sowie den meisten anderen aus unserer alten Clique, hatte ich nichts mehr zu tun. Mit ihnen hing ich ja in der Schulzeit immer ab und unternahm was mit ihnen. Sie waren aber Fake-Friends und immer ziemlich neidisch auf mich. Deshalb gab es oft Streit und sie beleidigten mich oft. Neidisch waren sie, weil ich vier Jahre in einer Beziehung mit einem Mädchen namens Biene war und dementsprechend regelmäßigen Sex hatte. Während sie hauptsächlich Single waren und sich nur zum Kiffen bei Steve trafen. Steve, der in eine 60 km entfernte Großstadt gezogen war, kam dann noch nach der Schulzeit zu mir, um ab und zu etwas Hasch zu kaufen. Von ihm bekam ich normalerweise immer was zu kiffen, während ich zur Schule ging. Ich fuhr dann, nach der Auflösung unserer Clique und nach dem Abitur, erst immer nach Holland und kaufte 100-Gramm-Platten Hasch für den sagenhaften Preis von einem Euro pro Gramm. Bei einem Verkaufswert von 5 Euro, war das ein guter Preis. Später bekam ich einen Dealer in meiner Heimatstadt, der immer was da hatte. Alte Kumpels wie Gerd und Heinz kauften noch von mir und ich hing zu der Zeit immer mit einer orientalischen Schönheit ab, die Daisy hieß. Mit ihr machte ich immer Party in den Discotheken rund um meine Heimatstadt.

Im Wald wollten die Jugendlichen sich treffen. Ich wusste ungefähr wo. In der Nähe von einem Hof. Meine Schrottkarre einen Fiat Marbella, den ich nur für 1000 Euro kaufte, konnte ich gut parken, trotz den Schlaglöchern im Boden. Doch ich fand die Antifa-Jugendlichen nicht. Der Weg machte eine Biegung nach links. Durch den Schein der Sterne und dem Mond konnte ich den Weg etwas erkennen. Gibt es hier wilde Tiere? Könnte mich hier ein Wolf angreifen? Vielleicht sollte ich umdrehen und die Sache vergessen. Doch ich hatte kein Hasch und hoffte die würden was haben. Ich ging weiter. Dann sah ich weit entfernt, abseits des

Weges ein schwaches Licht. Ich ging vom Weg ab ins Gestrüpp. Hier zu laufen war schon schwerer. Das Gestrüpp war hoch und es lagen Äste auf dem Boden. Die vielen Bäume musste ich umgehen.

Was war das für ein Licht? Oder war es einfach die Straße, in dessen Nähe ich kam? Bald konnte ich auch Stimmen vernehmen. Das mussten sie sein. Ich ging weiter. Und sie waren es wirklich. Da saßen die Hippies rund um ein Feuer. Sie waren verwundert, dass ich dort ankam. „Wie hast du uns gefunden?", sagte einer von ihnen. Er hatte eine Bong in der Hand. Haben die wirklich was zu Rauchen? In der Hand hatte ich eine Tasche mit der Aufschrift „Stuttgart". Ich packte aus meiner Stuttgart-Tasche meine kleine Anlage aus. Einen Discman, mit dem man CDs hören kann und zwei Boxen. Auch hatte ich viele selbst gebrannte CDs mit. Ich hatte mir ja früher einen der ersten Brenner auf dem Markt geholt. Den hatte ich in meinen Computer eingebaut. Ich lieh mir immer von vielen Leuten die CDs aus und brannte die. So hatte ich eine große Musiksammlung. Die CD von den Red Hot Chilli Peppers packte ich in den Discman. Die Musik war einfach toll. Im Schneidersitz setze ich mich neben ein paar Mädels. Ein Jugendlicher hatte eine große Tüte in der Hand. Er nahm daraus das Gras und stopfte es in den Kopf seiner Bong. Ich wurde gleich aufmerksam und fragte ihn, ob ich auch einen rauchen kann. „Wir haben leider nichts zu kiffen. Das ist Salvia", erzählte er. „Wenn du willst kannst du davon einen rauchen." Ich hatte Salvia schon mal geraucht, aber ich wusste, dass es gefährlich ist. Es ist stärker als Gras. Wie LSD kann es wirken und man kann davon echt abstürzen und einen Horror-Flash bekommen. Das gute an dem Zeug ist aber, dass es nur kurz wirkt. So zehn Minuten. Doch ich willigte ein. Hoffentlich bringen die anderen mich dann nicht auf einen schlechten Trip? Nicht dass ich Angst bekomme, währen dem Flash. Als ich rauche merke ich nicht viel. Was ich in Erinnerung habe, war dass alles ganz ruhig um mich wurde. Ich fühlte mich von allen Beobachtet und sagte auch selber kein Wort mehr.

Ich erzählte Daisy von dem Treffen: „Die ganze Aktion war bescheuert. Mitten im Wald ein Feuer zu machen. Was wäre passiert, wenn das Feuer sich ausgebreitet hätte und der ganze Wald gebrannt hätte. Dort Feuer zu machen ist doch verboten. Wenn der Förster die erwischt hätte, hätte es ne dicke Strafe gegeben."

Dealerei

Vor meinem Studium hänge ich noch in meiner Heimatstadt herum. Ich hab viel Zeit. Gehe kurz beim VW-Werk am Band arbeiten, so eine Art Ferienjob. Ich verdiene gut dort.

Hinter dem Bandproberaum des Jugendzentrums ist eine Bank und eine kleine Wiese. Dort hängen ein paar Antifa-Kids ab. Sie fragen mich nach was zu kiffen. Ich fahre sofort los zu meinem Dealer. Mein Dealer hat eine ziemlich heruntergekommene Wohnung. Die Küche ist voller Mülltüten. Im Wohnzimmer ist nur eine große, dreckige Couch und eine Wohnwand mit dem Fernseher und ein paar Bildern ihres Kindes. Es steht dort auch ein Tisch mit einem unvollendeten Puzzle darauf. Sörens Zähne sind alle Schwarz. Er hat immer eine alte Cappy auf. Er ist schon lange mit seine Freundin Doris zusammen. Ihr Gesicht ist voller Narben. Sie hat braune Haare und ist ziemlich schlank. Ihre Narben im Gesicht kommen wohl von Pickeln, die sie aufgekratzt hat. Sie haben ein kleines Kind. Oft schreien sie es an und tragen dann das heulende Mädchen in ihr Zimmer. Ich verstehe mich gut mit dem Kind. Manchmal male ich mit ihr lustige Bilder oder wir spielen was. Bei Sören sitzen immer Leute. Es ist immer viel los bei ihm. Jeden Tag, schon nach dem aufstehen trinkt er Bier. Und trotz seiner Dealerei hat er nie Geld. Den ganzen Gewinn kifft Doris immer weg, denn sie raucht viel aus der schwarzen, dreckigen Bong.

Er hat an dem Tag auch was da. Wieder zurück beim Jugendzentrum gebe ich dem Antifa-Mädchen zehn Gramm.

Ich fahre abends immer zu einem Kumpel, alle nennen ihn Psycho. Er ist ähnlich wie Sören auch sein Leben lang arbeitslos und hat auch so gut wie nichts in seiner Wohnung. Beide sind sie sehr arm. Doch bei Psycho ist die Bong immer blitze blank. Das Wasser erneuert er jeden Tag und er putzt sie immer penibel. Auch seine Wohnung ist immer sehr sauber. Viel hat er ja auch nicht. Auch ein altes Sofa, sowie eine Wohnwand mit einem kleinen Schwarz-Weiß-Fernseher, und einer Anlage. Auf der Fensterbank sind Blumen. Eine Box hängt über dem Sofa an der Wand. Er hat diverse Poster an der Wand von Rollern und Reggea-Bands. Dies weil er ja immer mit einem alten Roller durch die Gegend fährt. In der Ecke steht ein Terrarium, mit einem Leguan darin. Der Leguan macht nicht viel. Er sitzt dort nur bewegungslos drinnen. Es ist bescheuert von mir bekifft viel in der Stadt umher zu fahren. Ich gefährde meinen Führerschein. Aber zu der Zeit, gab es noch keine effektiven Tests für THC. Und Autofahrer wurden nicht so oft auf THC kontrolliert, wie heutzutage. Höchstens wenn ich mit Daisy in die Disco fuhr, dann wurde ich ab und zu angehalten und die Polizei leuchtete mit einer Taschenlampe in meine Augen, um zu sehen wie meine Pupillen sich verändern. Aber ich hatte immer Glück. „Die Polizei will mich nicht," sagte ich immer zu Daisy und den anderen.

Auch besuchte ich noch immer einen anderen Jungen. Er wohnte genau wie Psycho beim Marienhof. Mit ihm und zwei Mädchen fuhr ich auch immer die Discotheken unserer Region. Er wollte dann immer Ecstasy haben. Meine Ex Biene sagte immer: „Wenn du Ecstasy nimmst, verlasse ich dich sofort!" Ich vermutete, dass sie das sagte, weil ich dann wahrscheinlich darauf hängen bleiben würde und es immer nehmen würde. So nahm ich es auch nicht. Das Kiffen reichte mir.

Bei Sören bekam ich immer die Pillen.

Eines Abends wollten wir wieder Party machen. Der Junge fragte mich nach Ecstasy. Ich fuhr zu Sören. Dort bekam ich auch sofort zehn Stück. Ich hatte Glück, sein Dealer Bruno war gerade mit den Dingern da. Der Junge vom Marienhof bekam richtig große Augen als ich mit den zehn Dingern bei ihm ankam. Sie wirkten auch gut bei den Jugendlichen. Man sah es ihren Augen an. Ihre Pupillen waren sehr geweitet. Man sagt dazu sie hatten „Teller". Auch schwitzten sie immer sehr wenn sie Ecstasy nahmen und machten komische Mundbewegungen. In der Disco sagte eines der Mädchen voll geflasht: „Ich bin voll drauf! Fühle mich wie in einem Film." Und ich war stolz, denn ich hatte es möglich gemacht.

Liebe ich sie?

Gegenwart. Mir fällt ein Mädchen auf in der Dorfdisco/Dorfkneipe. Ich bin nach der Corona-Zeit oft dort. Immer mit meinem Kumpel Arne. Wir lernen viele Leute dort kennen, auch oft Mädchen. Aber es ergibt sich Liebes-Technisch noch nichts. Ich sehe immer noch gut aus. Werde 10 Jahre jünger eingeschätzt.

Das Mädchen, oder besser gesagt die Frau, könnte eine

aus der Schule sein. Vier mal, an verschiedenen Tagen läuft sie an unserem Platz vorbei. Ich sehe sie heftig tanzen. Sie trägt ein Kleid und sexy, eng anliegende Strumpfhosen. An dem großen Straßenfest das einmal in Jahr statt findet, sehe ich sie auch wieder auf dem Marktplatz tanzen. Es ist eine Bühne dort aufgebaut und rundherum sind Buden und Zelte. Sie tanzte dort, von allen als erstes, ganz alleine.

Vor kurzem war ich wieder in der Dorfkneipe/Dorfdisco. Wir sitzen mit mehreren an einem Tisch. So um zwei Uhr kommt das Mädchen plötzlich von hinten, von der Tanzfläche, und setzt sich uns gegenüber, ganz alleine an die Theke. Der Laden ist mittlerweile ziemlich leer. Sie ist die einzige an der Theke. Kein anderer Typ ist in ihrer Nähe oder spricht sie an. Soll ich sie ansprechen? Ich spreche nie Mädchen an. Es ergibt sich meisten immer mit denen oder sie sprechen mich an. Das letzte Mädchen, das ich dort angesprochen habe, hat mich abgewiesen, ist immer wieder weg gegangen. Und ich sah sie später heftig lachen.

Ich sitze also so am Tisch. Rund um mich herum die besoffenen und mein Kollege Arne, mit dem ich hergekommen bin. Unser Kumpel Santo wurde gleich zu Anfang angesprochen. Das Mädchen hat ein sehr lautes Organ. Sie kippen den harten Alk exzessiv in sich rein. Zwischen Santo und dem Mädchen bahnt sich was an. Arne ist auch schon besoffen vom ganzen Korn. Arne ist ein Kampfsäufer. Er stottert und trinkt deshalb gerne viel Alkohol, weil er meint, dass er dann gesprächiger wird. Mit den Frauen läuft es bei ihm nicht so gut, vielleicht weil er von der Statur ziemlich dick ist. In seinem Gesicht, über dem linken Auge sind zwei krasse Narben. Das Resultat einer durchzechten Nacht. Denn er ist nach einer Saufnacht besoffen durch die Glasscheibe einer Tür bei seiner Mutter gefallen. Es war alles voller Blut. Aber weniger trinken will er deshalb nicht. Weil Arne stottert, ist er immer sehr ruhig. Nur wenn er Alkohol trinkt, kommt er aus sich heraus und erzählt einem immer die gleichen Geschichten. Wie z.B. von seinem Führerschein und dem Unfall den er gebaut hat. Er hat ein Auto angefahren, hat Fahrerflucht begonnen und eine Strafe bekommen. Denn er hatte für den Wagen gar keine Versicherung. Die Strafe bezahlt er monatlich von seinem Bürgergeld ab. Santo ist etwas kleiner als wir. Seine Zähne sind komplett vergammelt. Er hat Diabetes und fast keine Haare mehr auf dem Kopf.

Ich trinke keinen Alkohol. Deshalb bin ich auch etwas ruhiger. Der Langweiler. Sie plappern alle wild um mich herum. Das Mädchen von Santo spricht mich an. Wir machen Small-Talk. Sie interessiert mich aber nicht. Ich schaue immer zu dem Mädchen an der Theke. Sie schaut in ihr Handy. Es kommt noch ein Mädchen zu uns an den Tisch. Sie ist noch sehr jung und kommt in letzter Zeit öfter zu uns. Eine ehemalige Kellnerin von hier, die unsere gute Gemeinschaft immer mitbekommen hat. Dass ich immer nur Cola-Zero trinke, weiß sie mittlerweile. Sie schielt und hat einen Spaghetti-Träger an, der bestimmt wenn sie sich bückt einen guten Einblick bieten würde. Wenn ich so penetrant wäre und sie dann anglotzen würde. Aber ich mache es nicht. Sie heißt Mia. Ein ziemlich fetter Typ, der auch immer hier ist, kommt gleich zu ihr. Er belagert immer die Frauen hier, aber bekommt nie eine ab. Ich frage Mia kurz, wie es ihren beiden Kindern geht.

Immer wieder schaue ich rüber, zu dem Mädchen an der Theke. Um mir herum verschwimmt alles. Ich schaue auch in mein Handy. Sie plappern alle unaufhörlich und kippen einen Drink nach dem anderen in sich hinein. Dann stehe ich abrupt auf und drücke mich an dem fetten Typ neben mir vorbei. Ich gehe durch den Laden zur

Tanzfläche. Es ist nicht viel los. Als ich zurück laufe schaue ich ihr in die Augen. Hat sie mich bemerkt? Meine tollen Klamotten registriert? Ich war ja mal Kaufsüchtig was Klamotten angeht. Bekomme immer Lob von allen Leuten, dass meine Klamotten toll aussehen. „Ich mag deinen Pullover", sagte mal ein Typ neben mir an der Theke. Es passiert ständig von allen, dass sie mir Komplimente wegen meinen Klamotten machen. Sei es von meiner Mutter, meiner Schwester, meinem bester Kollege Gerold oder Arbeitskollegen. Zwei Kleiderschränke brauche ich mittlerweile und beide sind restlos voll. Und ich würde mir am liebsten immer mehr kaufen. Schaue ständig in meinen Lieblingsshop im Internet.

Ich setze mich wieder zu den anderen an den Tisch. Langweilig ist es. Keiner redet mit mir, obwohl unser Tisch voll besetzt ist. Meine Gedanken sind nur bei dem Mädchen an der Theke. Doch ich habe Angst, sie anzusprechen.

Nach einer Weile springe ich plötzlich auf und gehe zu ihr an die Theke. Sie dreht sich zu mir. Ich sage grinsend: „Hallo, darf ich dich auf ein Getränk einladen? Du sitzt hier so alleine." „Na klar! Ich trinke aber keinen Alkohol", erwidert sie. „Perfekt. Ich auch nicht."
Ich bestelle uns zwei Cola.

Plötzlich kommt Mia angesprungen. Sie umarmt uns beide: „Hey, mögt ihr euch?" Dann meint sie zu dem Mädchen: „Zeit für ein Frauengespräch." Sie gehen an den ersten freien Tisch. Ich warte geduldig an der Theke. Mich beobachten die Leute an den Tischen. Eine Frau hat wohl bemerkt, dass ich das Mädchen angesprochen habe. Die Zeit vergeht plötzlich ziemlich langsam. Ich schaue immer wieder zurück zu Mia und dem Mädchen. Warum mischt sich Mia sofort ein? Ich schaue in meine Handy, trinke von meiner Cola. Arne kommt an und fragt, was da mit dem Mädchen läuft. Er ist heftig am grinsen. „Alles gut. Habe sie nur angesprochen", erwidere ich. Irgendwann wird mir das zu blöd. Ich stehe auf und setze mich zu Mia und dem Mädchen. Mia brüllt: „Nein! Geh weg! Wir führen hier ein Frauengespräch!" Ich sage: „Ne, möchte jetzt auch mit ihr reden." Dann steht Mia auf und gibt nach und geht. Sie sagt noch: „Es ist alles gut. Ich habe die Vorarbeit gemacht. Ihr könnt euch nun kennenlernen."

Wir setzen uns nebeneinander und reden die ganze Nacht bis 5 Uhr.

Sie sieht gut aus. „Ich will dich die ganze Zeit küssen", gestehe ich ihr. „Ich hab da was mit einem und muss das erst abklären", sagt sie leider. Sie fährt mich dann nach Hause. Ich bin müde. Bin nie so lange unterwegs. Meistens gehe ich um 3 Uhr spätestens nach Hause. Weil es schon so spät ist, frage ich sie nicht, ob sie mit rein kommt.

Ich war aber so schlau, sie nach ihrer Handynummer zu fragen.

Das Wochenende darauf will sie mich unbedingt sehen und kommt vorbei. Ich hab sie vorher bei ihrer Arbeit besucht. Sie arbeitet in einer Bäckerei. „Wie geht's dir?", fragt sie mich als ich mich ins Café setze. Ihr Macker ist auch vorbeigekommen. Wir haben uns unterhalten. Er ist ein Autofreak. Ahnt er etwas? Merkt er dass ich was von ihr will? Er hat mich dann ausgefragt. Was ich für ein Auto fahre, wo ich wohne, und wo ich am Wochenende hin gehe zum Party machen.

Als sie bei mir dann vorbei kommt, reden wir wieder viel. Sie ist voll crazy und das mag ich. „Ich glaube die KI beherrscht uns. Und glaubst du auch an Paralleluniversen?", fragt sie. Auch erzählt sie: „Ich glaube man kann Sachen manifestieren, wenn man immer wieder an sie denkt." Sie meint damit, dass wenn man oft an etwas denkt, die Sachen wahr werden.

Meine Alexa mag sie deshalb nicht. Sie denkt die überwacht die Menschen. Doch ich präsentiere ihr stolz, dass ich alle meine Lichter mithilfe der Alexa steuere. „Schau mal. Ich muss nur sagen: Licht an!" sage ich stolz. „Und dann geht das Licht an. Ich kann auch sagen: Licht rot!" Meine vier Lichter im Zimmer kann ich mit der Sprache steuern. „Auch mein Licht-Panel kann ich mit der Sprache steuern. Ich kann alle möglichen Farbvarianten damit einstellen. Und es reagiert auch auf Musik. Genau wie meine Lichter. Die kann ich auch mit Spotify koppeln", erzähle ich weiterhin. „Wenn ich auf dem Sofa liege, muss ich nicht aufstehen, um das Licht auszuschalten. Ich kann einfach sagen: Alexa Wohnzimmer aus! Und dann ist es dunkel."

Ich gehe dann mit ihr in die Küche und dampfe etwas mit meiner E-Zigarette. Das Internet-Radio mache ich dabei an. Sie raucht nicht.

Als wir zurück gehen ins Wohnzimmer umarme ich sie von hinten. Sie hält mich dann stark fest. Sie dreht sich zu mir. Drückt mich fest an sich. Ich küsse sie. Sie küsst außergewöhnlich, hat ihren Mund stark geschlossen. Sie küsst wohl nicht gerne mit Zunge, so kommt es mir vor. Schnell gehe ich ins Bad und schmeiße eine Viagra ein. Hoffentlich bemerkt sie nicht den bitteren Geschmack in meinem Mund. Zur Sicherheit trinke ich was, wieder im Wohnzimmer angekommen.

Wir reißen uns die Klamotten vom Leibe. Dabei lässt sie ihren BH an. Das verwundert mich. Normalerweise ziehen Frauen doch auch oft ihren BH selber aus, wenn der Sex losgeht.

Wie sie so unter mir liegt, auf meinem schönen Ledersofa, sieht sie aus wie Biene. Sie hat Ähnlichkeit mit ihr. Biene hatte erst sehr lange Haare, aber später dieselbe, etwas kürzere Frisur wie Nadja. Die Haare so lang bis zum Hals. Beide sind sie ja blond. Und später hatte Biene ja auch genauso eine Brille, wie Nadja.

Wir haben Sex. Sie stöhnt sehr heftig und laut. Besonders als ich ihr großen Brüste anfasse. Ich muss dabei unter den BH greifen. Irgendwann frage ich sie, ob ich sie ihren BH ausziehen kann, was sie auch sofort macht. Ihre zwei Kinder haben so gut wie keine Spuren bei ihr hinterlassen. Odelia hatte ja so starke Schwangerschaftsstreifen und hängende Brüste. Sie war ja meine letzte Freundin vor zwei Jahren. Das letzte mal hatte ich vor einem Jahr noch mal Sex mit Odelia, aber der Sex mit ihr war grundverschieden.

Nadja hat helle Haut. Wir treiben es eine Weile, sie unter mir liegend. Dann wechsel ich die Stellung. Ich setze mich aufrecht hin und sie soll mich reiten. Dabei kann ich sie gut ansehen. Ich streichele dabei immer zärtlich ihre Brüste. Sie schreit dabei sehr laut. Sie wird immer schneller und scheint dann nach einer Zeit so erregt zu sein, dass sie kurz vor einem Orgasmus ist. Sie verkrampft sich nämlich regelrecht und stöhnt immer heftiger.

Der Akt dauert lange, da ich eine Viagra eingeworfen habe. Ich denke daran, ob ihr Macker auch so lange durchhalten kann ohne Viagra.

Ich frage sie, ob wir ins Schlafzimmer gehen können. Dort legen wir uns in mein großes Bett. Ich habe ihr ja am Anfang die Wohnung gezeigt. Meine Abstellkammer mit dem Akku-Staubsauger. Das Bad in dem alles mit Sternen dekoriert ist. Mein Duschvorhang ist mit Sternen besetzt, der Klodeckel ziert Sterne, der Wäschesack hat Sterne drauf, ein mit Sternen besetzter Behälter für meine Rasierer steht auf dem Regal, und sogar die Klobürste ist in einem Tonbehälter auf dem Sterne sind.

Mein Schlafzimmer ist in der Farbe Weiß gehalten. Und alles sind Ikea-Möbel. Meine zwei weißen Schränke, wobei der eine einen Spiegel hat, die zwei weißen Ikea-Regale und das weiße Bett. An der Wand neben dem Bett kleben kleine, runde Spiegel zur Dekoration.

Sie dreht mir im Bett den Rücken zu. Ich fasse sie zärtlich an. Streichele ihre Brüste. Dann nehme ich ihre Hand und führe sie an meine Penis. Denn ich bin wieder mal nicht gekommen, wie ich es meistens mit Viagra habe. Sie holt mir einen runter. Immer stärker wird ihre Bewegung. Sie kann das wohl gut, aber mir wird es irgendwann zu grob. Das sage ich ihr auch, woraufhin sie einen Ganz runter schaltet. Doch ich bekomme einfach keinen Orgasmus. Dann nach einer Zeit bin ich gesättigt und habe keinen Bock mehr. Wir liegen etwas im Bett und streicheln uns. Dann frage ich, ob wir in die Küche gehen können zum E-Zigarette dampfen.

Das machen wir auch. Ich habe ein schlechtes Gewissen, dass ich sie nicht geleckt und gefingert habe. Vielleicht denkt sie, dass das dazu gehört.

In der Küche stehe ich neben dem Radio, während sie immer auf und ab läuft. Dann esse ich noch einen Fertig-Salat, der im Kühlschrank sonst schlecht geworden wäre. Sie leistet mir im Wohnzimmer Gesellschaft dabei, bevor sie geht.

Wir sind zusammen. Am nächsten Tag holt sie mich ab zu einem Weihnachtsmarkt in einem Nachbardorf. Es ist ihre beste Freundin dabei, die schon sehr alt aussieht. Ich schätze sie auf 60 Jahre. Der Sohn, der Freundin ist auch dabei. Er ist 21 Jahre alt.

Auf dem Weihnachtsmarkt laufen wir Hand-in-Hand. Es gibt dort eine Kapelle mit zwei Löwenfiguren davor. Ich mache dort ein Foto mit dem Handy von ihr. Sie tut dabei so als ob sie den Löwen küsst. Zuhause drucke ich das Bild mit meinem kleinen Handydrucker aus und hänge es in der Küche an die Wand. Neben den ganzen anderen Bildern von meinen Freunden, meiner Schwester und meiner Ex Odelia.

Mit dem Auto bei mir angekommen küsst sie mich heftig zum Abschied.

Sie schreibt mir dann am Abend per Whatsapp: „Es war schön mit dir und gestern Abend auch." Zusammen mit einem Smiley-Kuss-Emoji. Ich bin verliebt. In mir sind Schmetterlinge und fühle mich geflasht von meinen Gefühlen. „Du bist mir so ähnlich. Wir sind uns gleich so vertraut gewesen, als ob wir uns schon lange kennen. Vielleicht weil wir beide die Erstgeborenen sind", habe ich ihr gesagt.

Am nächsten Tag schreiben wir per Whatsapp, darüber ob sie ihren Typen davon erzählt hat.

„Ich hab ihm gesagt, das ich Samstag bei dir war. Er ist auch nicht blöd", schreibt sie anscheinend etwas angepisst darüber.

Bei ihm war es wie sie erzählt hat, so dass er keine Beziehung mit ihr will. Nur Freundschaft Plus. Er kommt sie immer Besuchen bei ihrer Arbeit in der Bäckerei. Ein richtige, offizielle Beziehung haben sie nicht.

Nach etwas hin und her Geschreibe darüber, ob sie es ihm wirklich gebeichtet hat fragt sie per Whatsapp:

„Warum fragst du mich das? Sei ehrlich."

„Weil es sein kann dass Vertrauen jetzt angekratzt ist. Wie würdest du dich an seiner Stelle fühlen? Aber ich denke er wird es überleben", schreibe ich.

„Wahrscheinlich ist es aus, bevor es angefangen hat," meint sie.

Ich bin mittlerweile etwas sauer. Hängt sie noch an ihm?

„Weiß ich nicht. Ich kenne ihn nicht. Vielleicht juckt es ihn gar nicht", schreibe ich.

Sie schreibt dann: „Er will mich dann eh nicht mehr. Und ich hab ernsthaft Gefühle für ihn."

Das letzte was sie mir geschrieben hat, hat mich verletzt. Ich bin jetzt richtig sauer: „Freundschaft Plus ist bestimmt noch drin."

Danach schreibt sie nicht mehr.

Am nächsten Tag sehe ich wie ihr Profil-Bild weg ist. Das bedeutet sie hat mich Blockiert. Der letzte Satz muss sie wohl wütend gemacht haben.

Ich bin etwas traurig, dass es so schnell vorbei ist.

Mia ist an dem Abend in der Dorfkneipe auch zufälligerweise mit einem Typen zusammen gekommen, der in meiner Siedlung wohnt. Genau genommen mir gegenüber. Ich und Arne gehen am Wochenende darauf dahin. Zum Saufen. Besser gesagt, alle dort Saufen, nur ich natürlich nicht. Als ich rein komme sitzt dort Mia und eine andere Tussi, die wir aus der Dorfkneipe kennen. „Wie läuft es mit dem Mädchen?", fragt Mia sofort. „Es geht. Wir haben uns getroffen und sind gleich im Bett gelandet. Sie wollte aber bei ihren Typen bleiben, mit dem sie so halb zusammen ist. Sie kennt ihn halt länger", beichte ich ihr. Daraufhin sagt sie nichts. Ihr Gesicht zuckt komisch und sie schielt wieder.

Vorher war ich mit Arne bei einem Spieleabend in einem Café meiner Heimatstadt. Arne will da eigentlich nicht hin. Er hat so wenig Geld, war vor kurzem lange Arbeitslos. Jetzt arbeitet er nur bei der Werkstatt für Behinderte und verdient nicht viel. Er bekommt noch Bürgergeld und ein kleines bisschen mehr. Außerdem muss er Schulden abbezahlen. Auch mir muss er jeden Monat 50 Euro gebe, weil ich ihm einen PC zusammen gebaut habe und die 530 Euro vorgeschossen habe.

Computer zusammen zu bauen für Bekannte habe ich in letzter Zeit fünf mal gemach. Für Arne, Odelia, Gerold, Leon und dem Sohn von dem Ex-Freund meiner Schwester. Leon, dem Sohn meiner Schwester, habe ich einen PC aus einem Mix aus alten Teilen und neuen Teilen zusammen gebaut. Es waren zum Teil auch echt teure Computer dabei. Doch der Zusammenbau klappte immer gut. Der Sohn vom Ex meiner Schwester schenkte mir seine alten Teile. Die Grafikkarte verkaufte ich Arne für 200 Euro. Ein guter Gewinn für circa zwei Stunden Arbeit.

Nadja hatte erzählt: „Ich glaube an Verschwörungstheorien, und dass die KI uns beherrscht. Deshalb mag ich keine Computer. Mein 13-jähriger Sohn darf eine PC haben und kein Handy. Ich hab auch keinen Fernseher. Lesen mache ich dafür viel. Meistens zum Einschlafen." „So ähnlich wie wir uns sind. Das unterscheidet uns. Ich bin voll der Technik-Freak und du hasst Technik", sagte ich dann.

Bei dem Spieleabend steht die alte Freundin von Nadja plötzlich neben mir. Perfekt, denn so können wir zu dritt spielen. Ein Typ dort berät uns beim Spielen und zeigt uns ein Kartenspiel namens „Scout". Es ist cool und macht Spaß. Aber Arne macht die ganze Zeit Stress, weil er hier gar nicht hin wollte. Ständig geht er Rauchen. „Wenn Mia sich meldet müssen wir sofort los", quengelt er. „Mach mach nicht son Stress", maule ich ihn an. Die alte Freundin von Nadja sagt: „Können die nicht her kommen?" „Nach der Runde gehen wir aber!", sagt er wütend. „Nein. Wir spielen die drei runden zuende!", halte ich dagegen. Er zittert sogar beim Spielen so innerlich aufgeladen ist er. Als er Rauchen geht sage ich zu der alten Frau: „Er will halt unbedingt saufen. Ich glaube er ist ein Alkoholiker." Als er weiterhin Stress schiebt sage ich im lauten Ton: „Chill doch mal! Der Abend ist noch jung. Du hast noch genügend Zeit zum Saufen!"

Die alte Frau und ich reden auch über Nadja, ihrem „Freund" und mir. „Ich finde Nadja ist so eine tolle, interessante Person. Ich hätte sie noch gerne besser kennengelernt", erzähle ich. Sie sagt dann etwas was mich verwundert: „Der Freund von Nadja war wohl ziemlich sauer." „Ja, hat Nadja geschrieben. Sie hat dann gemerkt, dass er sie liebt und um sie kämpft. So hat sie sich für ihn entschieden. Wollte aber gerne mit ihr befreundet bleiben. Sag ihr das mal bitte", flehe ich sie an.

Es vergehen die Tage. Ich schaue immer auf mein Handy, ob ihr Bild wieder da ist. Aber sie blockiert mich weiterhin.
Ich liege dann in mein Bett, mein Handy immer in der Nähe. Es liegt auf dem kleinen Tisch mit der modernen Tischlampe von Philips, die ja auch auf den Befehl „Tischlampe" reagiert. Es vibriert. Ich schaue nach ein paar Minuten drauf. Es ist Nadja. Sie schreibt nur: „Hi."
Wir schreiben dann viel und telefonieren auch. Sie lädt mich zu ihrem Geburtstag ein. Dort schenke ich ihr das Gesellschaftsspiel „Scout" was ich im Cafe gekauft habe. Die alte Dame ist auch bei ihrem Geburtstag, genauso wie der 13-jährige Sohn und ihr großer Sohn, der 21 Jahre alt ist. Wir spielen Kniffel und das neue Kartenspiel „Scout". Es macht alles viel Spaß. Alle sind nett und haben gute Laune. Wir bestellen Pizza. Nadja besteht darauf uns einzuladen. Ab und zu gehen wir raus. Ich dampfe da E-Zigarette und der große Sohn raucht einen Joint. Nadja und die alte Dame ziehen auch ein paar mal vorsichtig an seinen Joint.
Als wir uns zum Abschied umarmen, will Nadja mich gar nicht mehr loslassen. Sie drückt mich ganz fest.
Wir stehen dann noch etwas nebeneinander vor dem Haus unter dem Dach. Weil es regnet. Ich drücke ihr urplötzlich einen Kuss auf die Wange.
Am nächsten Wochenende wollen wir uns sogar nochmal treffen. Es ist der erste Weihnachtstag. Arne und ich wollen in die Dorfkneipe. Er kommt so gegen 21 Uhr. Ich hab alles penibel sauber gemacht. Doch Nadja kommt

nicht. Ich traue mich nicht ständig zu schreiben und Stress zu machen.

Dann um 23 Uhr schreibe ich ihr. Sie schickt eine Sprachnachricht: „Ich war gerade auf dem Weg zu dir. Da kam mir Manfred mit dem Auto entgegen. Ich muss die Sache erst mit ihm klären. Ich kann ihn jetzt nicht einfach so ignorieren. Wir sehen uns später!"

In der Dorfkneipe sitze ich bei einem etwas dickeren Mädel, die ich schon lange kenne. Sie hat eine gutaussehende Freundin dabei, die ich wiederum nicht kenne. Die aber wohl interessiert ist. Obwohl sie ein paar Pfunde zu viel hat, sieht sie ganz gut aus. Mia, ihr Freund mit seinen Kumpels und der dicke Typ sind auch bei uns ganz hinten am Tisch bei der Tanzfläche. Mia tanzt die ganze Zeit mit dem dicken Typen. Ich frage die Mädels auch, ob sie tanzen wollen. Sie willigen irgendwann ein. Mia erkundigt sich über Nadja: „Habt ihr noch Kontakt?" Doch mich nervt, dass sie sich immer einmischen will. Deswegen antworte ich nur mit einem knappen: „Ja."

Bald macht die Dorfkneipe endgültig zu. Der Besitzer ist schon 78 Jahre alt. Es ist vielleicht das letzte mal hier. Einen Nachfolger kann es nicht geben in diesem „Keller". Irgendwie wegen Brandschutz-Bestimmungen und fehlenden Notausgängen. Später spricht mich der Besitzer an. Ich kenne ihn ja schon lange, weil ich seit ich 16 bin hier her gehe. Ich soll meine Mutter und Schwester grüßen.

„Es war schön. Das letzte mal hier tanzen", sage ich zu ihm.

Um circa drei Uhr vibriert mein Handy in der Tasche. Ich sitze immer noch neben den beiden dicken Mädels.

Auf dem Display steht Nadjas Name. Schnell rausgegangen rufe ich sie zurück. Sie fragt, ob ich noch da bin. Sie kommt dann auch in die Dorfdisco. Ich bin glücklich sie an der Theke zu sehen. Sie hat sofort zwei

Cola für uns bestellt. Irgendwie will sie mich immer einladen. Wie bei der Pizza bei ihrem Geburtstag. Oder dem Tee und Kaffee bei dem Weihnachtsmarkt. OK, die Bratwurst später hab ich bezahlt.

Wir setzen uns an unseren alten Platz bei dem Eingang. Ganz nah beieinander bin ich überglücklich sie zu sehen. Ich will sie anspringen, streicheln und küssen. „Es tut mir so leid...", sagt sie in einem traurigen Ton. Ich weiß was jetzt wieder kommt. „Das hat ja so lange gedauert heute Abend bei Manfred. Hattet ihr Sex?", frage ich direkt. „Ja, hatten wir." Ich bin erst geschockt. Doch dann ist es mir egal. Ich streichele ihre Hand. Auch ihre Hand wandert an mein Knie an die Stelle, wo meine Hose kaputt ist. Wie das bei modernen Jeans halt so der Fall ist. Wir reden wieder viel und irgendwann ist es uns wieder egal. Wir küssen uns. Ich streichele ihren Rücken. Um uns verschwindet alles. So als ob niemand da ist. Obwohl uns anscheinend Leute beobachten, so kommt es mir jedenfalls vor. Ich lege meinen Arm um sie. Meine Hand streichelt ihr Gesicht und wandert an ihrem Rücken unter ihrem Kleid, das hinten so geschnitten ist, dass der Rücken frei ist.

„Du küsst nie mit Zunge. Warum?", frage ich frech. Darauf antwortet sie mit einem heftigen Kuss mit Zunge. Aus Spaß meine ich: „Ich bin ein besserer Küsser als du!" Woraufhin sie mich wieder abknutscht. Wir knutschen die ganze Zeit. Dann sage ich: „Lass und tanzen." Die beiden dicken Mädels sind auch auf der Tanzfläche, sonst niemand. Sie schauen neidisch. Nadja dreht mir immer den Rücken zu beim tanzen. Sie will dass ich sie von hinten antanze. Das mache ich auch. Ich umarme sie von hinten. Fasse ihre Hand und lasse sie drehen. Dann wieder und immer wieder dreht sie sich. Sie greift mich und wir tanzen fest umschlungen zusammen. Dann ist das Lied vorbei. Es kommt wieder so ein scheiß Heavy-Metal-Song. Es ist nicht mehr viel los. Wir setzen uns an einem freien Tisch. Arne kommt. Dann ein Kellnerin, die sagt, dass der Laden gleich schließt. Draußen sage ich zu Nadja: „Ich hab heute den ganzen Tag auf dich gewartet. Wollte bei dir schlafen. Aber das geht ja jetzt bestimmt nicht mehr." „Ne, das geht nicht." Ganz davon abgesehen hatte ich auch keine Lust mehr mit ihr zu schlafen, wenn sie heute mit einem anderen Sex hatte.

Am nächsten Tag schreiben wir ganz viel. Sie redet schlecht von Manfred. „Der ist ein Stalker! Das war kein Zufall, dass er mir letztens entgegen kam! Er hat herausgefunden, wo du wohnst und hat geschaut, ob mein Wagen da steht! Er fährt immer viel in der Stadt rum. Er hat mir eine Beleidigende Nachricht geschickt: Was machst du mit diesem Stricher rum!" Auch erzählt sie, dass er meinen Nachnamen kennt. Mich wundert das. Hab ich ihm den gesagt und wenn ja wie konnte er sich den so gut merken?

Sie schreibt: „So wie es ist, will ich es auf keinen Fall haben... Ich mag dieses nicht halbes, nichts ganzes gar nicht. Ich werde Abstand von ihm halten... das ist das Beste. Hat Arne was gesagt?"

Als wir bei der Dorfdisco draußen standen haben wir uns geküsst. Arne fragte frech: „Krieg ich auch einen Kuss!" Daraufhin hat sie ihn aus dem Affekt heraus auf die Wange geküsst. Genauso wie ich sie vor ihrem Haus. Ich finde das im Nachhinein nicht gut. Hat sie keine Empathie? Das hat mich eifersüchtig gemacht.

„Es muss bitter schmecken bevor es süß wird. Enttäuschungen musst du einfach wegstecken", schreibe ich.

„Das ist sehr weise... stimmt aber absolut."

„Ne Arne hat nichts besonderes gesagt. Er hat sich nur

entschuldigt. Weil er gefragt hat, ob er auch einen Kuss bekommt. Warum?"

„Hat mich einfach interessiert, weil er dein Freund ist."

„Du brichst sofort alle Männerherzen!", schleime ich.

Sie lenkt vom Thema ab: „Ich fahre bald mit meiner Familie zu meiner Mutter. Aber ich brauch ein bisschen Auszeit."

Dann beginne ich ihr zu schmeicheln: „Du bist eine sehr schöne Frau und ich bin geblendet von deiner Schönheit."

Es funktioniert denn sie schreibt dann: „Wir können uns bestimmt bis dahin noch ein paar mal sehen, oder?"

Ich schreibe: „Ja klar kannst jederzeit vorbeikommen oder ich zu dir."

„Du bist auch ein richtig toller Mann."

Ich höre nicht auf zu flirten: „Das kostet einen Kuss!"

Sie schickt ein Kuss-Emoji.

„Du kannst phantastisch küssen", schleime ich weiter.

Und sie geht drauf ein: „Und du erst."

„Du bist der Beweis das man die perfekte Partnerin findet, dann wenn man es am wenigsten erwartet", schreibe ich dann.

„Das ist vielleicht Schicksal gewesen... oder es geht hier um spiruellen Wachstum."

Wir schreiben dann noch ein paar Sachen über Schicksal und dem Vollmond, der in letzter Zeit immer am Himmel ist.

Danach mache ich ihr wieder Komplimente: „Ich hab mich sofort in dich verliebt. Und war deinem kurzen Rock schutzlos ausgeliefert."

Sie schickt daraufhin wieder ein Kuss-Emoji, was mir symbolisiert, dass sie die Komplimente annimmt und toll findet.

„Ich kann nicht aufhören an dich zu denken. Und dein Duft ist wie eine Droge für mich," schreibe ich.

Sie antwortet: „Du riechst auch richtig gut... ganz

außergewöhnlich."

„Ich hab mir extra ein neues ganz teures Duschgel geholt."

Sie will wissen welches.

Dann beichte ich ihr noch: „Und ich hab 1000 mal mein Bett für dich neu bezogen."

Woraufhin sie erwidert: „Das riecht bestimmt besser, wenn es nach dir riecht."

Am nächsten Tag schreibt sie: „Er kam heute ins Café und ich komm einfach nicht über ihn hinweg!"

Ich schreibe sofort: „Ich wusste es."

Auch schreibt sie an einer anderen Stelle: „Ich hab Gefühle für ihn, auch wenn es unverständlich ist...ich verstehe es selber nicht."

Dann nach einer Pause schreibt sie: „Und für dich auch."

Ich hatte nach dem Sex mit Nadja Odelia angerufen und mit einigen darüber geredet. Odelia sagte ziemlich sicher: „Die will nur mit dir spielen."

Nadja ist vielleicht polygam. War ich wieder an eine Nymphomanin geraten? Warum gerate ich eigentlich immer auf Frauen die krank und gestört sind?

In der Zeitung steht ein Bericht über die Dorfdisco. Das sie zu macht. Es steht eine dicke Überschrift dort: „Zum letzten mal tanzen."

Bundeswehr

Rückblick. Bevor ich mit Daisy herumhing war ich mit Kerstin zusammen. Kerstin ist voll die Schnitte oder Tussi. Sie trägt gerne kurze Kleider und dazu einen knappes Spaghetti-Träger-Top kombiniert mit langen Stiefeln. Lange, lockige Haare machen sie unwiderstehlich und scheinbar unerreichbar. Genauso wie ihre große Oberweite.

Meine Verweigerung des Wehrdienstes klappte damals nicht. Ich hatte die Musterung schon mitgemacht. Dann war es zu spät. Ich musste noch zu einer Anhörung, weil ich im Nachhinein noch verweigert hatte. Dort sagte ich, dass ich niemanden töten könnte. Doch sie schickten mich trotzdem zu Bundeswehr.

Ich war mir damals einfach nicht sicher was ich machen sollte. Zivildienst oder Wehrdienst. Mal wollte ich zur Bundeswehr Disziplin erlernen und mal lieber zum Zivildienst, weil ich nichts mit Waffen und so weiter zu tun hatte. Waffen interessierten mich nicht und ich finde die bis heute hin scheiße.

Neun Monate musste ich dann dahin. Ich war sportlich, deshalb waren die Anstrengungen kein Problem. Und das Geld war gut. Bei der sportlichen Feststellung am Anfang schlug ich mich gut. Wir mussten dann auf dem Sportplatz laufen. Ein paar runden drehen. Ich war dabei der Schnellste.

Wir fuhren dann während des Wehrdienstes öfter mit dem Bus zu Schießständen. Hier mussten wir Schießen lernen. Mit der Pistole P9 und dem Gewehr G36. Ich war nicht sehr gut darin. Es kam mir so vor als ob ich gar nichts traf.

In der Pause versammelten wir uns einmal in einer Scheune. Wie wir da so rumstanden, wollte ein Gefreiter nach draußen gehen. Hansen war ein großer, dicker, junger Mann, der sehr mutig war und auch mal den einen oder anderen Witz machte. Unser Vorgesetzter Offizier, ein etwas strengerer und härterer von dem Vorgesetzten rief: „Wo wollen sie hin Gefreiter Hansen?!" „Ich wollte nach draußen Furzen." Einige fingen an zu lachen. Es waren aber wenige, weil viele sich das Lachen wohl verkniffen aus Angst.

Der Vorgesetzte rief wieder: „Hansen zurück zu den Kameraden!" Er durfte nicht draußen Furzen.

Nach einer kurzen Zeit rief der Vorgesetzte: „Alle antreten!" Wir mussten uns in der Scheune in Reih und Glied aufstellen und stramm stehen.

„Gefreiter Hansen. Zehn Schritte zur Seite!", befahl dann der Vorgesetzte. Hansen führte es aus und stellte sich neben uns auf. Als er angekommen war befahl der Vorgesetzte: „Gefreiter Hansen einmal kräftig anal husten!" Er durfte jetzt vor versammelter Mannschaft furzen.

Ein anderes Ereignis ist mir in Erinnerung geblieben: Wir mussten morgens immer nachdem wir aufgestanden sind in unserer Uniform nach draußen. Dort stellten wir uns in Reih und Glied auf. Dies auch nach unserer Größe. Dann mussten wir eine Prozedur ausführen. Die Köpfe nach rechts. Dann die Köpfe nach links und stramm stehen und so weiter. Zuletzt ertönte dann der ruf: „Rührt euch!" Dann konnten wir locker stehen.

Ein etwas jüngerer Vorgesetzter stand auf dem Balkon der Kaserne uns gegenüber. „Still gestanden!", befahl er uns von dort aus. Wir sollten uns in Reih und Glied aufstellen. Während er uns dann die einzelnen Befehle vom Balkon gegenüber zurief rauchte er eine Zigarette. Ich fand das irgendwie lustig und grinste immer dabei. Plötzlich fing er wieder von vorne an: „Nochmal!" Wir mussten die ganze Prozedur mehrmals machen. Die anderen Kameraden wunderten sich warum wir alles immer von vorne machen sollten. Wir wurden angewiesen alles einmal, dann zweimal und auch noch ein drittes mal zu machen. Ich vermutete, weil ich immer dabei grinste. „Derjenige der weiß schon warum!", sagte der Vorgesetzte nämlich. Beim fünften mal konnten wir dann frei stehen und hatten es überstanden. Wenn die anderen gewusst hätten, dass ich der Auslöser für das wiederholen der Prozedur war, hätten sie mich in der Luft zerrissen.

Oft mussten wir die ganze Kaserne sauber machen. Ich ging in den Keller und wischte von hier aus die Treppe. Arbeitete mich nach oben vor. Irgendwie mussten wir dann oben im Flur antreten. Ich ging mit dem Besen, dem Lappen und Kehrblech nach oben. Der strenge Vorgesetzte stand den Kameraden gegenüber und schaute mich an. Alle standen stramm in einer Reihe und schauten wie gelähmt nach vorne.
Ich werde so einen Ärger bekommen, dass ich zu spät war. Ich stellte alles an die Wand und stellte mich dazu. „Gefreiter, sie wissen nicht worum es hier geht. Es geht um die Präsenz der Fahne bei der jährlichen Kompanie-Versammlung. Wie wäre es wenn sie dabei sind bei der Präsenz der Fahne?" Ich willigte ein. Ich musste dann zusätzlich immer eine Ausbildung machen, für eine andere Prozedur beim Stillstehen die ausgeführt werden musste. Wir übten das drei mal, während die anderen frei hatten. Auch musste ich eine andere Uniform tragen, sowie dabei die Waffe an der Schulter.
Wir waren im Zimmer sechs Leute. Ein ziemlich breiter, durchtrainierter Bodybuilder war auch dabei. Alle auf dem Zimmer waren mir feindlich gesinnt. Besonders er. Dann war der Tag der Feierlichkeit gekommen. In einem Quadrat angeordnet standen alle Soldaten der Kompanie in Reih und Glied stramm auf einem großen Platz. Bei einem Podest wurden Reden gehalten von den höchsten Tieren hier in der Kompanie. Viele von den Gefreiten kippten dann plötzlich um. Wie Bäume die gefällt werden

kippten sie auf den Boden. Ich stand bei der Fahne mit der Waffe. Uns wurde erklärt, dass der Arm, der am Gurt der Waffe liegt, wahrscheinlich einschlafen wird. Das müssen wir ertragen. Über Stunden. Wir dürfen uns trotzdem nicht rühren. Das einzige was wir dürfen, war etwas nach vorne wippen um die Beine zu entspannen. Der Bodybuilder musste abbrechen. Ihm ist schwarz vor Augen geworden. Er ging zur Seite und musste nicht mehr still stehen.

Nach den drei Stunden als alles vorbei war, war es so eine Erleichterung sich wieder bewegen zu können. Und so ein tolles Gefühl wieder Blut im Arm zu haben, der mehrerer Stunden eingeschlafen war.

Wir mussten auch mal eine Übung auf dem Feld absolvieren. Hier spielten wir etwas Krieg. Malten unser Gesicht schwarz mit einer Art Schuhcreme. Schlichen zwischen den Büschen her. Und analysierten das Gelände.

Auf einer großen Wiese holte der fiese Offizier eine Pfeife heraus. Dieser Offizier, so vermuteten wir, war so fies weil er vom Heer kam.

Die vom Heer sollen härter und fieser sein als die von der Luftwaffe und der Marine.

Dazu kannte ich zwei nicht besonders tolle Witze, die ich immer wieder Leuten erzählte unter anderem auch Kerstin: „Was sind die einzelnen Aufgabenbereiche des Heeres, der Marine und der Luftwaffe auf einem Schiff?" Die Antwort lautete meistens: „Weiß ich nicht." Worauf ich weiter erzählte: „Die Marine lenkt das Schiff. Das Heer schrubbt das Schiff und die Luftwaffe fährt Wasserski."

Der zweite Witz den ich Kerstin erzählte war. „Wonach riechen die einzelnen Bereiche der Bundeswehr Heer, Marine und Luftwaffe?" Die Antwort war wieder: „Weiß ich nicht." Ich fuhr dann mit meinem Witz fort: „Die Marine riecht nach Fisch. Das Heer riecht nach Dreck und die Luftwaffe nach Parfüm."

Diese Witze waren zwar nicht so besonders witzig, sollten aber verdeutlichen, dass es in Luftwaffe nicht so hart war wie z.B. im Heer. „Wir sind sozusagen die Pussies!", fügte ich meisten hinzu. „Die vom Heer sind die Kämpfer, die Bodentruppen, die in den Krieg ziehen. Es gibt auch noch die KSK. Das sind richtige Tiere. Die können mit 5 Leuten einen ganzen Flughafen einnehmen. Sie graben sich dazu nicht weit entfernt vom Flughafen in die Erde ein und beobachten alles. Natürlich können sie richtig gut mit der Waffe umgehen. Und wenn sie in Gefangenschaft geraten, können sie sich mittels Atemtechnik selber in Ohnmacht versetzen. Dies falls sie gefoltert werden. Sie benutzen auch Raketenwerfer. Die Raketenwerfer treffen nicht genau. Sie schießen auch mal 2 Meter daneben. Aber bei einem Explosionsradius von 10 Meter ist das ja egal. Und die MG die sie benutzen ist heftig. Das Maschinengewehr hat so eine starken Rückstoß, dass ich der das nicht gewohnt ist, so nach hinten fallen würde. Wenn das MG richtig positioniert ist, zum Beispiel auf eine Anhöhe oder einem Berg, kann man damit eine ganze Armee platt machen", erzähle ich stolz Ben und Christian. Denn wenn ich am Wochenende zuhause bin treffe ich mich auch oft mit meinen Freunden und wir Kiffen genüsslich. Dabei erzähle ich ihnen die Sachen und Sprüche, die ich in der Bundeswehr erlebt habe.

Der Offizier mit der Pfeife auf dem Feld brüllte: „Wenn ich einmal Pfeife rennt ihr los. Wenn ich zwei mal Pfeife geht ihr auf dem Boden und kriecht. Wenn ich drei mal Pfeife bleibt ihr stehen holt ihr eure Waffe heraus. Wenn ich vier mal pfeife geht ihr in die Hocke und lauft im Entengang!'"

Es war sehr anstrengend. Mit dem Rucksack, der sehr schwer war, der Waffe und der Uniform mit den dicken Stiefeln an. Die Wiese war riesig und ein Graben mit Wasser verlief dort.

Als ich an den Graben angekommen war pfiff der Offizier drei mal. Ich sollte als auf den Boden. Das hieß ich sollt in den Graben und ins Wasser tauchte. Machte ich aber nicht, sondern ich bin über der den Graben gesprungen und hab mich dann hingelegt. Das hat der Offizier mit Absicht so gemacht. Ich sollte ins Wasser. Er hatte von all den Gefreiten gerade mich im Auge gehabt. Und er rastete dann aus: „Wenn ich sage auf den Boden, dann gehen sie auf den Boden, auch wenn da Wasser ist!"

Nach der Grundausbildung wurde ich auf dem Flughafen in meiner Heimatstadt eingesetzt. Die Arbeit in einem Bunker war nicht sehr schwer. Wir mussten die Übungsflüge, die jeden Tag ausgeführt werden an einer Wand und schriftlich protokollieren und telefonisch weiter geben. Für die Nachtschichten bekam ich zusätzlich Tage frei.

Holland

Bei einer jährlichen Disco-Veranstaltung in unserer Heimatstadt, kam Daisy auf mich zu. Ich tanzte gerade mit den drei Mädels, mit denen ich zur Zeit immer Party machte. Mit denen klapperte ich immer die ganzen Discotheken der Region ab. Sie waren alle drei sehr hübsch und zusätzlich noch sehr sexy angezogen. Mit Kerstin, eine von den dreien, kam ich zusammen. Doch die kurze Beziehung war zu diesem Zeitpunkt schon wieder vorbei. Als sie, Klara und Tasha mir auf der Disco-Veranstaltung entgegenkamen begrüßte sie mich jedoch euphorisch. Sie sagte: „Ich mag dich immer noch." Doch ich ging nicht richtig darauf ein, sondern ging erst mal weiter. Mit dem Ende der kurzen Beziehung riss der Kontakt zu allen dreien dann allmählich ab und die Freundschaft ging zu ende. Schließt sich eine Tür, geht die nächste auf. Zunächst war da noch ein ziemlich junges Mädchen aus dem Jugendzentrum, die mir ihre Liebe gestand. Ich unternahm ein paar mal was mit ihr. Wir gingen ins Kino und fuhren zu einer Eishalle in die nächst größere Stadt, die jedoch leider zu war. Am Ende trafen wir uns in der Dorfdisco. Während dort die wie immer die Rockmusik lief, setzten wir uns nebeneinander an einen Tisch. Dort sagte ich ihr, dass sie leider zu jung für mich war. Woraufhin sie anfing zu weinen und schluchzte: „Ich liebe dich doch."

Draußen vor der Dorfdisco meinte die Schwester von Raphael, dem besten unseres Jahrgangs: „Das Alter ist doch egal, wenn man sich liebt." Doch ich blieb Eisern und gab dem jungen Mädchen einen Korb.

Bei der Disco-Veranstaltung war das junge Mädchen auch auf der Tanzfläche und wir tanzten ziemlich eng miteinander. Dann kam dort Daisy auf mich zugelaufen. Wir tanzten auch miteinander. Daisy sagte später, dass wir uns gerne mal treffen könnten. Gesagt getan. In der nächsten Zeit unternahm ich viel mit der orientalischen Schönheit. Sie war mega schlank, hatte lange braune Haare und war sehr attraktiv. Ich machte blöderweise immer Party mit ihr, wie schon mit den drei Mädels vorher. Ich fuhr dann meistens mit dem Opel Calibra von Henry, dem Freund meiner Mutter in die Discotheken der Region. Die Strategie mit ihr in die Discos zu fahren war nicht sehr hilfreich. Denn hier kamen viele andere Typen auf sie zu, baggerten sie an oder fragten sie nach ihrer Telefonnummer. Zuerst waren auch noch die drei Mädels dabei. Wie sie Daisy so an der Stange tanzen sahen, sagten sie zu mir: „Das ist billig wie sie sich gibt." Wenn ich mit ihr tanzte machte das aber wohl immer Spaß. Sie kam mir sehr nahe dabei und ich fasste sie oft zärtlich an den Hüften an. Doch ich wurde das Gefühl nicht los, das sie vielleicht eine Schlampe ist. Eigentlich machte sie nicht mit vielen Typen rum, deshalb war das vielleicht auch etwas übertrieben. Was sollte ich erwarten, wenn ich sie bei unseren Dates zu 1000 Typen in die Discothek mitnahm.

Einmal fragte sich mich ja bei mir zuhause, ob wir miteinander Schlafen wollen. Ihre Eltern waren unten bei meiner Mutter zu Besuch. Unsere Familien waren miteinander befreundet. Das kam weil Daisys Mutter Jugoslawien kam und meine Mutter ja Türkin ist. Die Herkunft aus einem anderen Land verband sie. Auch war Daisys Mutter Altenpflegerin, genau wie meine Mutter. Daisy saß auf meinem schönen weißen Sofa, das ich mal von Winona gebracht bekommen hatte. Sie hatte es mir geschenkt, weil sie ein neues bekommen hatte.

Ich saß Daisy gegenüber auf dem Bett.

„Warum schlafen wir nicht mal miteinander. Lass uns ficken!", sagte Daisy sehr plump. Das hatte mich so überrumpelt, dass ich das so schnell nicht wollte. Ich wollte wohl mit ihr was anfangen, aber bekam es irgendwie nicht so richtig hin. Etwas in mir sträubte sich dagegen. Erstmal kam hinzu, dass der Moment des Kusses nicht zustande kam. Zweitens hatte ich Angst, dass sie vielleicht doch eine Schlampe ist. Und damit hatte ich in der Vergangenheit schon schlechte Erfahrungen gemacht. Ich war ja vier Jahre mit einer Nymphomanin zusammen, die mich permanent betrogen hatte. Biene. Von da aus war ich ein gezeichnetes Kind. Auch störte mich, dass ihre Eltern zu Besuch waren und jederzeit in mein Zimmer kommen könnten.

Ich sagte also zu ihr frech: „OK, zieh dich aus!" „Na

klar", war ihr beleidigte Antwort. So kam der Sex nicht zustande.

Ein anderes mal rief mich der Vater an und fragte, ob ich weiß wo Daisy abgeblieben ist. Sie war seit ein paar Tagen verschwunden. „Vielleicht ist sie bei dieser Tussi, die wir in der Disco kennengelernt hatten", erzähle ich. „Es ist eine, die Gogo Tänzerinnen ausbildet. Sie und Daisy haben sich angefreundet", erzähle ich weiterhin. „Warum schnappst du dir Daisy nicht!", meinte dann der Vater plötzlich im weiteren Verlauf des Telefonats. Das verwirrte mich. OK, ich und der Vater verstanden uns gut. Immer wenn ich bei Daisy zuhause war, saßen wir zusammen, haben selbstgedrehte Zigaretten geraucht und uns unterhalten. Er hat mir das Kompliment gemacht, ich sei intelligent. Wahrscheinlich weil ich mein Abitur geschafft hatte.

Nachdem Daisy verschollen war und der Vater sich bei mir erkundigt hatte, kam sie dann nach ein paar Tagen wieder zurück.

Doch mich hielt irgendwas zurück dabei was mit ihr anzufangen. Es waren Kleinigkeiten. Wie zum Beispiel, dass ihre ganze Familie den Karate-Sport ausübt. Auch sie. Wenn ich mal Ärger mit ihr bekomme, würden die Brüder vielleicht auf mich los gehen, dachte ich immer. Vielleicht wenden die Brüder oder Daisy bei mir vielleicht ihre Karate-Tricks an und schlagen mich bei einem Streit. Ich dachte, dass sie etwas aggressiver ist durch den Kampfsport. Erlebt hatte ich das schon mal. Wir waren da auf einem großen Stadtfest in einer 30 km entfernten Großstadt. Daisy, ich und Liane gingen durch die Straßen in Richtung der Karusselle und des Riesenrads. Dann stritt sie sich plötzlich mit einer Passantin, die in Begleitung von ein paar Typen neben uns lief. Wie der Streit zustande kam wusste ich nicht mehr. Auf jeden Fall rief Daisy dann zu dem Mädchen:

„Wenn du ein paar aufs Maul haben willst, dann komm doch her!" Mich verwunderte das. Frauen die sich schlagen? Normalerweise machen das doch eher Männer.

Ich kaufte mir dann einen Fiat Marbella von meinem Bundeswehrgehalt für 1000 DM. Ziemlich wenig für ein Auto, dafür war es ja auch keine besonderes Auto. Man könnte sagen es war einfach ein schwarzer Kasten. Auch hatte der Wagen echt wenig PS, nur knapp über 30 PS. Der Motor klang wie ein lauter Rasenmäher. Und es fing mal ein Typ in einem protzigen Schlitten neben mir an der Ampel an zu lachen als er mich mit dem Wagen sah. Dazu kam, dass so eine hübsches Mädchen wie Daisy mit darin saß, die ja einen viel prunkvolleren Wagen verdient hatte. Dafür war ich ja vorher immer mit dem Opel Calibra von Henry mit ihr unterwegs, was sie bestimmt immer stolz gemach hat. Der Wagen sah dagegen aus wie ein Sportwagen und machte mit seiner roten Farbe schon gut was her.

Wie ich mal mit ihr wieder so unterwegs war mit dem Fiat Marbella, sagte Daisy: „Möchtest du was zu Kiffen haben?" Sie wusste, dass ich immer kiffe. Ich beichtete es ihr nach einer Zeit. Sagte ihr sogar, dass ich auf allen unsern „Dates" immer breit war. Ich antwortete dann wie aus der Pistole geschossen: „Ja gerne! Kannst du mir was klar machen?" Sie zeigten auf einen ziemlich heruntergekommenen Typen der vor uns auf dem Bürgersteig lief. „Ich nicht. Aber der da kifft", sagte sie. Ich hielt an der Straßenseite und wir fragten ihn, ob wir ihn mitnehmen könnten. Er hatte komplett vergammelte Zähne bemerkte ich, aber er lachte trotzdem gerne. Und er konnte was klar machen. Sogar noch viel mehr. Er nahm mich mit zu einem Dealer. Das war ganz gut, weil ich zu der Zeit schlecht an was heran kam. Unsere Stadt war klein und das Kiffen zu der Zeit war nicht so stark verbreitet wie heutzutage. Auch hatte ich immer weniger Kontakt zu Ben und Christian, die absolut neidisch waren, dass ich bei den Frauen so gut ankam. Steve war weggezogen, bei dem konnte ich ja während meiner Schulzeit hauptsächlich was bekommen. Josef war ebenso weggezogen, aber von dem bekam ich ja eh höchst selten was.

Der Junge hieß Matthias und wir wurden sofort Kollegen. Er nahm mich mit zu Sören und seiner Freundin Doris. Bei Sören kaufte ich dann immer und es lief auch besser als bei Steve. Er hatte öfter was. Auch Sören und ich wurden Freunde, obwohl er auch etwas ein Abzieher war, der Leute ab und zu verarschte. Wenn er nämlich kein Geld hatte, weil er so viel Kiffte und auch Trank, dann zog er Leuten das Geld ab. Das heißte er sammelte Geld ein, kaufte für sich und seiner Freundin was zu kiffen und gab das Geld nicht zurück. Die Leute saßen dann zuhause und warteten auf ihre Ware, bekam aber letztendlich nichts. Solche Leute, die nennt man „Abzieher" oder „Abfucker" in der Szene. Auch Sören hatte vorne zwei Zähen komplett schwarz, er hatte immer eine Cappy auf und permanent ein Bier vor sich oder in der Hand. Doch ich wollte mehr. Ich fuhr mit Matthias nach Holland zu einem illegalen Coffeeshop. Es war ein kleiner Kiffer-Zubehör-Laden. Bei dem Laden führte eine Wendeltreppe in ein höheres Stockwerk. Die Treppe war abgesperrt mit einer Gittertür. Hier war auch eine Kamera angebracht. Wenn man hier bekannt war oder einfach Glück hatte, konnte man in die Kamera winken. Jemand kam dann von oben und machte auf. Oben war ein großer Raum. Links war eine Sofaecke und rechts eine Küche. Man konnte sogar Kaffee bekommen und genüsslich eine Bong rauchen. Die Wände waren handbemalt mit einem riesigen, zusammenhängenden Gemälde. Schwebende Menschen, Ozeane und ein Sonnenuntergang zierten die

Wände. Hier in diesem Etablissement konnten Deutsche den Stoff in großen Mengen sehr billig bekommen. Ich bezahlte nur einen Euro für ein Gramm wenn ich eine Platte von 100 Gramm kaufte. Ich kaufte Hasch, was mit Henna gestreckt war. Man musste ihn mit dem Feuerzeug warm machen und auf den Tabak bröseln. Dann konnte man die Mischung in der Bong rauchen. Früher war Gras nicht so stark verbreitet, und das Hasch, was wir rauchten, war auch nicht so stark wie das Gras heutzutage. OK, es gab dort auch Gras, aber mir war es zu teuer. Und es gab wohl auch stärkere Hasch-Sorten wie z.B. den Schwarzen-Afghanen oder Pollen, doch ich war die billige Sorte gewohnt. Sie war auch hauptsächlich in unserer Heimatstadt verbreitet. Bei der Rückfahrt auf der Autobahn hatten wir dolle Angst. Ich drehte die Musik auf. Die harte Rockmusik von „System of a Down" dröhnte aus den Boxen. Henry hatte mir eine gute Anlage eingebaut. Wir grölten lautstark mit vor Angst. Es war ein bescheuertes unterfangen. Die Grenze wurde doch immer kontrolliert. Wenn ich erwischt werde nehmen sie mir meinen Führerschein weg und ich komme vermutlich ins Gefängnis für Schmugglerei und Dealerei. Doch es ging gut. Ich verkaufte immer ein Gramm für 5 Euro. Sören sagte zu mir, er merkte es dass die Kunden jetzt überwiegend bei mir kauften. Doch er war nicht sauer oder aggressiv deswegen. Ich hatte Blut geleckt und fuhr jetzt ständig rüber. Echt bescheuert. Bei dem VW-Werk und der Bundeswehr bekam ich doch gutes Geld. Warum diese Aktion? Es war einfach zu gefährlich. Bei den Mengen die ich rüber brachte würde ich eine harte Strafe bekommen. Es blieb ja nicht bei einer Platte. Später kaufte ich auch öfter 200 Gramm und fuhr auch alleine rüber. Es war Wahnsinn. Aber wie durch ein Wunder wurde ich nie angehalten. Wenn Matthias mit kam, gab ich ihm immer 10 Gramm als Geschenk.

Kostete ja nur 10 Euro. Dann meldete er sich erst mal nicht. Nach ein paar Tagen besuchte ich ihn. Seine Wohnung war immer sehr dreckig. Er saugte den Boden nicht. In der Küche türmten sich die Müllsäcke auf. Der Tisch war bedeckt mit Müll und der Aschenbecher lief über. Seine Bong war auch komplett Schwarz vom ganzen Teer des Tabaks. Sie hatte er mit grauen Klopapierrollen, die er mit Klebeband angeklebt hatte verlängert. Sein Zeug hatte er richtig schnell weggeraucht.

Gerd rief mich dann öfter an und bekam auch immer was von mir. Genau wie Steve, der dann ganz in unsere Stadt zurück kam. Auch Heinz kaufte von mir. Wenn Heinz und ich dann kifften machte er die Augen zu und schien einzuschlafen oder vor sich hin zu dösen. Wir wollten eigentlich einen Film schauen, den ich gebrannt hatte. Ich kopierte, in letzter Zeit, auch neben den vielen Musik-CDs auch Filme. Das war früher weit verbreitet. Man hatte dann eine große Mappe in der alle Filme und Musik-CDs waren und tauschte mir anderen.

Heinz erzählte, er war mittlerweile schon in der Psychiatrie. Wie das zustande kam wusste ich nicht. Ich verstand nicht warum er da war. Er erzählte irgendwas davon, dass er auf der Arbeit alle seine persönlichen Probleme ausgequatscht hatte und wohl ziemlich verwirrt war. Wenn ich mit ihm im Auto unterwegs war, fuhr er immer bei seiner Ex vorbei. „Ich will nur schauen, ob sie da ist und ob ein anderer Wagen jetzt bei ihr steht", erzählte er dann. Heinz war auch ziemlich scharf auf Daisy, wie auf alle Frauen. Er laberte sie ziemlich voll, wie alle Menschen in seinem Umkreis. Er konnte sehr gut reden und redete immer sehr viel. Aber er schaffte es nicht mit ihr zusammen zu kommen. Sie sahen sich ja auch nicht sehr oft. Daisy hing ja mit mir rum und nicht mir ihm.

Matthias und ich hingen dann öfter miteinander herum. Und ich besuchte dann ja auch immer den Typen den alle Psycho nannten. Mit richtigem Namen hieß er ja eigentlich Karl. Die Leute nannten ihn Psycho, weil man ihn richtig gut ärgern konnte. Die aus der Drogenszene ärgerten ihn nämlich immer. Als ich mal einen davon fragte, warum sie das machen meinte er: „Weil er sich dabei immer so richtig geil aufregt." Ich brannte ihm immer Musik-CDs. Meistens rauchte er bei mir mit und wenn er vorbei kam, um was zu kaufen blieb er nur ganz kurz. Von ihm wird gesagt, dass er auch mal in der Psychiatrie war. Und den Namen hat er wohl auch weg, weil er ziemlich komisch ist. Er ist voll ruhig und erzählt nicht viel, sondern reagiert nur auf das was ich selber erzähle. Nie erzählte er von, wo er sein Zeug kaufte, oder was er tagsüber gemacht hat. Auch nicht mit wem er rum hing. Alles hielt er immer geheim. Und Karl war nicht sehr nett zu mir. Oft hatte er Ausraster und wurde dabei laut und aggressiv. Den Namen hatte er auch weg, weil er nie arbeiten ging. Sein ganzes Leben lang war er arbeitslos und sollte angeblich mal auch auf der Straße gelebt haben. Deshalb hatte er in seiner Wohnung auch nicht viel. Trotzdem fuhr ich immer zu ihm. Wir kifften dann mit seiner penibel gesäuberten Bong.

Gerd brachte ich dann auch oft den Stoff. Es war zwar bescheuert zu der Zeit immer, in der Stadt, so viel bekifft hin und her zu fahren. Doch ich wurde nie erwischt, weil man ja früher wurde nicht so oft auf THC kontrolliert wurde, wie heute.

Einmal als Gerd was haben wollte, sah Matthias den großen Brocken. „So viel willst du ihm geben? Das brauchst du nicht. Gerd wird immer abgezogen, von Sören. Du kannst ihm einfach weniger geben, der macht dann nichts. Das machen Sören und die anderen auch immer so", erzählte er. Doch ich wollte meinen Kumpel und Kunden nicht abziehen. Ich hatte das gar nicht nötig. Außerdem war ich korrekt. Ich kam gar nicht auf die Idee so was zu tun. „OK, du kannst dir was abmachen und ihm das dann geben. Dann läuft das nicht auf meine Kappe", sagte ich zu ihm. Wusste aber, dass ich Gerd beim nächsten mal wieder die korrekte Menge gebe. Es war nicht schön, dass Matthias mich zu so was anstachelte. Im schlimmsten Falle hätte es Ärger geben können. Meine Freundschaft hätte mit Gerd kaputt gehen können. Ich hätte einen guten Kunden verloren. Aber es war ja nicht sein Kollege. Ich sollte es mir mit meinen Kollegen verscherzen. Das war schon hinterlistig.

An dem Tag hielt ich mit dem Wagen gegenüber dem Haus von Gerd. Ich kurbelte das Fenster herunter und sagte ihm, dass Matthias es im gibt. Er ging dann um den Wagen und bekam das verkleinerte Stück von Matthias überreicht. Eine Zeit später trafen beide sich beim Arbeitsamt und wurden beide selber gute Kollegen. Durch mich.

VW-Werk

Ich arbeitet vor der Bundeswehr und danach circa zwei Monate beim VW-Werk. Einmal am Band und das zweite mal als Gabelstaplerfahrer.

Als ich anfing führte mich der Teamleiter herum. Mit großen Augen staunte ich über die Technik die hier eingesetzt wurde. Es gab Geisterhallen sozusagen, wo die meiste Arbeit große Roboterarme verrichteten. Auch fuhren in vielen Hallen automatische kleine Autos, die anhielten wenn man sich vor ihnen stellte. Sie fuhren nur sehr langsam, deshalb war es nicht gefährlich.

Die Arbeit fand ich interessant. Ich fragte, ob ich auch um die Autos rotieren kann. Das heißt jede Stunde an einer anderen Stelle arbeiten kann. Ich durfte. Ich wurde unter anderem bei der „Hochzeit" eingesetzt. Der Wagen kam oben herunter auf das Band. Dann kam der Motor herunter und beide mussten mit großen Schrauben miteinander verbunden werden. Am Band selber mussten an den Stationen immer so ein, zwei Schrauben festgedreht werden. Dies mit Akkuschrauber die an langen Schläuchen hingen und die man mitziehen konnte. Denn die Autos bewegten sich ja permanent dem Band entlang.

Als ich am Band arbeitete ärgerten mich die Stammarbeiter immer. Sie nannten es: Die Studenten rund machen. Mit einem ziemlich dicken Typen stritt ich mich heftig. Ich weiß auch nicht mehr was mich da geritten hatte. Ich bezeichnete ihn als Ameise und Bandaffe, weil er mich so stark provozierte. Am Ende des Tages strömten alle wirklich wie die Ameisen zu ihren Autos. Ein riesiger Parkplatz war vor dem Werk. Ich rauchte noch eine, dann wollte ich in den Fiat Marbella steigen. Plötzlich rast ein großer, schwarzer VW-Wagen heran. Er parkt vor mir an der Seite. Es stürmt der Typ mit dem ich Ärger habe heraus auf mich zu. Nah vor mir bleibt er stehen und sagt wütend: „Was sollte das heute mit Ameise!" Dann holte er aus und schlug mir eine runter. Es tat nicht weh und ich hatte auch keine Wunde. Aber ich war sehr wütend darüber und aufgewühlt. Adrenalin strömte durch meine Adern. Am nächsten Tag ging ich zu den Büros und beschwerte mich dort über den Typen. Es gab dann auch im Nachhinein ein Gespräch zusammen mit dem Typen. „Sie wollten das unter den Tisch fallen lassen!", sagte ich dabei immer noch sauer. Ihm passierte auch so gut wie nichts. Obwohl ich sagte: „Das ist ein Kündigungsgrund!" Doch er ließ mich von da an in Ruhe.

Das andere mal nach der Bundeswehr arbeitete ich im VW-Werk als Gabelstaplerfahrer. Beide male, als ich im VW-Werk arbeitete, fuhr ich mit alten Klassenkameradinnen hin. Die Fahrgemeinschaft war praktisch, denn wir teilten uns so die Fahrtkosten. Meistens fuhr ich. Und ich fuhr schnell. Bei der Frühschicht waren wir immer spät dran. Ich war so blöd als Jugendlicher. In der Innenstadt einer größeren Stadt, die auf dem Weg war fuhr ich 100 km/h. Mitten in der Stadt! Die Strecke sonst war einfach. Sie führte meistens nur gerade aus. Hier fuhr ich mit dem Opel Calibra oft 160 km/h oder auch mal 200 km/h obwohl nur 100 km/h erlaubt war.

Als ich meinen Führerschein machte war das auch so. Ich fuhr die Autobahnstrecke mit meinem Fahrlehrer. Hier fuhr ich immer so schnell, dass der Fahrlehrer einmal sogar meinte: „Du hast ja vor gar nichts Angst!"

Die Gabelstapler-Tätigkeit machte mir Spaß. Ich musste immer ganz hoch Kisten stapeln. Einen Zug mussten wir immer entladen und dann die Kisten weiter transportieren und woanders lagern. Ich fuhr mal gegen eine Leiter, die an der Wand angebracht war, so dass sie verbogen war. Auch kippte mir mal eine Kiste mit Waren um. Deshalb wurde ich zu einem Büro gerufen und musste etwas ausfüllen. Aber solche Fehler waren wohl normal und ich hab nicht viel Ärger bekommen. Der Konzern war für solche Dinge versichert.

Ich fuhr auch manchmal ein Elektroauto mit Anhängern zwischen den Hallen umher, die dann von Gabelstaplern entladen wurden. Hier nahm ich immer meinen Discman mit den kleinen Computerboxen mit und hörte so Musik. Die große Batterie der Elektroautos musste man selber wechseln. Dazu gab es verschiedene Lager. Hier lagerten die großen Batterien. Mit einem Kran, den man selber bedienen musste, hat man sie gewechselt.

In einer Halle parkten die ganzen Gabelstapler. Ich weiß auch nicht, wie ich da hin kam. Mir stach auf jeden Fall ein ganz moderner Gabelstapler ins Auge. Es war das neuste Modell. Statt den verschiedenen Hebel, die die Gabelzinken hoch und runter stellten, hatte er einen Joystick. Ich fragte, ob ich den bekommen kann. Derjenige Zuständige wollte mir den nicht geben. Ich rastete aus und wurde sauer. Mit lautem Ton ging ich den Typen an: „Sie müssen doch für die besten Arbeitsbedingungen sorgen! Der steht hier doch nur unbenutzt herum. Warum kann ich den denn nicht haben!"

Am nächsten Tag als ich morgens in meine Halle kam, stand der moderne Gabelstapler dort. Ich konnte ihn fahren und es machte sehr viel Spaß. Immer wenn ich davon erzählt erwähnte ich: „Ich hatte sogar eine Feuertaste am Joystick."

Festival

Ich fuhr mit Liane und zwei andern Mädchen zu einem Festival. Es war auf einem stillgelegten Gelände von einem Atomkraftwerk. Mit meiner Schrottkarre, dem Seat Marbella mit etwas mehr als 30 PS, fuhr ich hinter den zwei anderen Mädchen hinterher. Als wir ankommen tritt voll viel Dampf aus der Motorhaube aus. Überall stehen Autos und Zelte um uns herum. Es kommen Passanten vom Festival. Sie meinen der Kühlschlauch hat ein Loch. Ich hab so ein Glück gehabt, dass das passierte als wir gerade angekommen sind. Auf der Autobahn bei der Hinstrecke wäre es komplizierter gewesen. Wir parken die zwei Autos und fuhren dann am nächsten Tag zur Werkstatt in die Stadt. Das andere Mädchen hat mich dann abgeschleppt und dort hin gebracht. Die Reparatur des Kühlschlauchs erwies sich als nicht sehr spektakulär. Es wurde einfach ein Klebeband um die offene Stelle geklebt.

Während des Festival hab ich Glück. Neben uns, in einem kleinen Zelt sind Dealer, die mir immer Gras verkaufen. Sie erzählen, dass sie immer auf Festivals Gras verkaufen, weil man hier so viel loswerden kann. Ein Kilo in den 4 Tagen zu verkaufen, wäre kein Problem. Man sieht die Typen nie. Sie liegen zu zweit die ganze Zeit in ihrem kleinen Zelt und kiffen sich dicht. Das hübsche Mädchen, mit denen ich gekommen bin will auch was haben, aber bekommt irgendwie nichts von den Typen. Sie haben sie angebaggert, und weil sie nicht darauf eingegangen ist und patzig geworden ist, hat sie nichts bekommen.

Irgendwie kommen wir auf die Idee zu zweit das Autofahren zu üben. Sie hat noch keinen Führerschein und ich erzählte, dass ich meiner Mutter auch das Autofahren beigebracht habe.

Das Auto ihrer Freunden steht im Wald neben der großen Festival-Wiese. Sie fährt viel zu schnell an. Kracht durch die Schlaglöcher. Ich gekommen Angst. War wohl doch keine gute Idee gerade im Wald das Autofahren zu üben. Rund um uns sind Bäume in die sie rein krachen könnte. „Ich glaube wir lassen das lieber", meine ich ängstlich. Aber sie bleibt nicht stehen. „Nicht so schnell, Vorsicht, halt an!", rufe ich. Doch sie hält nicht an. Sie rast auf eine Kurve zu, aber macht nicht den Anschein um die Kurve zu fahren, sondern gerade aus in die Bäume zu krachen. „Langsamer!", rufe ich. Doch sie fährt noch schneller. „Ich weiß nicht wo die Bremse ist", sagt sie. Dann fährt sie doch noch um die Kurve, aber rechts ganz nah an die Bäume heran. Immer wieder poltert der Wagen viel zu schnell in die Schlaglöcher des Waldes. Jetzt fährt sie gerade aus auf einen Baum zu. Sie ist immer noch viel zu schnell und macht keine Anzeichen zu halten. Ich sehe denn Wagen schon in Gedanken gegen den Baum krachen. Ich merke, dass sie überhaupt nicht Auto fahren kann. Kein Wunder, ist ja auch ihr erstes mal.

Ich sage ihr nochmal wo die Bremse ist. In mir strömt das Adrenalin. Ich hab Angst. Nicht deswegen, dass mit was passiert, sondern weil der Golf den sie gerade fährt auch ein tolles, neues Auto ist. Ein Schaden wäre sehr teuer. Letztendlich schafft sie es dann doch kurz vor dem Baum zu halten. Es war voll knapp.

Das lief ja nicht so gut. Es war gefährlich und eine blöde Idee mit einer Fahranfängerin im Wald Auto fahren zu üben.

Aufbruch

Nach der Bundeswehr und der Arbeit beim VW-Werk stand das Studium an. Ich meldete mich in Stuttgart für den Studiengang Informatik an. Überwies das Geld was damals 150 Euro waren. Mittlerweile gab es den Euro als Zahlungsmittel. Ich druckt mir mit einem Routenplaner, den ich auf CD hatte, die Strecke aus, die mich ich in die Kleinstadt im tiefen Baden-Württemberg führen sollte. Hier wohnte mein Vater und meine ganzen anderen deutschen Verwandten. Meine Mutter wollte nicht, dass ich fahre. Mein Auto sei eine Schrottkarre und es wäre zu gefährlich. Das stimmte auch. Die Scheibe hatte einen Riss durch einen Steinschlag und die Tachoanzeige funktionierte nicht mehr. Ich fuhr dann trotzdem die weite Strecke durch ganz Deutschland mit der Schrottkarre. Mit maximal 110 km/h fuhr ich erst hauptsächlich die A1 hoch. An mir rasten die dicken BMWs und Mercedesse mit 200 vorbei und schienen mich von der Straße zu fegen. Ich machte natürlich

immer rast, um einen Joint zu rauchen. Nach circa 9 Stunden war ich durch ganz Deutschland gefahren. Vom Meer in Niedersachsen bis in die Berge von Baden-Württemberg. Und es hatte geklappt. Ich kam in der Burgstraße in der kleinen Schwäbischen Stadt an. Mir kam es hier so bekannt vor. Jedes Jahr war ich hier und spielte mit meinem Cousin PC-Spiele. Ich parkte den Wagen. Die Burgstraße war eine Siedlung mit vielen Blocks auf einem großen Berg. Es gab hier einen Block in dem mein Vater wohnte, meine Großeltern und mein Onkel. Eine Wohnung gehörte meinem Opa als Büro. Denn er war hier Hausmeister in der Siedlung.
Fast der ganze Block gehörte meiner Familie.
Im Keller war die Wohnung meines Vaters.
Glücklich rauchte ich hier mit meinem Vater einen dicken Joint.
Mein Vater hatte immer viele Freunde bei sich oder besuchte immer viele Freunde. Alles waren es alte Hippies. Mit manchen Programmierte mein Vater am PC. Mit andern spielte er in einer Band. Aber das Kiffen hatte auch Schattenseiten, so war er sein Leben lang hauptsächlich arbeitslos und fand in der Kleinstadt auch keine Freundin mehr, nach der Beziehung zu meiner Mutter. Meine Mutter dagegen war echt erfolgreich. Sie war Ausländerin und nur Altenpflegerin. Hatte aber dafür ein eigenes Haus und zwei Autos. Dafür hatte sie nicht so viele Freunde. Ihre Kinder haben sie fit gehalten, könnte man sagen. Für die Kinder hatte sie immer den Drang arbeiten zu gehen und Geld heranzuschaffen.

Anbau

Mein Vater macht irgendwas im Keller. Ich gehe hin und bin beeindruckt davon, was ich hier sehe. Er hat sich in dem kleinen Keller was aufgebaut, was für einen Kiffer ein Traum ist. Zwei richtig helle Lampen hängen hier von der Decke herunter. Darunter bestimmt 10 Pflanzen insgesamt. Um sie herum hängen weiße Vorhänge als Abgrenzung, die man mit einem Reißverschluss öffnen kann. Davon geht ein Rohr ab und führt den Geruch zum Fenster raus. Dort scheint ein Kohlestofffilter zu sein. Davon hab ich schon mal gehört. Der Kohlestofffilter neutralisiert den Geruch. Ich weiß noch. Wir waren als Kinder immer auf dem Spielplatz neben dem Block. Damals hat mein Cousin mal gesagt, dass es auf dem Gehweg neben dem Block in dem mein Vater wohnt nach Gras riecht. Ganz leicht nur. Ich fand das auch.

Mein Vater arbeitet also fleißig an seinen Pflanzen. Gießt sie und erntet etwas ab. Er erzählt: „Ich habe einmal richtig Glück gehabt. Die Nachbarn oben haben die Polizei gerufen. Die standen dann vor meiner Tür und haben wohl etwas falsch verstanden. Sie sagten, sie wurden gerufen, weil es hier wohl nach Gas riecht. Anstatt Gras haben sie Gas verstanden. Ich habe der Polizei dann gesagt, dass hier nirgendwo Gas austritt und es auch nicht nach Gas riecht. Und so sind die Bullen wieder gegangen.“

Ich gehe hoch. Bei meinem Vater sind ja immer viele ältere Erwachsene, die mit meinem Vater kiffen.

Und so klingelt es und ein Kumpel meines Vaters kommt. Er ist ein Frauenheld, sehr Sportlich, sieht gut aus und ist sogar erfolgreicher Unternehmer. Alex heißt er und er erzählte mir immer viele Sachen über das Leben. Anscheinend mochte er Kinder. Denn als Kind haben wir immer was mit ihm unternommen. Wir waren in den Wäldern wandern und mit einem Metallsuchgerät unterwegs. Er zeigt mir auch seine unzähligen Fundstücke bei sich zuhause. Viele Münzen waren dabei. Antike Fundstücke gibt es wohl viele in den Wäldern von

Baden-Württemberg, doch diese zu sammeln soll irgendwie nicht ganz legal sein. Der eigentliche Besitzer dieser Stücke ist das Bundesland. Wir gingen auch mal Kristalle suchen in einem alten Bergwerk. Denn ein anderer Kollege meines Vaters hat viele Kristalle in der ganzen Wohnung.

Alex erzählte, dass er eigentlich nur einen Hauptschulabschluss hat, sich aber Stück für Stück hochgearbeitet hat. Er war dann sogar Studieren und hat sich Selbständig gemacht mit einer Firma.

Als er an dem Tag zu Besuch kommt, fragt er wo mein Vater ist. Ich meine: „Im Keller, du kannst ihn ja helfen." Ich dachte mir nichts dabei. Als Alex wieder kommt ist er total geflasht. „Ich wusste gar nichts davon, dass dein Vater dort unten anbaut", meint er beeindruckt. Ich hab dann später etwas Ärger von meinem Vater bekommen. Er meinte, dass das Geheim ist was er da macht. Er hat nie seinen engen Freunden davon erzählt. Nur meine Oma, die ja meinen Vater nicht mag, hat wütend mal gesagt: „Du solltest mal sehen, wie das hier im Keller riecht!" Ich verstand das damals nicht. Aber jetzt ergab es einen Sinn. Sie wusste auch davon, was mein Vater macht. Sie hasste es aber, das er kifft. Selber trank sie gerne Abends einen Sekt zum Schlafen gehen. Mein Opa trank dann immer ein großes Glas Bier. Und wie das so ist bei Leuten, die Alkohol trinken, hassten sie das Kiffen. Natürlich nicht nur das Kiffen, sondern auch die Begleiterscheinungen. Dass mein Vater deshalb immer Arbeitslos war und so weiter. Wie das bei Hardcore-Kiffern so halt so ist. Als mein Vater Jung war, hatte er angeblich auch schon mal eine richtige Hausdurchsuchung. Das war auch schlimm für meine Oma.

Insgesamt wusste ich jetzt, warum meine Vater in dem Computerzimmer in dem ich immer schlafe, eine große

Kiste voll mit Gras hatte. Das musste aber immer eine lange Zeit getrocknet werden. Wenn mein Vater nichts mehr von seinem guten Brocken, dem schwarzen Afghanen oder dem Pollen hatte, packte er sein Gras auch mal in die Mikrowelle. So konnte er es trotzdem rauchen, obwohl das Gras eigentlich noch nicht auf natürliche Weise getrocknet war.

Ein gefährliches Unterfangen

Einmal hing ich wieder in der kleinen schwäbischen Kleinstadt bei meinem Vater ab. Es ging permanent ein Joint rum. Doch dann telefonierte er und sprang auf. „Ich brauche deine Hilfe. Wir fahren mal los was holen", meinte er. Ich wusste nicht was, und er wollte es mir auch wohl nicht verraten. Deshalb hakte ich auch auch nicht nach. Wir fuhren mit dem Mercedes, den mein Vater von seinen Eltern bekommen hatte in die Innenstadt. Bei einem Haus angekommen gingen wir die Treppe hoch in den zweiten Stock. Ein Mann begrüßte uns. Es kam mir als die Tür geöffnet wurde eine starke Hitze entgegen und es roch stark nach Gras. In dem Raum recht ab vom Flur war es sehr hell. Hier wurde auch wieder professionell angebaut. Die Lampen produzierten die Wärme und das grelle Licht. Es war hier noch viel mehr Platz als bei meinem Vater. Viele Pflanzen wurden hier hochgezogen. Das Fenster war komplett beklebt und so verdunkelt. Beeindruckend war ein riesiger Tresor, der größer war als ich. Mein Vater sagte: „Der Tresor ist eigentlich für Jäger und ihre Waffen." In einem Nebenraum war ein Tisch. Hier rauchten wir einen Joint. Das Gras war jetzt nicht so stark, aber billig. Ich konnte es für 5 Euro dort kaufen. Dann ging es an die Arbeit. Drei Pflanzen sollten in den Wagen von meinem Vater gebracht werden. „Ist das nicht zu auffällig?", sagte ich ängstlich. Wenn jemand sieht, wie ein Wagen mit 1,5 Metern großen Pflanzen hier herumfährt, dann melden die es bestimmt der Polizei. Mein Vater sagt: „Das geht schon. Es ist dunkel und der Weg ist nicht weit." In dem kleinen schwäbischen Dorf gibt es keine Polizeistation. Deshalb ist die Polizei hier nicht so präsent und aktiv. Wir bringen eine Pflanze zu zweit in den Kofferraum. Zwei Pflanzen auf den Rücksitz. Zu zweit tragen wir vorsichtig die filigranen Pflanzen. Ich mache hinten die Tür auf und schiebe die Pflanze rein. Wenn wir erwischt werden, dann mache ich mich auch strafbar. Doch das ist mir gar nicht bewusst in dem Moment. Als Kiffer bin ich einfach beeindruckt, wie das hier in der Stadt und bei meinem Vater abgeht.

Ich schiebe die letzte Pflanze in Richtung meines Vaters. Dann höre ich eine leises Knacken. Mein Vater horcht auf und sagt sofort danach: „Was war das?" „Ich glaube die Pflanze", meine ich und denke mir nichts schlimmes. Wir fahren dann nach Hause und bringen die Pflanzen runter in den Keller. Mein Vater begutachtet die Pflanze. „Scheiße!", sagte er. Denn die Pflanze ist am Stiel abgeknickt. „Wächst das nicht wieder zusammen?", frage ich vorsichtig. „Nein, das ist nicht reparabel", sagt mein Vater enttäuscht.

Später fügt er vorwurfsvoll hinzu: „Du hast die Pflanze kaputt gemacht. Das ist ein großer Verlust. So eine Pflanze braucht lange um so groß zu werden. Man kann viel von ihr ernten. Die war bestimmt 300 Euro Wert, wenn man den Gewinn einrechnet."

Ich bin dann auch etwas enttäuscht, aber im Endeffekt habt ich nicht viel Ärger bekommen. Mein Vater ist nicht so der Aggressive. Er sagt, was ihn bedrückt, aber rastet jetzt nicht aus.

Im Drogenparadies

Mein Vater hatte den Grundsatz mir nichts direkt zu verkaufen. Dafür nahm er mich immer mit zu seinen Dealern. Und er hatte viele Dealer, die alle groß Verkauften. Einer hatte in der Nachbarstadt ein eigenes Haus. Das war total zugemüllt. Nur ein kleiner Bereich mit einem Fernseher und einem Tisch konnte man betreten. Er hatte immer den guten Kanten. Pollen, den man bröseln musste und der so stark klebrig war. War aber teuer.

Einmal fuhr ich auch mit einem Kumpel meines Vaters dahin. Wir machten eine Radtour dahin. Den Kumpel mochte meine Vater aber nicht. „Der will immer was haben und rennt überall herum um Stoff zu bekommen! Weil er keine Möglichkeit hat. Die Leute hier mögen den nicht. Ich renne doch nicht für den gleich los!", erzählte mein Vater böse. Der Kumpel war aber nett. Wir machten mit ihm zum Beispiel einmal Haschtee mit ganz viel Gras. Ich fand aber, dass der nicht gewirkt hat. Vielleicht habe ich davon auch nichts gemerkt, weil wir gleichzeitig Joints gekifft hatten.

Der beste Kumpel meines Vaters heißt Marlon. Er hat eine schöne Wohnung und viel Geld. Weil er einen guten Job als Programmierer bei einer großen Fabrik hat. Er verdient außerdem so gut, weil er fertig studiert hat. Es ist der, der auch so viele Kristalle in seiner Wohnung hat. Auch hat der dort richtig schöne, große Aquarien. Wenn wir zu ihm gehen, dann ist er meistens am lesen. Wir spielen dann oft an seinem Computer. Zum Beispiel ein Flipper-Spiel oder Golf. Zu ihm kann ich einfach mit dem Fahrrad fahren und mir was holen, wenn ich bei meinem Vater im Dorf bin. Marlon hat immer viel da, bestimmt immer so 200 Gramm. Mein Vater sagt immer: „Der kifft richtig viel!" Ich erzähle ihm einmal früher:

„Wissen eigentlich deine Eltern, dass du kiffst? Ich bin ja immer dafür mit offenen Karten zu spielen. Meine Mutter weiß, dass ich kiffe." Dann erzählte er plötzlich mal eine Zeit später: „Ich hab mal den Schritt gewagt meiner Mutter davon zu erzählen, dass ich immer Kiffe. Sie hat das überhaupt nicht verstanden und ist gleich zur Drogenberatung gerannt. Die haben ihr dann gesagt, dass sie nichts machen können. Ihr Sohn ist erwachsen und kifft schon sein ganzes Leben. Er weiß was er tut, und dass er süchtig ist. Da kann man nichts machen, wenn er nicht aufhören will. Sagten die."

Auch erzählte Marlon mal die lustige Geschichte, dass er früher bei der Bundeswehr gearbeitet hatte. Er war dort wohl zum Feierabend auf seiner Kabine heftig am Kiffen. Plötzlich sollten sie nach unten Antreten. „Mein Vorgesetzter, der uns Antreten lassen hatte war ein richtiges Tier. Der war so groß und muskulös, ich war eine Fliege gegenüber ihm. Er hätte mich ohne Probleme so hochheben können, als wäre ich nichts. Er war auch der typische Bundeswehroffizier, der sehr streng war und so eine laute Art hatte. Richtig angsteinflößend. Du kennst das bestimmt selber von deinem Wehrdienst her", erzählte er.

Auf jeden Fall mussten sie dann in Reih und Glied stehen. Marlon ist dann richtig schwarz vor Augen geworden und schwindelig, weil er so viel gekifft hatte. Wenn die es gemerkt hätten, hätte er eine große Strafe bekommen.

Ein weiterer Großdealer meines Vaters hat im Gewerbegebiet in der Nachbarstadt eine eigene Wohnung extra für den Verkauf. Ähnlich der Wohnung, wo wir die Pflanzen weggeholt hatten.

Dies wahrscheinlich weil er zuhause Kinder hat und es hier nicht so auffällig ist und vor allem ruhiger. Wir sind zusammen mit Marlon da. Er kauft sogar für 1000 Euro eine riesige Platte von dem guten Pollen. Voll teuer bezahlt er trotzdem 6 Euro für das Gramm. Er verkauft es dann ja immer für 7,50 Euro oder 8,50 Euro. Komischerweise ist auch ein Mann da, der Psychologe ist. Er kauft für 200 Euro. Im Auto auf der Nachhausefahrt, erzählt mein Vater während er einen Joint raucht: „Den Psychologen mögen wir nicht. Er sagt immer dass alle krank sind."

Ich lerne noch eine Menge mehr Leute kennen, von denen meine Vater und ich kaufen. Das Geld hab ich ja durch mein Bafög, was etwas mehr ist als das Arbeitslosengeld zu der Zeit. Zusätzlich bekomme ich immer wenn ich zu Besuch bei meinem Vater bin 50 Euro von meinem Opa zugesteckt. Ich fühlte mich wie der Prinz in einer Art Traum-Kiffer-Welt.

Die Kiffer-Party

Wir waren dann mal bei einem Millionär. Es ist ein Bekannter von meinem Vater. Er hat eine Kiffer-Party gegeben.

Mein Vater erzählte, dass der Millionär mal eine Tour durch die Welt gemacht hat. Er lebte mit seiner Frau und den zwei Kindern nur im Campingwagen. Drei Jahre waren sie unterwegs. Die Kinder haben sie dann selber unterrichtet, weil die nicht zur Schule gegangen sind. Bei der Party saßen im Wohnzimmer so viele ältere Erwachsene, die alle kiffen um den Tisch, wie ich es noch nie erlebt hatte. Es waren bestimmt über 20. Ich setzte mich dazu. Marlon und Alex, die Freunde meines Vaters, waren auch da. Es ging dann immer eine sehr außergewöhnliche Wasserpfeife herum. Es war eine Kokosnuss, die mit einem Rohr versehen wurde. Ein Kopf war an ihr angebracht und ein Kickloch rein gebohrt. Permanent stopfte der Millionär den Kopf der Bong voll mit Gras und ließ sie rumgehen. Jeder zog dann ein bis zwei mal daran und gab sie dann weiter. Ich saß auf dem Sofa und meine Augen wurden dann ganz schwer. Auch wurde es neblig um mich herum. Immer wieder zog ich an der Bong, wenn sie bei mir an kam. Ich hatte dort auf dem Sofa niemanden mit dem ich reden konnte. Die anderen haben sich angeregt und euphorisiert unterhalten. Konnte aber den Gesprächen nicht mehr folgen. Ich schlief dann während der Party auf dem Sofa ein.

Die Nymphomanin

Rückblick. Ich war bevor ich zum Studieren nach Stuttgart gegangen war vier Jahre in einer Beziehung. Es war die typische Liebe von Jugendlichen. Intensiv und mit vielen Schmetterlingen im Bauch. Sie war eine attraktive Blondine aus gutem Hause. Ihr Vater war Arzt. Es war die erste große, wahre Liebe. Leider fing sie dann an mich immer wieder zu betrügen. Sie wurde auch immer krasser dabei. Sie betrog mich mit meinen Kumpels, mit meinen Feinden und mit meinem Cousin. Ich habe immer alles hingenommen und ertragen. In mir war immer eine starke Ohnmacht, wenn ich wieder mal hörte, dass sie mich betrogen hat. Aber ich schlug sie nie, sondern resignierte einfach nur. Ich machte nichts. Konnte nicht darüber reden. So machte sie immer weiter und hörte nie auf mich zu betrügen.
Sie machte Gruppensex mit vielen Typen und sogar Gangbang mit, und wurde letztendlich dabei sogar von meinem Cousin und seinen Kumpels vergewaltigt. Sie kam dann lange in die Psychiatrie.
Ich hatte sie so geliebt und sie mich eigentlich auch. Es

war die wahre Liebe und meine erste große Liebe.

Wiedersehen

Bevor ich eine Wohnung in Stuttgart gefunden hatte, war ich bei meinem Vater untergekommen. Ich ging immer hoch zum Frühstücken oder zum Mittagessen zu meiner Oma und meinem Opa. Manchmal kam ich viel zu spät dort an, weil ich so lange geschlafen hatte und es stand schon das prachtvolle Mittagessen dort auf dem Tisch. Ja, das Mittagessen bei meinen Großeltern war wirklich ein Festmahl. Sie gaben sich dabei immer viel Mühe. Oft gab es verschiedene Braten, mit Kartoffeln, Rotkohl und Rosenkohl. Natürlich auch Salat. Mein übergewichtiger Onkel, der Vater meiner zwei Cousins saß meistens schon dort. Er schaufelte das lecker Essen nur so in sich hinein, schnaubte dabei sehr laut und schwitzte richtig dolle. Mein Vater aß nie mit, sondern holte sich später das Mittagessen immer oben ab. Mein Opa ließ für ihn etwas über.

Der Tagesplan meiner Großeltern war strikt strukturiert. Der Tag lief immer gleich ab. Erst ging mein Opa nach dem Aufstehen eine Zeitung und Brötchen holen. Dann gab es Frühstück. Um Punkt Zwölf gab es Mittagessen. Dann legte meine Oma sich aufs riesige Sofa im Wohnzimmer. Mein Opa ging dann runter ins Büro und rauchte ganz viele Zigaretten und verrichtete seine Arbeit als Hausmeister. Dann um 15 Uhr gab es Kaffee. Und um 18 Uhr wieder ein prunkvolles Abendessen, mit Rettich, Brot und ganz viele Wurstsorten. Beim Abendessen trank mein Opa immer ein Bier. Meine Oma ließ den Tag dann ausklingen mit einem Glas Sekt und einem Fernsehabend. Mein Opa saß dann immer auf dem Sessel hinten bei der Couch. Der Schrank neben ihm war immer voll mit Süßigkeiten. Etliche Tafeln Schokolade, Kekse und Chips füllten den Schrank. Er naschte dann immer etwas. Meine Oma saß vorne am Esstisch. Oft schauten sie auch Sport, wie Fußball oder die Olympiaden. Doch vorher natürliche die Tagesthemen.

Besonders und toll war, dass der Kühlschrank meiner Großeltern immer voll war. Man machte ihn auf und fand immer was gutes zum Essen oder Trinken. Seien es Joghurts, eine kühle Flasche Cola oder Fanta oder einfach nur viele Wurst und Käsesorten. Es war genau das Gegenteil von meiner Heimat bei meiner Mutter. Bei ihr war der Kühlschrank immer leer. Sie hatte immer nur das Nötigste da. Weshalb ich wahrscheinlich auch so dünn war.

Ich erinnere mich noch gut. Als ich an dem besagten Tag hoch ging. Mit meiner Jogginghose an, weil ich noch gerade aus dem Bett kam. Da saßen meine beiden Cousins dort am Tisch. Und neben jedem ein Mädchen. Sie hatten beide eine Freundin gefunden. Und der blonde Cousin Andreas, der jüngere von beiden, war wieder mal richtig am grinsen. Er war so am grinsen, wie er es immer tut, so richtig schelmisch.

Eigentlich hätte ich ihn von hinten überwältigen sollen. Schlagen müssen. Weil er und seine Kollegen damals meine Freundin vergewaltigt haben und Gruppensex, sowie Gangbang mit ihr gemacht haben. Auch weil er und meine damalige Freundin mich dort im Urlaub sechs Wochen lang nur betrogen hatten. Überall betrogen hatten. Direkt vor meiner Nase, und so dass ich es immer gemerkt hatte. Aber es war ihnen egal. Die Nymphomanin hat es absichtlich so offensichtlich gemacht. Extra um mich zu verletzen. Sie hat die Waffen der Frau bewusst eingesetzt. Ihre Waffe gegen mich war der Sex mit anderen.

Ich werde nicht gewalttätig an diesem besagten Tag, als ich Andreas wiedersehe. Sondern wir haben einen schönen Nachmittag. Ich unterhalte die ganze Gruppe. Die Freundinnen waren froh mich als Verwandten kennenzulernen. Mit meinem älteren Cousin, der in meinem Alter ist, hatte ich ja nie viel zu tun. Nur mit Andreas hing ich immer rum. Jedes Jahr wenn ich im Schwabenländle war, haben wir viel PC gespielt. Wir haben uns mit Süßigkeiten bei Opa eindeckt und spielten im Computerraum meines Vaters, wo ich ja auch immer schlief. Mein Vater stieg später auch oft dazu ein. Im Wohnzimmer hatte er dafür einen Laptop. Das war aber erst in dieser Zeit. Als Kind wenn ich da war, hatte er noch keinen Laptop. Es waren gerade die Anfangszeiten der Computer. Und Computer waren noch sehr teuer. Wir spielten früher zum Beispiel das Spiel Siedler.
Doch dann nahm ich meine Freundin mit. Und Andreas und sie betrogen mich die ganze Zeit. So wurde die Freundschaft zu ihm zerstört, was wahrscheinlich auch der Plan meiner Ex war. Die schöne Idylle zerstören. Meinen geheimen Rückzugsort. Mein geheimes Paradies. Ich vertrug mich an dem Abend mit Andreas. Wir hingen ab dem Tag wieder miteinander herum. Mit seiner Freundin verstand ich mich auch gut.
Beide erzählten immer bruchstückweise Sachen von der Vergewaltigung. Die in der Wohnung meines Onkels statt fand, denn der war damals ja im Urlaub. So hatten meine Ex und Andreas eine Wohnung im Haus, wo sie mich immer betrügen konnten. Die Freundin von Andreas erzählte: „Ja, Andreas sagt es gab eine Vergewaltigung. Aber sie war auch nicht ohne. Andreas war damals erst 14 und sie hat ihn verführt. Es war sein erstes mal und er weiß nicht mal ihren Namen."
Andreas sagte: „Sie ist auf mir rum gehüpft wie eine rollige Katze und hat mir immer ihre Titten ins Gesicht

gedrückt."

Ich erwischte sie damals natürlich auch dabei wie sie mich betrogen.

Andreas erzählte von dem Gangbang und der Vergewaltigung: „Hast du schon mal gesehen, dass ein Mädchen gefickt und gleichzeitig geschlagen wird?"

Sie hatte damals ein Veilchen nach dem Abend, bei dem ich bei einer Bandprobe meines Vaters war. Die Mutter sprach mich dann auch darauf an, dass sie ein Veilchen hatte.

Andreas sagte auch: „Die hat Töne von sich gegeben, die du noch nie gehört hast."

Ich fragte damals meine Freundin, wie viele Typen sie vergewaltigt haben. Sie sagte: „Ich weiß es nicht, es waren so viele."

Mein Cousin hat alles organisiert, er hatte es im Internet veröffentlicht, dass er eine Sexparty gibt und ein Mädchen hat, die Gangbang mitmachen will. So war die Resonanz ziemlich groß und es kamen viele zu dem Gangbang.

Andreas hat gesagt: „Ich habe dir damals einen Gefallen getan."

Auch meint er irgend wann mal: „Mit meiner Freundin will ich so was nicht machen. Die würde mir Leid tun."

Wir unternehmen in der laufenden Zeit immer viel miteinander. In den langen Semesterferien bin ich bei meinem Vater. Mit meinem Cousin ist zum Teil alles wieder wie früher. Verziehen und vergessen? Nein, ich betäube mich eher mit dem guten Stoff, der Dealer meines Vaters und vergesse es so. Half mir das vielleicht darüber hinweg zu kommen?

Die Freundin ist auch immer mit dabei wenn wir was unternehmen. Auch mit der Freundin meines großen Cousins gehen wir einmal ins Kino in die größere

Nachbarstadt.

Da ich und Andreas immer viel zusammen unternehmen sind wir wieder gute Freunde wie Früher. Mit ihm gehe ich immer zum Spielplatz Tischtennis spielen oder wir fahren mit dem Fahrrad los zu einem Grillplatz und spielen dort Badminton. Wir fahren zum Schwimmen, gehen in die Kneipen der Kleinstadt, zum Billard in die Nachbarstadt, ins Kino oder Kiffen bis Tief in die Nacht bei meinem Vater. Auch die Freundin kifft mit. Wir fahren sogar mal zu ihr. Ihre Eltern haben ein neues Haus gebaut und haben viele Kinder.

Auch fahren wir zu einem Festival in der Region. Dort kiffen wir auch die ganze Zeit. Es war ein Heavy-Metal-Festival und alle waren schwarz angezogen. Ein Mädchen die bei unseren Zelten mit uns auf der Bank sitzt macht bei mir ihren Unmut darüber breit. Sie sagt wütend, dass sie es nicht gut findet, dass einige hier nur die ganze Zeit kiffen. Ich sage daraufhin bestürzt: „Und was ist mit den besoffenen, die hier die ganze Zeit nur saufen?"

Die Wohnung in Ludwigsburg

Als ich bei meinem Vater ankomme fahren wir zu einem Freund von ihm nach Stuttgart. Er ist sehr nett und hilft mir bei der Wohnungssuche. Seine Wohnung ist sehr schön. Er hat dort 6 Zimmer, wovon 3 sehr klein sind. Hier wohnt ein Mädchen zur Untermiete, die aber gerade nicht da ist. Sie ist bei ihrer Ausbildung. Man muss ganz hoch in den 4. Stock. In seinem Flur ist die Wand handbemalt mit einem Bild. Rechts geht es zu dem Bereich in dem Paul wohnt. Dort ist ein Raum für die Wäsche. Daran schließt sich das Bad an und sein Wohnzimmer. Hinter dem Wohnzimmer ist sein

Schlafzimmer. Geht man durch den Eingang nach links kommt ein zweiter Flur. Hier ist eine Toilette links. An den Flur reihen sich dann 4 Zimmer. Zwei sehr kleine Zimmer von dem Mädchen, ein Esszimmer und die Küche. Was neu für mich ist, ist der Gasherd.

Wir kiffen im Esszimmer und unterhalten uns euphorisch. Paul kifft natürlich auch, so wie alle Freunde meines Vaters. Vielleicht kann ich in Zukunft bei ihm kaufen. Ich habe ja noch keinen Dealer hier in Stuttgart, bei dem ich regelmäßig kaufen kann. „Mit deinem schönen Hochdeutsch, wirst du hier gut ankommen", meint Paul. Wie verrückt beginne ich dann 1000 Nummern anzurufen, wegen der Wohnung. 2002 ist das Internet noch nicht so verbreitet. Man hat kein Internet aufm Handy und Smartphones gibt es auch noch nicht.

Wir fahren zum Studentenwerk. Hier ist eine Pinnwand mit Wohnungen. Es ist auch wohl noch ein anderer Student hier, der Wohnungen sucht. Er sieht aus wie ein Kiffer, von seinem Kleidungsstil her. Er trägt Hip-Hop-Sachen, ist ziemlich klein und hat eine Brille auf. Ich finde ein paar Einzimmer-Wohnungen, aber viele Wohnungen haben mehr Zimmer. Die kann ich mir nicht leisten. Wir gehen dann wieder raus zu dem Auto. Der Junge kommt mir, draußen entgegen. Ich spreche ihn an. „Es ist sehr schwer hier eine Wohnung zu finden. Vielleicht können wir uns zusammen tun. Eine Mehrzimmerwohnung zu finden ist einfacher und erhöht unsere Chancen", sage ich zu ihm. Er willigt ein und wir tauschen die Nummern. „An der Pinnwand waren zwei Mehrzimmerwohnungen. Ich rufe da mal an und melde mich dann bei dir", meine ich noch.

Mein Vater, ich und Paul fahren zu einem Döner-Laden und essen was. Gleichzeitig rufe ich die Vermieter, der Wohnungen an. Ich besichtige dann auch ein paar Wohnungen. Bekomme aber immer Absagen. Es gibt immer viele Bewerber hier. Auch der Junge, der mir übrigens irgendwie sympathisch ist, kommt zu einer Wohnung. Sie ist in einem Hochhaus. Also für meine Verhältnisse ein Hochhaus, denn in meiner Heimatstadt gab es nicht so große Häuser. Natürlich sind die Hochhäuser in New York dagegen richtige Hochhäuser. Ich sage den Vermietern, dass wir ihnen Geld geben, wenn es klappen würde. Draußen sagt meine Vater streng: „Das darfst du nicht machen, das ist Bestechung!" Wir schauen uns in Ludwigsburg eine Wohnung an. „Das ist nicht weit von Stuttgart", meint mein Vater. Der Junge, der Klemens heißt ist auch dabei. „Wie seit ihr an die Wohnung ran gekommen?", meint er verwundert. Ich wusste es nicht mehr und weiß es heutzutage auch nicht mehr, wie ich an die Wohnung ran gekommen bin. Die Wohnung hat drei Zimmer. Es ist ein komplettes Haus unten. Vom Preis her können wir es uns zu zweit leisten. Es gibt dort ein riesiges Wohnzimmer und ein kleines Zimmer, sowie ein etwas größeres. Das blöde an dem etwas größeren Zimmer ist, man muss immer durch das Zimmer durch zum Bad. Sonst gibt es noch eine kleine Toilette rechts von der Eingangstür, den Flur entlang. Daneben ist die große Küche.

Wir bekommen sogar die Wohnung. Ich bekomme das große Wohnzimmer. Klemens, der Luft- und Raumfahrttechnik studieren will, bekommt das kleine Zimmer. Er will seine Ruhe und nicht, dass immer jemand durch sein Zimmer läuft. Das dritte Zimmer wollen wir vermieten. Was auch gut klappt. Wir finden schnell eine Mieterin, die Geschichte studiert.

Von Ludwigsburg aus, ist es nicht weit nach Stuttgart. Ich muss nur 10 Minuten zu U-Bahn-Station laufen. Das U-Bahn-Netz von Stuttgart und Ludwigsburg ist miteinander verbunden. Ein paar Stationen weiter kommt schon der Hauptbahnhof von Stuttgart. Am Wochenende fahren sogar Nacht-Busse. Sie fahren Nachts von Stuttgart aus nach Ludwigsburg, wenn man Party machen will.

Der Hacken an der Sache kommt aber schnell. Es kommen plötzlich immer Leute, die das Haus besichtigen wollen. Denn die Eigentümer wollen es verkaufen und dann müssen wir raus. Schon eingezogen müssen wir also gleich wieder weiter schauen. Wir bleiben aber erst knapp ein Jahr dort wohnen.

Beim Millionär

In den Semesterferien bei meinem Vater, will er zu seinen Freunden fahren. Als wir in das Waldgebiet kommen, sagt er: „Der Millionär hat ein Waldstück gekauft. Dort fahren wir jetzt hin." Das Wetter ist perfekt für einen Ausflug in den Wald. Es ist Sommer und die Sonne scheint wunderbar warm.

Marlon ist auch schon da. Alle sitzen zusammen, um ein Feuer und kiffen genüsslich.

Als es dunkel wird, baut der Millionär ein Zelt auf. Mich wundert das, denn er hat hier am Waldrand, wo er das Waldstück gekauft hat eine große Holzhütte errichtet. Dann packt er auch noch Steine ins Feuer. Nach einer Zeit fangen die an zu glühen. Mit einer Schaufel holt er die glühenden Steine aus dem Feuer und bringt sie weg. Auf das kleine Zelt legt er ganz viele Decken und Tücher. Ich weiß nicht was das soll und was er vor hat.

Später in der Nacht ziehen sich alle aus und gehen in des Zelt. Mein Vater erzählt: „Wir machen hier immer eine indianische Sauna. Wenn du Angst hast brauchst du das nicht mitmachen." Doch ich hatte früher ja vor gar nichts Angst und ziehe mich auch aus. Nackt zu sein macht mir nicht viel aus. Es ist dunkel und man sieht sich nicht nackt. Die Frau von dem Millionär ist auch dabei und ich habe höchstens Angst einen Steifen zu bekommen, wenn ich sie sehe. Doch ich achte extra nicht auf sie, so ist alles gut. Wir sitzen dann mit vier Leuten im Zelt. Man sieht nur die glühenden Steine dort. Plötzlich zischt es laut. Ein auf der Haut brennender Dampf geht von den Steinen aus. Der Millionär hat Wasser auf die Steine gegossen und davon kommt der Dampf. Immer wieder gießt er Wasser auf die glühenden Steine und das Zelt füllt sich mit Dampf. Die Luft wird drückend. Es ist sehr heiß. Ich schwitze, aber habe irgendwie keine Angst. „Kann man davon nicht ersticken, wenn die Luft hier so heiß ist?", frage ich trotzdem. „Nein, da kann nichts passieren. Wir machen das öfter. Wenn du Angst hast oder es dir zu heiß wird kannst du jederzeit raus gehen", beruhigt mich die Frau vom Millionär. Und ich bleibe.

Der Millionär stimmt dann einen indianischen Gesang ein. Er singt: „Ommmmm !" Das macht er sehr langgezogen. Alle fangen dann plötzlich an „Ommmm" zu singen. Immer auch in anderen Tonlagen. Der Gesang hilft den Schmerz, der Hitze zu ertragen. Denn immer wenn er Wasser zischend auf die Steine gießt, tut der heiße Dampf weh. Ich bin dann nach einer Zeit total nassgeschwitzt.

Als die Prozedur zu Ende ist gehen wir raus in den Wald. Laufen dort nackt zu einem Schlauch. Hier spritzen wir uns ab. Dann nach ein paar Joints gehen wir in die Holzhütte schlafen.

Als ich am nächsten Tag aufwache, sind die Kinder des Millionärs da. Der kleine Sohn von ihm, will mit mir Pfeil und Bogen spielen. An einem Baum hängt eine Zielscheibe. Circa 10 Meter entfernt. Während ich mit dem Kind spiele, kommt mein Vater zu mir. Er gibt mir ein Porzellan-Rohr, das etwas wie eine Trichter geformt ist. An die untere Öffnung hält er ein Tuch. Der

Porzellan-Trichter ist voll von einer Grasmischung. Oben feuert man ihn an und unten beim Tuch zieht man den Rauch ein. Es macht richtig schön breit.

Wir wollen dann aufbrechen. Doch ich hab mit dem Kind ausgemacht, dass wir einen Wettbewerb machen. Jeder schießt zehn mal. Wer drei mal ins Schwarze getroffen hat, hat gewonnen. Wir schießen abwechselnd drei mal. Doch mein Vater macht Stress und sagt wir müssen los. Der Junge hat drei mal daneben geschossen. Ich sage, dass ich noch schieße und dann komme. Ich schieße und treffe einmal, dann noch mal und sogar ein drittes mal. Der Junge ist voll beeindruckt. Es war irgendwie magisch. Insgesamt war alles magisch. Die ganze Aktion mit der indianischen Sauna und dem Tag im Wald. Die Kiffer haben eine geheime Gemeinschaft hier. „So wie Alkoholiker immer mit Alkoholikern abhängen. Und Fußballer immer mit Fußballern abhängen. So hängen Kiffer immer mit Kiffern ab", erzählte ich oft meinen Freunden.

Studium

Beim Studium muss ich in ein Gewerbegebiet in Stuttgart. In einem alten Gebäude von einer bekannten Computerfirma finden die Vorlesungen und die Übungen statt. Von den U-Bahn-Haltestelle ist es noch einmal ein Weg von 15 Minuten zu Fuß. Man kann aber auch mit dem Bus fahren. Am ersten Tag werden Gesellschaftsspiele gespielt. Mir fällt ein hübsches Mädchen auf. Sie hat brauen Haare und ein sehr große Oberweite. Vom Aussehen her ist sie wohl Russin. Als wir die Spiele spielen, ist sie plötzlich in meiner Gruppe und lächelt mich total nett an. Wir werden Freunde. Aber es dauert nicht lange und sie kommt mit einem Typen aus meinem Semester zusammen. Genauso schnell ist es auch wieder auseinander und sie hat dann ganz schnell wieder einen neuen Typen aus einem höheren Jahrgang. Der kann ihr immer alles gut erklären, denn der Stoff den wir durchnehmen ist nicht gerade leicht. Ihr Name ist Carina.

In meinem Semester sind nicht viele Frauen, hauptsächlich Männer. Denn Informatik und Computerkram ist eher was für Männer. Ein paar Chinesen sind da, aber die sind unter sich.

Mein Hauptprofessor, bei dem wir viele Vorlesungen haben macht uns keinen Mut. Ich weiß wohl, dass die 9 Semester, die der Studiengang wohl dauert, von den meisten überschritten wird. Hab auch schon öfter gehört, dass es Langzeitstudenten gibt, die 18 Semester für das Informatikstudium gebraucht haben.

Der Professor erzählt, dass die ganzen 300 Studenten das Studium nicht schaffen werden. Er erzählt, dass es schnell geht, dass jeder Dritte zum Vordiplom nicht mehr da sein wird. Es wird ausgesiebt. „Sie können jetzt ruhig durchzählen. Immer bis drei. Der dritte wird bald nicht mehr da sein", macht der Professor uns Angst. Und es kommt noch schlimmer. Ich erkundige mich wie viele es am Ende immer schaffen. Es sind immer nur circa 30 Leute, die einen Diplom-Abschluss machen. Von 300 Leuten. Das kommt auch davon, dass es ein Trend ist Informatik zu studieren. Die meisten wechseln dann zu Lehramt oder zu einem Wirtschaftsstudium.

Als Nebenfach wähle ich Biologie.

Das Studium wird in Gruppen absolviert. In jedem Fach bekommen wir jede Woche Aufgaben, die wir lösen müssen. Es sind immer so zehn Aufgaben. Die müssen Online, über eine Seite hochgeladen und so abgegeben werden.

Vor dem Gebäude treffen sich die Raucher.

Ich lerne eine richtig intelligenten Jungen kennen. Es ist

ein Wunderkind. Er hat schon eine eigene Firma, hat ein Einser-Abi und sein Vater ist Mathe-Lehrer.

Sein Name ist Tim.

Er kann alle Aufgaben, sei es Mathe, Elektrotechnik oder Programmieren immer sofort ohne viele Mühe lösen. Ich tue mich da schon schwerer. Besonders in Mathe. Ich kaufe mir Bücher und lerne immer viel.

Durch Tim lerne ich das Programmieren. Etwas konnte ich ja schon Programmieren, schon als Kind. Mein Vater hatte es mir beigebracht. Ich wusste was Variablen sind, Schleifen und IF-Bedingungen. Doch mit der Programmiersprache ADA kannte ich mich noch nicht aus. Tim zeigte mir viel. Und so konnte ich bald die Programmieraufgaben auch selber lösen. Ich programmierte das Spiel Tic-Tac-Toe und dazu einen Computergegner, den man nicht besiegen konnte. Man muss in einem Spielfeld, drei Kreise oder Kreuze in einer Reihe haben, um zu gewinnen. Ich fand einen Algorithmus heraus durch den immer ein Unentschieden entsteht. Dazu wählt der Computergegner zuerst das mittlere Feld. Dann setzt er sein Kreuz immer dem Spieler entgegengesetzt.

Auch schaffte ich die Aufgaben, wo es um Sortierung ging. Ein zufällige Reihenfolge von Zahlen musste durch verschiedene Sortier-Algorithmen, in die richtige Reihenfolge gebracht werden.

Ein weiteres Programm musste erkennen ob ein Wort aus genau gleichen Buchstaben aufgebaut ist, so wie die Wörter „internet" und „renitent". Das war eine Permutation. Das schaffte ich auch. Anna-Gramme sollten weiterhin in Programmen erkannt werden. Zum Beispiel die Zahl „2002", das in der Mitte sozusagen gespiegelt ist. Genau wie der Name „Anna".

In der Programmierung werden Buchstaben oder Zahlen in Arrays gepeichert. Oder in einer Text-Datei. Später lernten wir die Speicherung mit Listen und Bäumen. Das war effektiver und ging schneller. Ich kapierte diesen komplizierten Sachverhalt, aber eigentlich ganz gut.

Einmal saß ich in einer Vorlesung, ganz alleine. Plötzlich kommt links von mir einer an, der mich angesprochen hat. Nach einer kurzen Unterhaltung meint er: „Du siehst gar nicht aus wie ein Informatik-Student. Aber schön, das wir so einen coolen Mitstudenten haben", schmeichelt er mir. Und dann kommt ein anderer Student links von mir dazu. Ich wurde von beiden Seiten belagert. Menschen mochten mich einfach anscheinend.

Die beiden hatten große Probleme mit dem Uni-Stoff. Ich brachte denen dann das Programmieren bei. So wie Tim es mir beigebracht hatte. Wir trafen uns dann immer alle im Computer-Pool. Das war ein Raum voll mit PCs, wo wir nach den Vorlesungen arbeiten konnten.

Ich lernte schnell viele Leute kennen. Eine Studentin konnte den Mathestoff nicht. In meiner Übungsgruppe schrieb ich immer alles mit. Ich gab die Lösungen dem Mädchen, weil sie erst ein paar Tage nach mir ihre Übungsgruppe hatte. Mit meiner schönen Schrift war das perfekt für sie. Sie wollte dann immer die Lösungen haben, was auch etwas genervt hatte. In einer Vorlesung erzählte sie mir was komisches: „Ich kann es riechen wenn Männer sich immer einen runterholen", sagte sie etwas aufgeregt und abwertend. Ich weiß auch nicht mehr wie wir darauf gekommen sind, aber es klang so als ob sie was dagegen hat wenn Männer sich einen runterholen. In einer Vorlesung sitzt ein Typ neben ihr. Sie sitzen hinter mir. Ich frage, ob ich ein Foto von denen machen kann. Sie willigen ein und er legt seinen Arm um sie. Ich erkenne sofort, dass er auf sie steht. Plötzlich sage ich:

„Küsst euch doch mal!" Und wie aus einem Reflex machen sie es auch. Ich mache dann auch ein Foto davon. Sie haben sich eigentlich noch nicht oft gesehen und waren nicht zusammen. Trotzdem haben sie sich sofort geküsst. Ich denke irgendwie, dass ich eine bestimmte Fähigkeit habe Menschen besonders zu beeinflussen. Das Studium ist sehr schwer. Ich kann viele Sachen nicht. Die Baden-Württemberger hatten das alles schon im Abi. Weil in Baden-Württemberg die Schüler den Niedersachsen was voraus haben. Das Abi ist dort umfangreicher. Es kommt noch was dazu. Ich verschlafe immer. Stehe erst um 10 oder 12 auf und verpasse so immer die erste Vorlesung, meistens Mathe und Theoretische Informatik. Dies wahrscheinlich auch, weil ich noch die 80 Gramm Hasch habe und zuhause immer viel Kiffe bis tief in die Nacht. Tim sagt dazu dann, wenn ich in der Uni eintreffe: „Der Verschlafer kommt ja auch endlich."

Das erste Smartphone und Internet

Ich gehe in den Vodafone-Shop. Dort sehe ich voll das geile Handy. Smartphones gibt es ja noch gar nicht. Auch nicht Touch-Handys. Und Handys mit Kamera gibt es auch noch nicht. Aber das Handy ist besonders. Es ist von Nokia und hat eine Kamera, rund angelegt Tasten zum eintippen, ein großes Display und man kann Programme darauf installieren. Auch eine große Speicherkarte kann man reinstecken. Es hat sogar Infrarot.
Ich mache einen Vertrag mit dem Shop, so kann ich unbegrenzt telefonieren. Es stellt sich später heraus, dass der Kauf sich gelohnt hat. Denn ich benutze das Handy viel. Ich installiere darauf Spiele, benutze die Kamera oft für Photos und telefoniere damit immer viel. Ich hab

sogar ein Programm installiert mit dem ich mit der Infrarot-Funktion alle Fernseher umschalten kann.

Alle Leute sind begeistert von dem Handy. Ich war wie ein Vorreiter der Smartphone-Ära.

Plötzlich geht das Handy dann nicht mehr. Habe ich zu viele Programme darauf installiert? Oder vielleicht hat ein Programm das Handy gecrasht. Auf jeden Fall schicke ich es ein. Und zu meiner Verwunderung bekomme ich nach ein paar Tagen wieder ein neues Handy zugeschickt. Ich bin begeistert von dem Service.

Klemens und ich wollen uns Internet bestellen. Es ist 2002, gerade die Anfangszeit des Internets. Nicht viele Leute haben Internet. Erst musste man sich mit Modems einwählen. Jetzt gab es auch Router und Flatrates. Mein Vater wollte das nicht. „Brauchst du das denn?", meinte er. Ich sagte wütend dazu: „Klar brauche ich das. Ich studiere Informatik."

Die Heroinabhängigen

Meine 80 Gramm Vorrat gingen dann langsam zu ende. Klemens mein WG-Partner fuhr am Wochenende immer nach Hause. Er brachte mir dann ein paar mal richtig gutes Gras mit. So 3 Gramm immer. Dann wollte er es nicht mehr. Er hatte keine Lust immer dahinter her zu rennen. Besonders am Wochenende, wo er nicht viel Zeit hat. Er fährt ja auch immer ganz nach Hause, in seine Heimatstadt, mit seinem Auto.

Zu Paul, dem Kollegen meines Vater fuhr ich dann auch öfter. Aber er kiffte nicht so regelmäßig und musste um es zu holen immer ganz mit dem Auto zu meinem Vater fahren. Das war auch immer eine Fahrt von einer Stunde hin, und eine Stunde wieder zurück, für ihn. Auch war es immer voll teuer bei ihm. 8,50 Euro kostete ein Gramm. Ich bekam für 50 Euro nur knapp 6 Gramm. Da ich immer viel rauchte, kam ich damit nicht lange hin. In drei bis vier Tagen war es wieder weg. Und dann stand ich wieder ohne da. Ich musste eine andere Lösung finden. Und ich musste eine verlässliche Quelle finden, bei der ich täglich was kaufen konnte. Ich brauchte einen Dealer. Doch wer nimmt mich mit zu einen?

Ich überlegte, dass ich doch in einer Großstadt wohne. In Ludwigsburg oder Stuttgart muss es doch Plätze geben, wo Drogenabhängige rumhängen. Also beschloss ich nachzuforschen, um so einen Drogenumschlagplatz zu finden, und dann jemanden, der mir erst mal immer was besorgt. Und mich dann vielleicht mir zu einem Dealer nach Hause mitnimmt. Aber Stuttgart ist nicht so nah an Holland, wie meine Heimatstadt. Vielleicht gibt es hier nicht so viele Kiffer? Oder vielleicht ist es hier schwerer was zu bekommen? Also bei meinem Vater in der Region sieht es ja eigentlich ganz gut aus.

Als erstes ging ich zu einem Rap-Konzert. Hier müssten doch einige Kiffer aus Stuttgart sein. Ich war ziemlich früh dran. Es waren vor dem Gebäude auch schon ein paar Leute. Sie standen bei einem Bulli herum. Ich fragte einen: „Hallo ich bin neu hier in Stuttgart und habe noch keine Connection. Könnt ihr mir vielleicht was klar machen?" Er sagte ernst: „Weißt du gar nicht wer ich bin?" Später sah ich ihn, wie er Autogramme gab. Ich hatte den deutschlandweit berühmten Rapper, der hier heute auftritt gefragt. Wie vom Blitz getroffen viel es mir dann auch wieder ein wer er ist. Es war Azad. Ich stand dann da beim Bulli weiter rum. Ein schwarzer Typ, von der Crew, fragte mich nach Blättchen zum Drehen. Auf meinen Blättchenpackungen waren immer Sprüche. Er fragte mich, ob er den Spruch behalten kann. Das war kein Problem.

Den Weg weiter wieder zurück Richtung Parkplatz war ein kleines Wäldchen. Waren da Leute am Joint rauchen? Ich ging da hin. Zuerst war da nur eine Gruppe von Leuten, die da nur rumstanden. Doch etwas weiter hinten, hier war einer ganz alleine am Joint rauchen. Sofort steuerte ich ihn an. Er war auch ganz nett und ließ mich mitrauchen. Doch was mir wichtiger war, war dass er mir auch mal etwas zu kiffen holen könnte. Doch er meinte, dass er nichts mehr Leuten klar macht. Das wollte ich nicht so richtig verstehen. Ist doch nichts dabei. Am Ende überließ er mir den halben Joint und ging schon zum Konzert. Er hatte wohl schon schlechte Erfahrung darin gemacht, Leuten was zu besorgen. Oder er wurde schon mal von der Polizei erwischt, dachte ich mir.

In der Halle drinnen beim Konzert fragte auch wieder zwei Leute, doch die meinten sie kommen von woanders her und wohnen nicht in Stuttgart.

Frustriert fuhr ich wieder, mit meiner kleinen Schrottkarre, nach Hause.

Meine zweite Bemühung einen Dealer kennenzulernen war nach Ludwigsburg in die Stadt zu gehen und nach einem Platz Ausschau zu halten, wo Drogenjunkies abhängen. Doch ich fand nichts. Nur ein großes Einkaufszentrum. Deprimiert ging ich nach Hause. Vorher ging ich noch zu einem Supermarkt beim Bahnhof. Dort sah ich drei voll auffällig gekleidete Jugendliche. Sie waren in schrillen Klamotten gekleidet. So ne Art Punk oder Raver. Sie hatten Klamotten in grellen Rottönen an, Schlaghosen und ganz hohe Turnschuhe. Ich fragte sie: „Sorry, dass ich euch das frage. Aber ihr seht so aus als ob ihr damit was zu tun habt. Ich bin neu in der Stadt und hab noch keine Möglichkeit mir was zu holen. Könnt ihr mir vielleicht was zu Kiffen klar machen?" „Nein, damit haben wir nichts zu tun", antworteten sie. „Kennt ihr hier in

Ludwigsburg vielleicht einen Platz, wo man was bekommen könnte? Es gibt doch in der Großstadt, solche Drogenumschlagplätze." „Dahinten am Busbahnhof hängen manchmal solche Leute rum", war ihre Antwort. Ich wunderte mich. Bin da schon öfter vorbei gekommen, aber Landstreicher und Junkies sind mir nicht aufgefallen. Ich ging gleich hin. Aber da war nichts. Jedenfalls nicht so, wie in meiner Heimatregion damals. Dort war in einer großen Nachbarstadt ja mal so ein Platz, wo immer viele Junkies abhingen und ein auch paar Dealer mit den Taschen voll mit Stoff.

Bei einer Spielothek wartete ich und schaute mich um. Dann fragte ich einen ziemlich großen Typen, der etwas älter war als ich. Volltreffer, er sagte er könne mir was klären. Ein anderer älterer Erwachsener kam dazu. Ich fuhr mit beiden in eine ziemlich arme Siedlung, wo Block an Block aneinandergereiht standen.

Ich hatte schon etwas Schiss jetzt. Als ich ihm das Geld gab und der Ältere damit zu dem Wohnungen ging. Wenn der jetzt nicht mehr wieder kommt, dann ist mein Geld weg. Mit dem Jungen ging ich aus dem Auto und wir rauchten eine draußen. Es war schon dunkel draußen. So wie die Zeit verging, dachte ich, ich hab es hier mit Abziehern zu tun. Was ist wenn die mich ausrauben? Doch der ältere Typ kam wieder und ich bekam was zu Rauchen.

Der jüngere von beiden sollte mir jetzt öfter was klar machen. Ich rief ihn an und wie fuhren durch die ganze Region von Haus zu Haus und Stadt zu Stadt. Doch wir bekam irgendwie nichts. Das war ja noch schwerer als bei mir in der Heimatstadt. Er meinte: „Ich versuche was zurückzukaufen." Das verstehe ich nicht. Was soll das bedeuten „zurückzukaufen". Ich würde es scheiße finden, wenn mir jemand was klar macht und es dann wieder zurück will. Es sei denn er hat denen eine größere Menge

71

klar gemacht. Wie ich so mit dem Wagen über die Berge fahre und die Städte bei Nacht überblicken konnte, war ich schon beeindruckt. Es war ein toller Anblick, die tausend Lichter und Laternen funkeln zu sehen. Hier in Baden-Württemberg hat man einen ganz anderen Blick auf die Welt gegenüber dem flachen Land.

Irgendwann klappte es dann auch und er bekam eine kleine Menge.

Als Dankeschön, brannte ich ihm ab und zu Filme. Er wohnte bei seiner Oma und erzählte, dass er Heroinabhängig ist. Ich hatte davon keine Ahnung und wollte auch nichts damit zu tun haben. Ich sagte immer: „Ich mache keine Löcher in meinen Körper." Wenn er bei mir war, dann hat er beeindruckt meine 3 vollen CD-Ständer voll mit gebrannten CDs angeschaut. Er hat mir dann schnell eine Liste aufgeschrieben, mit den Musik- und Film-CDs, die ich ihm brennen sollte. Das war kein Problem, die Rohlinge bekam man damals ja zu einem ganz günstigen Preis.

Am Bahnhof

Wir waren dann mal in der Nachbarstadt von Ludwigsburg. Er hatte mich angerufen, ob ich was haben will. Ich dachte, es wird jetzt wieder voll die Prozedur. Dass wir wieder von Haus zu Haus gehen. Mit dem Zug fahre ich diesmal dahin. Vor dem Bahnhof gebe ich ihm das Geld. Ich warte und laufe den Platz immer hoch und runter. Wieder kommt dieses Gefühl in mir auf, dass er nicht wieder kommt und mit dem Geld durchbrennt. Doch es dauert gar nicht so lange. Circa eine halbe Stunde. Er hat eine schöne, kleine Tüte voller Gras dabei, die er mir überreicht. Ich stecke sie schnell, damit niemand von den Passanten was sieht, vorne in meine

Hosentasche.

Wir setzen uns in die Bahnhofshalle und warten auf den Zug. Plötzlich kommt uns ein Polizist entgegen. Er steuert sogar auf uns zu. Und was für ein Pech, gerade jetzt will er uns kontrollieren. Er muss das schon gerochen haben, als er vor uns steht, oder nicht?

„Ich kenne dich doch!", sagt er zu meinem Kumpel. „Ja, aber ich bin mittlerweile brav geworden", sagt der darauf hin. Er hat hier wohl schon was mit der Polizei zu tun gehabt, wurde schon mal erwischt, oder wurde hier schon mal verhaftet.

„Ok, habt ihr was dabei? Macht mal die Taschen leer!", meint der Polizist leider. Jetzt sind wir am Arsch, denke ich. Jetzt hat die Polizei mich und ich werde eine Anzeige bekommen und wahrscheinlich einen Vermerk ins Führungszeugnis. Ich habe nur eine klitzekleine Chance, denke ich mir. In meinem Kopf macht sich ein Plan breit, wie ich es verbergen könnte, dass ich was dabei habe. Doch erst ist er dran. Ich sehe wie er die kleine Tüte in der Hand verbirgt, die vorderen Hosentaschen umkrempelt und raus hängen lässt und darauf hin die Hände in die hinteren Taschen am Hintern steckt. Es klappt. Er hat die kleine Tüte hinten in die Tasche gesteckt. Ich mache es genauso. Doch das ist doch so offensichtlich und blöd gemacht. Das kann gar nicht klappen! Aber es klappt. Wie magisch. Der Polizist lässt uns in Ruhe und geht weiter. Hat der Polizist wirklich nichts gemerkt? Das konnte doch nicht sein. Ich denke die ganze Zeit, er hat uns mit Absicht gehen lassen, obwohl er genau wusste was hier abging. Er musste es doch gerochen haben, dass wir das Gras in den Händen und Hosentaschen hatten. Doch der Plan ging auf. Genauso wie ich es mir vorher überlegt hatte, so haben wir es dann auch beide gemacht.

Mein WG-Kollege Klemens ist übrigens sauer, dass ich

mich mit solchen Leuten abgebe. Ich finde, da ist nichts dabei, solange der Heroinabhängige mich nicht beklaut und ich selber kein Heroin nehme. Außerdem versteht der gar nicht, das ich verzweifelt bin. Ich würde auch lieber bei korrekteren Leuten kaufen, doch der Heroinabhängige ist meine einzige Möglichkeit.

Für Klemens ist das einfach. Er kifft nicht regelmäßig. Er hört wohl gerne die Rap-Musik, aber so richtig am Kiffen ist der nicht. Ganz selten vielleicht mal. Er sitzt immer in seinem kleinen, dunklen Zimmer schaut Filme aus dem Internet oder liest. Er meint, dass man solche Leute nicht in die Wohnung lassen sollte. Kann ich auch irgendwie verstehen, doch ich bin ein Hartcorekiffer und brauche hier einfach was zu rauchen. Ich kann nicht einfach aufhören, weil ich neu in der Stadt bin und noch keine Connection habe. Ich muss einfach versuchen an einen guten Dealer ranzukommen.

Ich bin dann mal mit dem jungen Heroinabhängigen in eine Siedlung gefahren, wo Container standen. Hier konnten Obdachlose unter kommen. Ich habe so was noch nie gesehen. Menschen, die in Container lebten. Es waren echt schlimme Bedingungen. Hier wartete schon einer auf uns. Ich bekam auch etwas und fragte, den Typen, ob er mir öfter was klar machen konnte. Das wollte der aber nicht. Ich brauchte noch eine verlässliche Quelle. Einen, der immer was da hat, und nicht zu irgendwelchen Läufern von Haus zu Haus geht, wie der Heroinabhängige.

Der junge Heroinabhängige kam dann mal zu mir und wollte, was wieder zurückkaufen. Ich war da auch etwas sauer, denn er hat einfach jemanden mitgebracht. Der war mir ziemlich unsympathisch. Und wie sie so zu zweit in mein Zimmer stürmten, bekam ich ein mulmiges Gefühl.

Was ist wenn die mich zusammen schlagen und ausrauben? Die waren dann auch noch so hartnäckig. Ich sagte: „Ich habe nichts mehr." Warum will der was von mir zurückkaufen? Das ist doch voll scheiße. Ich will die kleine Menge, die er mir klar macht doch nicht wieder zurück geben, sondern selber genüsslich wegrauchen.
Er will nicht glauben, dass ich nichts mehr habe. Und er wird auch richtig sauer. Ja, es stimmte, ich hatte in meiner Tabak-Tüte noch circa ein halbes Gramm. Das wollte ich aber nicht weg geben. Ich brauchte es selber noch. „Es reicht schon wenn du uns einen kleinen Bong-Kopf voll gibst, den wir hier eben rauchen", sagte er wütend. Später erfuhr ich von dem älteren Heroinabhängigen, dass er einen „Affen geschoben" hatte. Die waren voll süchtig und hatten Entzugserscheinungen. Die brauchten dringen irgendwas, was sie beruhigte.
Der andere sagte sauer: „Man sieht sich immer zwei mal im Leben!" Daraufhin gingen sie zum Glück. Ich meldete mich daraufhin nicht mehr bei dem. Es lief eh voll schlecht bei ihm.
Dann kam auch noch Klemens und meckerte mich an, was ich die Leute hier rein lasse. Er wollte ja nicht, dass ich die Heroinabhängigen hier in unsere Wohnung lasse. Für ihn waren das Kriminelle.

Der ältere Heroinabhängige

Der ältere Heroinabhängige machte mir dann ab und zu was klar. Ich wusste auch, wo er wohnte.
Einmal rief er mich an. Wir trafen uns am Bahnhof von Ludwigsburg. Er wollte 50 Euro von mir. „Warum das? So viel möchte ich gar nicht haben", sagte ich eingeschüchtert. Warum will er so einen hohen Betrag

von mir? Das sieht ganz danach aus, als ob er mich abziehen will. Der will sich bestimmt sein teures Heroin davon kaufen und mir letzten Endes nichts geben. „Ich hab gar nicht so viel bei mir?", wehrte ich mich. „Dann hebe es doch da vorne am Automaten ab", meinte der Heroinabhängige dreist. Ich ging dann sogar zum Automaten. Aber ich hob nur 20 Euro ab und sagte, ich hab zur Zeit nicht so viel Geld. Ich weiß nicht mehr, ob er mich an diesem Abend abgezogen hat. Auf jeden Fall hat er mich dann irgendwann mal abgezogen. Immer wieder vertröstete er mich und wollte mir das Geld wieder geben. Das passierte aber nicht.

Wenn wir mit meinem Auto unterwegs waren, erzählte er mir immer viel. „Die Amerikaner schicken ja immer Dealer hier her, die die Heroinabhängigen am Bahnhof versorgen. Das ganze ist ziemlich professionell durchorganisiert. Nach einer bestimmten Zeit werden die Ausgewechselt und der Nächste übernimmt das Geschäft. So hat die Polizei es nicht so leicht, die Dealer zu erwischen", erzählt er. Auch erklärt er mir: „Die Leute denken bei Heroin immer, das man das Spritzt. Aber man kann es auch auf andere Wege zu sich nehmen, zum Beispiel rauchen oder durch die Nase ziehen", erklärt er mir. Mich wundert das. Ich wusste nicht, dass man Heroin durch die Nase ziehen kann. Ich sagte verwundert: „Das klingt ziemlich heftig, so einen starken Stoff direkt durch die Nase zu ziehen. Da kann man bestimmt leicht bei sterben. Also einen Schlaganfall oder eine Überdosis bekommen." Er stimmte mir zu: „Das nennt man dann den goldenen Schuss."

Als ich bei ihm war, war auch ein anderer Typ da. Stolz zeigt der Heroinabhängige eine ganze Palette von Flachmännern, die er sich gekauft hatte. Es waren Kurze, Jägermeister oder so einen anderer, harter Alkohol. Die Flaschen wollten die jetzt zu zweit platt machen? Dann

müssten die ja ganz schön besoffen sein, dachte ich. Ich hab noch nie so viel Alkohol getrunken. Ich hatte meine Bong mit, und der alte Heroinabhängige wollte auch mal daran ziehen. Nachdem er einen Gras-Kopf durch meine dreckige, kleine Plastik-Bong gezogen hatte, bekam er einen Hustenanfall. Der höre irgendwie nicht mehr auf. Er hustete so dolle, das klang nicht mehr gesund. Er hustete und hustete. Es dauerte ewig. Und er legte sich sogar flach auf dem Fußboden, damit es aufhörte. Tat es aber nicht. Es dauerte bestimmt eine halbe Stunde bis er aufgehört hatte zu husten. So was habe ich noch nie erlebt. Seine Lunge, musste stark angeschlagen sein. Immer wieder verschwand er im Bad, damit ich nicht sehe wie er sich die Spritze setzt.
Dann fragte er mich sogar, ob ich auch Heroin konsumieren möchte: „Aber nur wenn du es spritzt." Aber ich verneinte zum Glück. Ich blieb stark. Es war schon alles abschreckend genug was ich hier erlebte.

Dann rief er mich mal ein anderes mal an, ob ich was haben möchte. Wir fuhren mit dem Auto irgendwo in Ludwigsburg hin. Bei einer Tankstelle holte ich mir eine Cola und wartete, aber er kam nicht wieder. Nach einer Stunde fuhr ich dann wieder los. Er hatte mich abgezogen. Einfach stehen lassen. Hat sich mit meinen 20-Euro wahrscheinlich seinen eigenen Stoff geholt. Ich rief ihn dann an. Er fragte, wo ich letztens gewesen bin. Er hat sich gewundert, dass ich gegangen bin. Alles nur Ausreden dachte ich. Ich bekam das Geld dann auch nicht mehr wieder. Auf seiner Nummer erreichte ich ihn nicht mehr und zuhause traf ich ihn auch nicht mehr an. Dies obwohl ich öfter bei ihm klingelte.
War vielleicht auch gut so.

Die Halloween-Party

Paul und seine Mitbewohnerin gaben eine Halloween-Party. Ich ging extra in die Innenstadt von Stuttgart und wollte mir Schminke kaufen. Weiße für das Gesicht und Rot für etwas Blut, das ich mir aufmalen wollte. So richtig fündig wurde ich nicht in den ganzen Läden. Erst nach langem Suchen, fand ich Schminke in einem Laden einer Seitenstraße. Auch Haarspray kaufte ich mir. Am Tag der Party färbte ich mein Gesicht komplett weiß. Ich nahm ein schönes, blaues Hemd von mir und machte die rote Farbe drauf. Auch in meinem Gesicht malte ich die rote Farbe, was wie Blut aussehen sollte. Meine Haare stylte ich mit dem Haarspray wild nach oben. So sahen sie aus, als ob ich einen Stromschlag bekommen hätte. Leider ging die rote Farbe aus dem schönen, blauen Hemd nicht mehr raus, bemerkte ich nach der Party. Ich konnte es wegschmeißen.

Am Bahnhof Ludwigsburg sagte ein Junge etwas lauter: „Hey cool. Du hast dich für Halloween verkleidet!"

Auf der Party war viel los. Aber die waren alle gar nicht verkleidet. Nur ein Mädchen hatte Teufelshörner auf. Sie sah sehr gut aus. Ich fragte, ob wir ein Foto zusammen machen könnten.

In den kleinen Zimmern, wurde mit einer Bong, fleißig gekifft. Im Wohnzimmer, hat mein Vater den ganzen Abend Joints gebaut. Paul war auch hauptsächlich dort. Er hat da auch seine Gitarre ausgepackt und etwas gespielt und gesungen. Als ich dorthin gehe sagt mein Vater euphorisch: „Das ist mein Junge!"

Es war hauptsächlich der Jahrgang von Pauls Mitbewohnerin da. Die Jugendlichen von ihrer Ausbildung. Ich verstand mich gut mit allen.

Ich wollte einem Jungen was zeigen. Das hat die

Mitbewohnerin von Paul mir auch schon mal gezeigt. Im Hausflur konnte man eine Klappe oben öffnen und aufs Dach. Das war richtig hoch oben und man hatte ganz Stuttgart im Überblick. Ich hatte ja keine Höhenangst und so konnte ich mich mit dem Jungen dort ohne Angst aufhalten. Ich weiß nicht wie viele Stockwerke das Haus hatte. Fünf oder Neun vielleicht. Auf jeden Fall gibt es in meiner Heimatstadt kein Haus was so hoch war wie dieses.

Wir setzen uns an den Rand und ließen die Beine baumeln. Die Mitbewohnerin von Paul war dann auch dabei und sagte ängstlich: „Paul hat das strikt verboten. Er sagt, das ist zu gefährlich. Wenn hier ein Betrunkener runter fällt, wäre das unverzeihlich." „Wir sind vorsichtig", beruhige ich sie dann. Doch Paul kommt dann plötzlich und sagt wir sollen wieder rein gehen. Er ist aber nicht ausgeflippt oder richtig sauer geworden.

Dates

Am nächsten Tag ruft mich die Mitbewohnerin an. Sie sagt, dass sie mich gerne kennen lernen möchte, und ob wir uns treffen wollen. Ich freue mich natürlich, denn ich habe noch nicht so viele Kontakte hier. Mit meinem Mitbewohner Klemens ist nicht viel anzufangen. Er fährt am Wochenende immer nach Hause in die Heimat. Mit der Mitbewohnerin von Paul gehe ich Essen. Sie zeigt mir ein gutes Restaurant. Das wollte sie mir gerne zeigen. Es ist richtig voll dort und scheint auch sehr beliebt zu sein. Wir müssen, sogar warten, um einen Tisch zu ergattern.

Ich schlafe auch bei ihr, damit wir bis tief in die Nacht rumhängen können. Und so spät fahren auch keine U-Bahnen mehr. Wir schlafen im gleichen Bett zusammen.

Sie hat in dem kleinen Raum, ganz links vom zweiten Flur aus, nur eine Matratze auf dem Boden.

Am nächsten Tag sagt sie: „Es ist vielleicht gut, dass wir nicht miteinander rumgemacht haben." Denn es ist nichts passiert. Vielleicht hat sie sich Hoffnungen gemacht. Aber sie war leider nicht mein Typ. Von der Optik her, hat sie mir nicht gefallen. Vielleicht lag es daran, dass sie etwas pummelig war.

Ein paar Wochen später ruft sie mich total verzweifelt an. Sie erzählt, dass Paul sie rausgeschmissen hat. Auch weil sie seine Anweisung bei der Party nicht befolgt hat, keinen auf das Dach zu lassen. Sie fragt mich, ob ich ihr bei der Wohnungssuche helfen kann. Ich sage, dass ich mich mal umhöre und mich dann bei ihr melde. Vielleicht hängen in der Uni noch Wohnungen aus. Aktuell hatte ich keine Wohnung für sie. Das dritte Zimmer bei uns, hatten wir ja an eine Studentin vermietet. Aber leider hatte ich keine Handy-Nummer von Pauls Mitbewohnerin und hab sie aus den Augen verloren. Obwohl ich sie gerne wieder gesehen hätte. Ich suchte hier in Stuttgart ja noch gute Freunde und sie war sehr nett. Ich hab sie nie wieder gesehen.

Ich hatte vorher noch ein Date mit ihrer Freundin. Ich weiß gar nicht mehr genau, wie das zustande kam. Sie wollte mich nach der Party irgendwie kennenlernen. Auf jeden Fall gingen wir in die Stuttgarter Innenstadt. Sie zeigte mir die Stadt und das tolle Nachtleben Stuttgarts. Wir klapperten ein paar Bars ab. In einer Bar drehte ich mir einen Joint. Eine Frau vom Nebentisch sagte sauer: „Das macht man aber nicht!"

Sie wollte am Ende nicht, dass ich noch mit zu ihr gehe und gegebenenfalls bei ihr schlafe.

Bei der Bushaltestelle merke ich, dass mein Studententicket abgelaufen war und ich noch kein neues

bestellt hatte. Wie sollte ich jetzt nach Hause kommen?
Es war viel los, hier am Stuttgarter Busbahnhof. Viele
Jugendliche standen hier herum und auch viele Busse
hielten hier. Die einzige Möglichkeit so spät in der Nacht
waren die Nacht-Busse. Blöderweise hatte ich auch gar
kein Geld mehr am Mann. Und zur Bank schaffte ich es
jetzt so schnell nicht mehr. Sollte ich jemanden nach
Geld fragen?
Als mein Bus dann hier hielt, stellte ich mich in die
Schlange. Ich überlegte, ob ich den Busfahrer fragen
sollte, ob ich kostenlos mitfahren könnte. Ich wollte aber
auch keine schlafenden Hunde wecken.
Also klappte ich mein Geldbeutel auf. Hielt mein altes,
abgelaufenes Studententicket hoch. Und lief ganz schnell
an ihm vorbei nach hinten. Ich dachte ich hörte noch ein:
„Hey!" vom Busfahrer, aber er kam nicht hinter mir her.
Das Studententicket war richtig gut. Ich konnte in
Stuttgart für 150 Euro überall hin fahren. Normalerweise
würden die Fahrten voll viel kosten. Ein Ticket in alle
Bereiche würde viele hunderte Euros kosten. Das
Studententicket war dagegen richtig günstig. So konnte
ich überall hin und mir immer Dope klären. Ich
beantragte mir dann sofort wieder eins.

Ich hatte dann auch ein Date mit der Schönen Carina aus
meinem Studiengang. Nach der Uni gingen wir in die
Stuttgarter Stadt. Als wir aus der U-Bahn raus kamen und
so durch den Park gingen beichtete ich ihr: „Als ich dich
am ersten Tag gesehen habe, dachte ich dass du so
wunderschön bist. Und jetzt laufe ich mit dir hier durch
den Park. Das ist cool." Sie macht daraufhin einen Scherz
und tut so, als ob sie wegläuft und sagt lachend: „Oh, ich
muss schnell weg!"
Ich gehe in Stuttgart zu einem Bankautomaten und hebe
Geld ab. Dann gehen wir in eine Bar und trinken was. Sie

findet es interessant, dass ich mir Zigaretten drehe. Ich erzähle ihr nicht, dass ich kiffe.

Zwei Mädchen vom Nachbartisch, sind auf uns aufmerksam geworden und lächeln mich nett an. Ich und Carina müssen ein tolles Bild abgegeben haben.

Sie erzählt vom ihrem ersten Freund hier, mit den sie sehr schnell zusammen gekommen ist. Er wollte nicht einsehen, dass Schluss ist. Er hat wohl stark geklammert und kam noch kurz nachdem Schluss war, mit einem riesigen Blumenstrauß, bei ihr an. Sie hat ihn dann nicht rein gelassen. Mit ihrem jetzigen Freund aus dem höheren Semester ist sie dann mal Schwimmen gegangen und dieser Ex war auch dabei. Das habe ich nicht verstanden und erzähle, dass ich das an seiner Stelle nicht gemacht hätte. Er wollte ja noch was von ihr und dann mit dem neuen Freund zusammen was zu machen, würde ich glaub ich nicht tun. Ich hatte immer den Hintergedanken, dass sie es echt schlau anstellte, jetzt mit einem zusammen zu sein, der in einem höheren Semester war. Man sah beide oft im Computer-Pool zusammen sitzen, wie er ihr was erklärte. Das war schon Praktisch und ein Vorteil wenn man eine der wenigen Frauen im Jahrgang war. Und auch noch so hübsch war.

Wir lernten oft, bis tief in die Nacht, im neuen Gebäude der Uni-Vaihingen. Einmal sagte sie: „Es ist voll cool, das einzige Mädchen zu sein." Sie war irgendwie wie eine Prinzessin. Der Hahn im Korb. Alle waren Begeistert von ihrer Schönheit, und wollten Kontakt mit ihr, oder zeigten und erklärten ihr die komplizierten Sachverhalte des Studiums.

Sie saß mal in einer Vorlesung neben mir. Ich hatte von einem Studenten eine kleines Tütchen mit 3 Gramm Gras bekommen. Sie fragte mich dann was hier so gut riecht. Ich wollte ihr irgendwie nicht sagen, dass ich immer kiffe, also meinte ich: „Das ist mein Parfum." Doch sie glaubte es nicht so wirklich und sagte scherzhaft: „So ein Parfum möchte ich auch."

Sie vermutete auch, dass ich kiffe, weil sie immer Anmerkungen dahingehend machte. Einmal sagte sie sogar zu mir: „Ich möchte auch mal kiffen." Ich hatte an dem Tag bei einem Studenten, der bei den Studentenbuden an der Uni wohnte, übernachtet. Wir haben einen Kifferabend gemacht. Ich erzählte ihr dann: „Gestern habe ich bei ihm übernachtet und wir haben den ganzen Abend gekifft."

Als wir das Date hatten, erzählte sie am nächsten Tag: „Ich bin nachdem wir in der Stadt waren noch zur Uni gefahren und habe dort gelernt. Um 23 Uhr bin ich noch dahingegangen." In das Informatikgebäude konnte man ja rund um die Uhr rein. Sie war so fleißig. Eigentlich hatte sie schon ein abgeschlossenes Studium in Russland absolviert. Aber hier in Deutschland wurde es nicht anerkannt.

In meinem Semester war auch ein jugoslawisches Mädchen. Sie erzählte in der Pause auf dem Raucherhof, dass es in Jugoslawien Felder gibt voll mit Marihuana-Pflanzen. Die Bauern haben Mais davor gepflanzt, damit man sie nicht sieht. Das Mädchen ist oft dabei, wenn wir an der Uni lernen oder zusammen in die Kantine was essen. Ich sehe sie einmal zufälligerweise, bei McDonalds in der Stuttgarter Innenstadt, arbeiten. Ich frage sie, ob wir uns mal treffen wollen. Sie sagt sogar, dass wir es direkt nach ihrer Arbeit, wenn sie Feierabend hat, was zusammen machen könnten. Wir gehen zusammen ins Kino. Danach noch was trinken. Ich begleite sie am Ende noch ein Stück nach Hause. Sie will dass ich mit zu ihr komme. Aber ich will irgendwie nicht. Sie ist auch nicht mein Typ. Sie ist zwar schön schlank. Aber sie gefällt mir einfach nicht so. Vielleicht vom Gesicht her nicht. Ich gehe nach Hause.

Beim Studentenwerk fällt mir ein Mädchen auf. Sie hat Ähnlichkeit mit meiner Ex. Sie ist auch blond und hat den gleichen Haarschnitt, wie ihn meine Ex später hatte. Die Haare reichen ihr dabei nur bis zum Hals. Auch vom Klamottenstil war sie ihr ähnlich. Was mich stört ist ihre Nase, die nicht sehr hübsch ist. Auch insgesamt ist sie nicht so hübsch wie meine Ex. Soll ich sie ansprechen? Ich bleibe im Flur bei der Pinnwand stehen. Ich ringe mit mir selber. Habe Angst sie anzusprechen. Es ist jedes mal so eine Überwindung. Für mich ist es nicht einfach Mädchen anzusprechen. Ich warte auf sie.

Dann kommt sie und wir sind beide im Fahrstuhl. Irgendwie schaffe ich es sie anzusprechen. Wir verabreden uns. Ich hab ein Date.

Wir gehen in die Stadt dafür. Ich hole sie ab. Sie wohnt in einer WG. Ihr Zimmer ist ziemlich klein und sie hat gar nichts an Möbeln da drinnen. Sie hat nur eine kleine Matratze auf dem Boden liegen und nicht mal einen Kleiderschrank. Ihre Klamotten liegen auf dem Boden. Wir gehen zusammen in die Stadt. Bei einer Pizzeria setzen wir uns draußen an einen Tisch. Ich esse eine Pizza. Nachdem wir in einem Club waren gehen wir noch in den Park. Dort bei dem prunkvollem Theater, setzen wir uns auf eine Bank und rauchen einen Joint. Sie ist den ganzen Abend so ruhig. Mit ihr wird es nichts. Wir treffen uns nochmal in der Uni. Dort bei den Studentenbuden setzen wir uns an einem Tisch und rauchen noch einen Joint. Aber der Funke ist einfach nicht übergesprungen.

Es war noch ziemlich am Anfang als ich in Stuttgart war. Ich wollte mir unbedingt ein Date übers Internet klar machen. Facebook gab es vielleicht gerade schon ganz frisch, aber ich kannte es nicht. Ich ging im Internet zu

Chat-Seiten. Hier konnte man auch die Stadt auswählen. Ich schrieb oft, dass ich neu in der Stadt bin und Kontakte suche. Mit einem Mädchen chattete ich die ganze Nacht, aber die Wohnte in Frankfurt.

Es gab ein Mädchen die gab mir ihre Telefonnummer. Ich rief an und am Telefon fingen mehrere Mädchen voll an zu lachen und legten auf.

Es klappte nicht so mit dem Date. Ich wollte schon die Hoffnung aufgeben. Mädchen mögen sich nicht mit Fremden aus dem Internet treffen. Es ist zu gefährlich, was auch verständlich ist.

Dann fing ich bei einer an Scheiße zu labern. Ich schrieb, dass ich voll gut aussehe, aber trotzdem keine Freundin finde. Vielleicht auch gerade deswegen, weil ich gut aussehe, finde ich keine Freundin, schrieb ich.

Das Mädchen wollte sich dann mit mir treffen. Am Bahnhof, vor dem Eingang, sollte der Treffpunkt sein. Wahrscheinlich wird sie gar nicht da sein und ich fahre umsonst da hin.

Doch sie ist da. Sie steht vor ihrem Auto. Und sie sagte: „Hey, du siehst ja wirklich nicht so schlecht aus. Hab mit schlimmeren gerechnet. Die Typen die immer sagen, sie sehen gut aus lügen oft. Ich hab da schon einige schlecht aussehende Typen gedatet." Wir gehen in die Stuttgarter Innenstadt. Leider erzählt sie, dass sie bald weg zieht. Da ich eine feste Beziehung suche, war bei mir gleich die Luft raus, als ich das erfahre. Doch wir haben noch einen schönen Abend. „Ich wollte hier mal in den Club. Das war das erste mal als ich in den Club wollte. Ich stand dann ganz lange an der Schlange an. Der Türsteher hat mich letztendlich von oben bis unten angeschaut und gesagt, dass ich so nicht rein komme. Mein Klamottenstil war nicht edel genug. Ich hatte ja keine Ahnung, dass die sich hier so anstellen. Ich kam da an mit meinen unspektakulären Klamotten aus der Kleinstadt an", erzählte ich. Sie bestätigte auch, dass ich so wie ich gerade angezogen bin, nicht in die Clubs komme, in die sie immer geht. Mich enttäuschte das dann. Doch ich kaufte mir in Stuttgart noch gute Sachen, so dass ich später in alle Clubs kam.

Der Faschist

Ich war oft mit der U-Bahn unterwegs. Zur Uni, zu Freuden und um Weed zu klären. Ich saß dann oft mit dem Discman in meiner Hand beim Hauptbahnhof rum und wartete auf die nächste U-Bahn. Früher gab es keine Mp3-Player. Ich hatte im Rucksack immer eine kleine Tasche mit selbst gebrannten CDs.
Plötzlich quetscht sich ein Mädchen neben mich und spricht mich an: „Ich setzte mich mal neben dich. Da vorne ist ein Nazi, der mich beleidigt hat." Ich schau hoch und sehe auch einen verdächtig aussehenden Typen, bei der Treppe stehen. Dann bekomme ich selber Angst. Ich bin kein Schlägertyp und kann sie gar nicht beschützen. Der Typ hat die dicken Stiefel an mit Stahlkappen. Ich erinnere mich an den Film „American History X". Dort trat so ein Nazi mit seinen dicken Stiefel, auf den Kopf seines Opfers. Wir gehen zusammen in die nächste U-Bahn. Sie erzählt mir noch ein bisschen, was der Typ alles gesagte hat.
„Türkenschlampe hat er mich genannt", sagt sie. Dann wechseln wir das Thema. Ich erzähle ihr, dass ich neu in der Stadt bin und frage sie so wo man hier gut hingehen kann. Sie sagt, dass sie hier nicht viel in Clubs ist. Doch dann erzählt sie: „Das Proton ist ganz beliebt. Oder das Prag". Ich merke mir die Namen der Clubs und beschließe dort hin zu gehen. Ich wollte sie noch fragen, ob wir da mal zusammen hingehen könnten. Aber

letztendlich traue ich mich irgendwie nicht, sie nach ihrer Nummer zu fragen.

Pauls besonderer See

Ich fahre oft mit dem Zug und der Bahn von Ludwigsburg zu Paul. Er besorgt mir ab und zu was zu Kiffen. Dazu fährt er ganz ins tiefe Schwabenland zu meinem Vater. Hier bekommt er immer den guten Pollen. Man muss ihn mit dem Feuerzeug erhitzen und dann in den Tabak bröseln. Er macht richtig gut breit.
Leider fährt er viel zu selten dort hin. Und es ist voll teuer. Über acht Euro sind mir irgendwie zu viel. So kann ich nicht jeden Tag kiffen, weil ich mir nicht permanent was leisten kann. Dazu reicht mein Geld nicht aus.
Auch bekommt Paul oft Besuch von einem Freund. Dann holen sie die Gitarren raus und spielen und singen den ganzen Abend. Dazu wird genüsslich gekifft.
Einmal bringe ich Paul, einen Film mit. Es ist Matrix 2, von dem ich so begeistert bin, als er raus kommt. Wie alle. Ich tue den Film in den DVD-Player. Doch als der Film eine kurze Zeit läuft, sagt Paul, dass er sich solche Aktion gelandene Filme nicht anschauen kann. Zu viele hektische Bilder. Er mag auch keine Science-Fiction-Filme.
Paul ist sehr nett. Er arbeitet als Koch, doch hat leider keine Kinder.
Er schwärmt immer von einem See an der Grenze zu Frankreich. Es soll ein besonderer See sein. Wir fahren da dann mal hin. Mein Cousin Andreas und seine Freundin kommen auch mit. Ich sitze im Auto von Paul und soll nach kurze Zeit einen Joint bauen. Der Wagen füllt sich dann schnell mit Rauch und ich bin echt gechillt. Wir fahren über Karlsruhe. Dort geht es auch die Berge hoch.

Paul fängt an zu lachen, denn mein Cousin kommt mit seinem Smart nicht so richtig die Berge hoch. Er fährt mit seiner Freundin hinter uns her. Er wird immer langsamer als es den Berg hoch geht, aber schafft es wohl noch gerade so.
Es geht zum Rhein und an die französische Grenze.
Der See ist schön und hat sogar einen richtig Sandstrand. Er ist auch ziemlich groß. Wir bauen ein Zelt auf.
Es wird dunkel und wir kiffen genüsslich den ganzen Abend, bis wir schlafen gehen.
Ich schlafe, wie immer, ziemlich lange.
Am nächsten Tag sind Andreas und seine Freundin voll geschockt. Ich bin auch geschockt, als ich aus dem Zelt komme und der Sandstrand am See voller Menschen ist. Voller Menschen, die alle nackt sind. Das hat uns Paul nämlich nicht erzählt, dass dies ein FKK-See ist.
Wir ziehen uns, aber nicht aus.
Am Nachmittag zieht ein Gewitter auf und wir brechen dann schnell auf.

Patrick

Ich hab in der Uni einen guten Freund gefunden.
Irgendwie rief er mich einfach an und wollte fragen, ob wir uns treffen könnten. In den Semesterferien trafen wir uns dann am Hauptbahnhof von Stuttgart. Seit dem arbeiteten wir in der Uni zusammen und unternahmen auch oft was. Man musste ja Teams bilden, denn alleine konnte man das Studium nicht schaffen. In den Gruppen mussten Aufgaben gelöst werden und übers Internet abgegeben werden.
Patrick hatte immer schwarze Sachen an. Immer die gleiche schwarze Lederjacke. Er war sehr klein und sprach gerne auch mal Schwäbisch. Im Gesicht hat er

viele Pickel. Er ist nicht gerade der attraktivste und ein Freak, kann man sagen.

In der Uni hatte er immer seinen Laptop mit, der 1000 Euro gekostet hatte. Auf den war er sehr stolz. Ich war traurig darüber, dass meine Eltern mir so was fürs Studium nicht ermöglichten.

Patrick und sein Kollege waren sehr intelligent. Sie konnten die Aufgaben im Studium immer sofort lösen. Auch schwere mathematische Gleichungen konnten sie ohne Probleme lösen. Für mich war es blöd, dass ich immer verschlief und erst später in die Uni kam.

Patrick diskutierte immer gerne. Wenn man was sagte, dann ging er dagegen an und nahm eine andere Meinung an. Dann vertrat er hartnäckig seine Meinung, so lange bis er Recht hatte. Das ging mir manchmal total auf die Nerven. Doch ich blieb hart und gab ihm immer Kontra. Dass er und die anderen besser im Studium klar kamen lag vielleicht daran, dass sie ihr Abi in Baden-Württemberg gemacht haben. Das dachte ich jedenfalls. Ich habe mal in den Nachrichten gehört, dass das Abi dort umfangreicher ist und sie Themen im Abi haben, die bis ins Studium reichten. Doch wahrscheinlich lag es auch einfach daran, dass Patrick und Tim intelligenter waren als ich. Tim war auch ein Mitstudent, mit dem ich zuerst immer viel lernte. Er war komischer Weise auch so ein Wunderkind und hatte keine Probleme mit dem Studien-Stoff.

Patrick hatte aber auch schon viel scheiße erlebt. Er sagte immer, seine Mutter gehört in die Psychiatrie. Sein Vater war Langzeitarbeitsloser, wie meiner. Und sein Vater wird wohl auch in naher Zukunft nichts finden. Auch erzählte Patrick, dass er mal ein Auto gekauft hatte. Das hat er jemanden ausgeliehen, der damit einfach nach München abgehauen ist. Den Wagen hat er nie wieder zurück bekommen.

Wenn wir in der Uni lernen, war Carina auch oft dabei. Wir gingen danach auch ein paar mal nach Stuttgart in die Stadt. Was unternehmen. Einmal waren wir Billard spielen. Carina sagte immer glücklich: „Es ist so cool, als Mädchen unter so vielen Jungs." Sie wurde umschwärmt, wie eine Prinzessin.

Auch ein paar andere Mädchen aus unserem Jahrgang waren dabei. Sie hatten die gleichen Schwierigkeiten, wie ich. Der Mitstudent Tim, mit dem ich ja sonst immer gelernt hatte, dem hatten sich zwei andere Studenten angeschlossen. Sie haben mich sozusagen verdrängt. So dass ich nicht mehr mit Tim in der Uni abhing.

Ich und Patrick fuhren auch mal zu einem Studenten, den ich einmal in der Uni gesehen haben und dann dort nie wieder. Er wollte mir was zu Rauchen klar machen. Der Weg dahin, war ziemlich weit. Wir mussten mit dem Bus aus Stuttgart raus in ein abgelegenes Dorf. Bei einer Haltestelle, mussten wir draußen über eine Stunde warten. Es klappte aber auch mit dem Weed. Es war zwar nicht viel, aber ich hatte was zu kiffen. Tief in der Nacht fuhren wir wieder zurück und waren die einzigen im Bus. Da Patrick dunkle Rockmusik mochte, gingen wir auch ein paar mal in den Rockpalast. Wir liefen vom Bahnhof in Ludwigsburg dort hin. Es war eine riesige Metal-Disko. Auf der Tanzfläche waren bestimmt 30 Langhaarige, die alle Luftgitarre spielten oder Headbanging machten.

Ein beeindruckender Anblick.

Danach gingen wir zurück zu meinem Haus. Er sagte auf dem langen Heimweg: „Ich würde gerne rennen." Das verwunderte mich. Warum will er jetzt losrennen? Aber ich machte es mit und wir rannten ein kleines Stück.

Ich habe eine Liege, wo Gäste immer schlafen können. So konnte er bei mir bleiben.

Am nächsten Morgen, setzen wir uns an den PC.

In den Semesterferien programmieren wir ein Programm zur Archivierung und Katalogisierung von Musik-CDs. Man konnte über das Programm Name, Titel, Länge und so weiter eingeben. Dann wurde alles automatisch in eine Text-Datei eingetragen. Man konnte dann auch nach CDs suchen und Einträge löschen. Das ganze lief nicht mit der Speicherung durch Arrays, sondern über eine andere Speichermethode durch Listen und Bäume. Das war auch das aktuelle Thema bei uns in der Uni und so eine gute Übung.

Mit einem Mitstudenten namens Noah und ein paar Kollegen von ihm waren wir dann bei einer Uni-Party. Eine sehr hübsche Kollegin von Noah war auch dabei. Ein Kollege von ihm, der der den Wagen fuhr war ein Psychologiestudent. Das beeindruckte mich sehr. Wir tanzten ausgiebig und hatten eine menge Spaß. Auf der Party kam ein Typ zu mir. Wir saßen gerade an einem Tisch. Ich schlug ihm vor, dass wir etwas Kiffen könnten. Obwohl ich wusste, dass mich nur angesprochen hat, um an das hübsche Mädchen ran zu kommen. Ich suchte in meinem Tabak, ein kleine Stück Hasch, doch fand es nicht. Etwas enttäuscht ging der Junge wieder.

Auf der Rückfahrt im Auto war eine schlechte Stimmung. „Kannst du mir ein paar psychologische Tricks verraten?", fragte ich den Psychologiestudent am Steuer. Doch er hatte nichts parat. Ich versuchte vergeblich die Stimmung aufzubessern. Dazu erzählte ich ein paar Witze, da ich ja viele kannte, auch durch die Bundeswehr-Zeit. Ich erzähle den Witz: „Warum ist Patrick so klein?" Es kam keine Antwort. „Weil seine Eltern gesagt haben, wenn du groß bist musst du ganz viel Arbeiten." Auch erzähle ich den Witz: „Was ist grün und hängt am Baum?" Es kam wieder keine Antwort. „Eine Tischtennisplatte."

Und ich erzähle noch den Witz: „Warum grillen die

Italiener nie?" Und auch hier keine Antwort. „Weil die Nudeln immer durch den Grill fallen."

Es lachte auch irgendwie keiner. Alle sind müde und wollen nach Hause.

Partik sagte: „Deine Witze findet irgendwie keiner lustig." Er zeigte auf des Mädchen. Sie hatte die Augen geschlossen und döste vor sich hin.

Patrick schlief wieder bei mir. Als wir aufwachten, gingen wir wieder an meinem PC. Ich wollte mir eine Zigarette drehen. War schlecht drauf, weil ich wieder mal nichts zu Kiffen hatte. Plötzlich fand ich das verlorengegangene, kleine Stück Hasch im Tabak. Ich machte einen Freudenschrei und rauchte genüsslich meine kleine, dreckige Bong.

Die einzigen Freunde von Patrick waren zwei Lesben. Wir trafen und mal mit denen in einem Café. Eine von den zwei Mädels kam aus der Nachbarstadt, von dem Dorf meines Vaters. Ich sage zu denen in meiner direkten Art: „Ich habe gehört, wenn man lesbisch ist, dann sehnt man sich auch mal nach einem richtigen Schwanz."

Auch sage ich zu denen: „Uns verbindet was. Ich bin Kiffer. Wir sind beide Minderheiten." Ich wollte damit andeuten, dass wir es beide schwer hatten. Als Kiffer wird man geächtet und verfolgt. Man wird in der der Gesellschaft fertig gemacht. Ähnlich ist es bei Schwulen und Lesben.

Ein anderes mal gehen wir zu einer Lesben-Party. Eine der Lesben fährt uns mit dem Auto hin.

Es ist eine spezielle Lesben-Disco. Dort sind Patrick und ich die einzigen Jungen. Ziemlich kurios. Die ganze Disco war voller Frauen. Eigentlich ganz cool. Aber der Nachteil war, dass die sich alle überhaupt nicht für uns interessierten. Sie ignorierten uns total. Die Mädchen und Frauen wuselten untereinander auf der Tanzfläche herum und wir waren wie Luft für sie. Eine Lesbe kam zu uns und unterhielt sich mit mir. Ich hatte die Hoffnung, dass sie vielleicht bisexuell ist. Aber konnte es nicht herausfinden.

Als ich auf die Toilette gehe waren hier voll viele Frauen. Eine kurzhaarige Lesbe fragte mich mit einer energischen Stimme: „Bist du schwul?" Ich sagte: „Nein!" „Dann raus!", schimpfte sie ironischer Weise.

Mit den Lesben trafen wir uns ein paar mal an einem See. Es war schön dort. Etwas außerhalb von Stuttgart und ein kleines Stück dann zu laufen. Patrick konnte nicht tauchen, wegen seinen Kontaktlinsen. Die Sonne schien ziemlich heiß. Patrick machte ein Herz aus Sonnencreme auf seinen Bauch, damit er braun wurde und so eine helle Stelle in Form des Herzens blieb.

Alleine mit Patrick, ein anderes mal, gingen wir zum Cannstatter Wasen. Mich interessierten die riesigen Fahrgeschäfte, Karussells und Achterbahnen nicht so richtig. Eher wollte ich in die riesigen Zelte und mal eines von diesen berühmten Maß probieren. Ich fand es dann krass, wie groß die Gläser mit Bier waren. Ich bin ja nicht so der starke Alkohol-Trinker und für mich war das echt viel. Das große Zelt war proppenvoll mit Menschen. Auf der Bühne trat dann eine Schlagerband auf. Alle Leute tanzten dann plötzlich auf den Bänken und Tischen. Mache vielen dabei auch hin, aber es war ihnen egal. So ein Schauspiel hatte ich noch nie erlebt.

In der Uni war es deprimierend. Patrick konnte alle Aufgaben souverän lösen. Ich verstand vieles nicht. Einmal saßen wir zu zweit im Pool und programmierten. Ich wollte was ausprobieren, aber er ließ mich nicht an die Tastatur. Dann rastete ich aus und meckerte ihn heftig an. So dolle, dass ein Mädchen ängstlich zu uns rüber schaute. Ich hört gar nicht mehr auf ihn dumm anzumachen und anzumeckern. Aber er ließ mich einfach nicht an den PC und auch mal was auszuprobieren. Dann plötzlich, wie ich so böse auf ihn einrede, steht er auf und geht. Nach einer kurzen Pause renne ich hinter ihm her. Bei der U-Bahn-Station der Uni erreiche ich ihn fast. Ich rufe, aber er dreht sich nicht um. Dann als ich bei ihm bin, sehe ich wie er weint. Ich bekomme Mitleid und entschuldige mich dann natürlich bei ihm. Es tut mir dann auch echt leid. Aber für mich war es halt problematisch, dass ich solche Schwierigkeiten bei dem Studium hatte. Der ganze Frust hat sich da dann entladen. Und genau auf Patrick. Es ist dort einfach aus mir herausgeplatzt.

Ich sitze in der U-Bahn mit einer Studentin. Sie ist Türkin und hat auch Probleme beim schwerem Studium. Ich helfe ihr und ihrer Freundin oft beim Programmieren. Oder ich gebe ihr Lösungen zu den Aufgaben, die wir jede Woche lösen sollen. Sie hat die Matheprüfung schon bestanden und mir dadurch was voraus. Ich verschlafe ja immer die Mathevorlesung. Es ist die erste Vorlesung. Ich versuche mir den Stoff dann so anzueignen, indem ich die Bücher und Skripte studiere. Sie sieht nicht schlecht aus. Doch sie macht keine Anzeichen, dass sie Interesse an mir hätte. Ich erzähle ihr: „Patrick hat erzählt, er hat sich mit einer Studentin zum lernen getroffen. Nicht gerade eine Schönheit, aber es ging ja ums Lernen. Die Studentin hat ihn nur einmal in der Uni gesehen. Er sollte ihr bei dem Stoff helfen. Sie holte ihn mit dem Auto ab. Patrick erzählte mir jetzt, dass sie dann mit dem Auto an einer Seitenstraße angehalten hat. Sie ist dann über ihn hergefallen, obwohl sie einen Freund hat. Patrick meinte er hat zwei Stunden Sex mit ihr gemacht. Als ob er Viagra im Blut hat", erzähle ich ihr. Sie findet das auch total witzig, genau wie ich.

Wohnheim

Wir haben das 3. Zimmer in unserem Haus immer weitervermietet. Erst war eine Studentin dort drinnen. Sie hat Geschichte studiert. Ich war mit ihr Joggen und ihre Freundinnen waren mal da. Dann haben wir einen Film geschaut. Ich und mein WG-Kollege haben ja richtig viele Filme auf CD gebrannt. Die Filme hatten wir auch aus dem Internet. Ja wir hatten schon selber Internet, was zu der Zeit schon eine Besonderheit war. Ich kiffe während des Filmes die ganze Zeit. Sie wundern sich, dass ich so oft an der Bong ziehen kann. Aber das Standard-Hasch war ja nicht so stark. Mir machte es nichts aus. Ich war das Kiffen gewohnt.

Leider sieht unsere WG nicht so toll aus. Wir hatten wohl eine schöne Küche, aber alle hatten es nicht so mit dem sauber machen. Der Mülleimer in der Küche lief über, weil keine den Müll wegbrachte und auch sonst hatten wir es nicht so mit der Sauberkeit. Die Studentin zog dann weg ins Studentenheim. Wir besuchten sie da. Das Wohnheim war am Rande eines riesigen Berges. Wir hatten auf der Terrasse ganz Stuttgart im Überblick. Ihr Zimmer war jedoch sehr klein. Kleiner als bei uns.

Als nächstes zogen Chinesen bei uns ein. Sie hatten einen Reistopf in der Küche, in dem permanent Reis kochte. Uns sie kochten auch ein paar mal chinesische Spezialitäten für uns.

Über uns wohnte ein Mädchen, die Pilze unter ihrem Bett züchtete. Ich wollte keine Pilze nehmen. Zu dem Zeitpunkt jedenfalls nicht, weil man davon ja Halluzinationen bekommen kann. Und man kann auch einen Horror-Flash davon bekommen. Ich schickte acht Gramm davon zu einer Freundin von meinem Cousin. Sie wohnte in der kleinen schwäbische Heimatstadt meines

Cousins und muss sich wohl sehr gewundert haben, als das Paket ankam.

Wir mussten dann aus dem Haus raus. Schade, es war sehr schön dort. Ein komplettes Haus unten für uns zur Verfügung war echt toll. Mein Zimmer war ja das Wohnzimmer und sehr groß. Ich musste mir was neues suchen. Ich fragte bei einem Wohnheim in Ludwigsburg. Man musste weit laufen vom Bahnhof aus. Bestimmt 20 Minuten. Das Wohnheim war nicht nur für Studenten, sondern auch für Leute die eine Lehre machen oder keine Wohnung haben.

Ich bekam dort ein Zimmer. Es war ziemlich klein. Es passte gerade mal mein Bett, mein Schreibtisch mit dem Computer und mein Sofa, sowie der kleine Tisch dort rein. Es gab dort auch ein kleines Vorzimmer mit einem Schrank für meine Klamotten und ein Waschbecken. Ich stelle ein kleines Regal dort hin. Von meinen Großeltern bekam ich dann eine kleine elektrische Kochplatte mit zwei Herdplatten. Die Kochplatte stellte ich dann auf das kleine Regal.

In dem Wohnheim gab es auch eine Küche mit diesen Herdplatten. Dort hatte ich auch ein Schließfach.

Mein Zimmer war im ersten Stockwerk. Dort gab es auch eine Gemeinschaftstoilette. Zum Duschen und Wäsche waschen musste man in den Keller gehen. Auch gab es im Keller einen Automaten, wo man sich gekühlte Getränke, wie Cola und Fanta kaufen konnte. Und es gab einen Gemeinschaftsraum mit einem Fernseher und einem Sofa dort, doch da war ich nicht oft.

Mein Vorrat an Hasch ging dann zu ende. Ich musste unbedingt einen guten Dealer kennen lernen. Werde ich jemals jemanden finden zu dem ich immer kann und was kaufen kann?

Im Wohnheim wohnten viele Jugendliche. Vielleicht kiffen welche von denen? Ich musste Kontakt mit denen

aufnehmen. Von Paul bekam ich zwar ab und zu was.
Aber er holte zu selten den guten Pollen.
Mein Zimmer war die Treppe hoch und dann den Gang
runter ganz rechts.
In einem Zimmer links von der Treppe, sah ich immer
Jugendliche, die vielleicht kiffen. Kann ich die vielleicht
kennen lernen, oder haben die keinen Bock auf mich?
Ich überwinde mich dann mal und gehe zu dem Zimmer,
in dem sie sich immer treffen. Vor dem Zimmer liegt ein
Typ. Die Tür ist zu und er schläft dort mitten auf dem
Gang. Sein Kopf liegt an der Tür. In seiner Hand eine
Flasche mit Korn, die leer ist. Er ist total abgeschossen.
Voll besoffen im Delirium. Ich spreche ihn an, aber er
reagiert nicht. Er hat eine Cappy auf und hat, von den
Klamotten her, einen Hip-Hop-Style. Eigentlich müsste
der kiffen. Doch weil er nicht reagiert gehe ich wieder.
Ich brauche unbedingt was zu Kiffen. Hier muss es doch
Plätze geben, wo sich Junkies treffen und man was
bekommen kann.
Auf einem Hip-Hop-Konzert, zu dem ich alleine gehe,
treffe ich Kiffer. Ich rauche den ganzen Abend bei einem
Rapper mit, der auch ganz bekannt in Stuttgart ist. Ich
sah ihn dort mit anderen Jungs Joints kiffen. Der Club
heißt Zollamt und dort gibt es verschiedene Floors und
eine Konzerthalle. Man kommt erst in einen Hof, dort ist
sogar ein Volleyballfeld mit richtigem Sand. Es gibt
rechts vom Hof mehrere Floors. Einen Floor für Drum
and Base, einen für Hip-Hop, und einen für Charts. Wenn
man durch den Eingang kommt ist links ein Gebäude mit
dem Techno-Floor. Im Hof links geht es zur Konzerthalle.
Auch steht im Hof ein richtiges Zugabteil. Echt
beeindruckend diesen Teil eines Zuges dort zu sehen, und
sogar rein gehen zu können. In diesem Wagon ist, wenn
man rein kommt, eine Bar. Weiter rechts kann man sitzen.
Hier sitze ich mit dem berühmten Rapper und er lässt

mich den ganzen Abend mitrauchen. Leider will er mir nichts klar machen. Er meint, er besorgt Leuten nichts. Weil er ein berühmter Rapper ist traue ich mich auch nicht ihn zu fragen, ob er mir seine Nummer geben kann. Aber er gibt mir den Tipp, wo sich die Dealer, in den großen Parks von Stuttgart, treffen. Er meint es sind hauptsächlich Schwarze, die dort dealen. Und er erzählt, dort gibt es einen Straßenpreis und man bekommt nicht viel. Ich traf den Rapper dann noch ein paar mal, wenn ich Party machte in Stuttgart. Dann aber in anderen Clubs. Es war komisch, dass ich mit ihm dort herum hing. Ich wusste nicht, dass er ein berühmter Rapper ist. Hatte mich einfach draußen, bei ihm dazugesellt und hing dann den halben Abend mit ihm herum.

Dealer im Park

Ich ging dann öfter in den Park, um mir dort bei den Straßendealern was zu besorgen. Der Rapper hat mir gesagt, wo sich die Dealer immer aufhalten. Es war bei der U-Bahnstation beim Planetarium. Und wirklich, hier waren manchmal, hauptsächlich Schwarze, Dealer. Einmal saßen bestimmt zehn Schwarze dort auf der Wiese. Und die Polizei kam vorbei. Sie liefen direkt auf die Menge zu. Ich hatte Angst, dass sie mich filzen. Aber die zwei Polizisten gingen einfach an den Leuten vorbei. Ich saß dort auch oft herum und wartete. Oft kam kein Dealer. Ich saß dann dort auf der Bank. Ich aß etwas und spielte mit meinem Handy. Auf meinem Handy hatte ich einen SNES-Emulator und konnte so die alten Super-Mario-Spiele spielen. Das konnte so gut wie keiner mit den alten Handys. Ein Mann saß mal neben mir auf der anderen Bank. Er fragte mich nach dem Salat, den ich grade essen wollte. „So was hätte ich jetzt auch gerne",

meinte er. Ich gab ihm meinen Salat. Den ich sogar
umsonst bei einer Bäckerei bekommen hatte.
Wahrscheinlich, weil der Salat schon einen Tag alt war.
Die alten Salate verschenken die dann immer.
Wenn ich Weed bekam, war es meistens ziemlich wenig.
Ich bekam zum Beispiel ein Stück, dass ganz dünn
geschnitten war. Als ich es heiß machte ging es sofort in
Rauch auf.
Ich fragte auch einen Schwarzen, ob ich mal zu denen
nach Hause kommen kann. Weil es blöd war auf der
Straße zu kaufen. Ich wusste aber nicht, ob er mich
verstanden hatte. Er konnte nicht gut Deutsch.
Ich bekam seine Handy-Nummer, aber konnte ihn dann
nie erreichen.

Ich ging dann mal in meinem Wohnheim zu den
Jugendlichen, von denen ich dachte, dass sie auch kiffen.
Der Rapper-Typ, der besoffen vor dem Eingang war
hängt da ja auch immer rum. Der kifft bestimmt.
Sie lassen mich auch rein.
Sie teilen sich ein Zimmer zu zweit. Es ist Sebastian und
sein Kumpel. Der Typ mit dem Hip-Hop-Klamottenstil
hieß Filip. Er war sah nicht nur aus, wie ein Rapper,
sondern war auch wirklich ein Rapper. Und er war
ziemlich frech. Er hatte immer eine Cappy auf und weite
Hosen an. Sebastian war ziemlich groß und hatte viele
Pickel im Gesicht. Er hatte kurze blonde Haare. Sein
Zimmerkollege hatte eine Brille auf und dunkelbraune ,
kurze Haare. Ein anderer Typ vom Nebenzimmer hing
auch immer da ab. Er hatte lange Haare und wohnte mit
seiner Freundin zusammen in dem Nachbarzimmer. Doch
die anderen mochten ihn nicht sonderlich.
Sebastian macht eine Lehre zum Gebäudereiniger. Dort
arbeitete Filip auch. Daher kannten sie sich.
Wir wurde alle coole Freunde.

Im Zimmer gegenüber wohnten auch noch zwei Typen mit denen wir rumhingen. Sie waren Ausländer und richtige Playboys. In der Disco machten sie sofort Frauen an und knutschten gleich mit denen rum.

Weed besorgen

Ich ging dann mit Filip ein paar mal los und Gras besorgen. Wir fuhren weite Strecken mit dem Zug und der U-Bahn. Doch mein Ziel war es einen Dealer kennenzulernen bei dem ich immer kaufen kann. Das ergab sich leider noch nicht. Wenn wir durch Ludwigsburg liefen und mit der U-Bahn fuhren rappte Filip immer und ich versuchte auch etwas zu rappen. Ich konnte es aber nicht so gut wie er. Er konnte die ganzen bekannten Lieder auswendig, z.B. von den Absoluten Beginnern oder Sido. Es war gerade die Zeit in der Aggro Berlin, Sido und Bushido bekannt wurden und ich hörte gerne die Lieder. So wuchs ich mit Hip-Hop auf.
Auch konnte Filip Break-Dance. In unserem Wohnheim zeigte er es uns mal. In dem Raum gegenüber, von den beiden Ausländern, drehte er sich auf dem Rücken ganz schnell. Es war schon beeindruckend.
Ich sagte zu Filip als wir unterwegs waren, um Gras zu besorgen: „Wir sind ein gutes Team." Das fand er lustig. Einmal waren wir in einer Hochhaussiedlung und waren bei so zwei Typen im Wohnzimmer. Ich stellte mein Handy auf den Fernseher ein und schaltete dann mit meinem Handy den Fernseher um. Die Typen reagierten wütend: „Hast du grade den Fernseher hier einfach umgeschaltet?" „Ja, mit meinem Handy", erwiderte ich belustigt. Die fanden das aber nicht besonders gut.
Mit Filip ging ich im laufe der Zeit zu insgesamt drei Dealern. Das Weed war teuer. Drei Gramm für 25 Euro.

Also etwas mehr als 8 Euro für ein Gramm. Ich war solche Preise nicht gewohnt. Im meiner Heimatstadt bekam ich immer den Hasch-Kanten für 5 Euro. Das Gras war zwar besser, aber ich musste mich erst mal an die Preiserhöhung gewöhnen.

Drei mal war ich mit ihm unterwegs, aber es ergab sich keine Gelegenheit für mich dort immer zu kaufen.

Oft kein Weed zu haben machte mich fertig. Ich hatte den starken Drang immer kiffen zu wollen.

Die beiden Ausländer, die gegenüber von Bastie wohnten, kifften zwar nicht jeden Tag, aber wollten auch ab und zu was haben. Doch sie waren immer kaputt von ihrer Arbeit. Deswegen schickte einer von denen mich los. Es war Marc. Er war sehr bullig gebaut. Ich dachte jedoch erst, dass er ein Abzieher ist. Er erzählte, dass er mal geboxt hatte. Und immer krumme Dinger gedreht hatte. So ist er früher mit einem Laster voll mit Klamotten über die Grenze gefahren. Also hat er Sachen geschmuggelt. Sein Mitbewohner war ein Schönling, der anscheinend immer Frauengeschichten am laufen hatte. Sein Name war Rene.

Marc erzählte, dass er oft in den Puff geht. „Es ist voll scheiße, die Nutten nehmen immer das Geld und ziehen mich dann ab. Sie sagen, dann jedes mal, dass mein Schwanz nicht steif genug ist. Dann schmeißen sie mich immer raus. Das Geld ist dann weg. Aber nächstes mal nicht!"

Ich fahre dann immer mit dem Zug und U-Bahn für uns alle Weed holen. Dazu musste ich zu dem Bahnhof in einer Stadt weiter weg von Ludwigsburg. Ich kenne den Bahnhof schon von dem Heroinabhängigen. Hier wurden wir von der Polizei gefilzt. Als mich Marc das erste mal losschickte, stelle ich mich vor dem Bahnhof an die Straße. Wie soll ich den Dealer erkennen? Er soll mit dem Auto ankommen. Und wie solle er wissen, dass ich der Kunde bin. Hoffentlich nimmt er nicht das Geld und haut ab? Doch dann geht alles gut. Der Dealer kommt einem kleinen, roten Polo angefahren. Ich hab ja lange Haare und so erkennt er sofort, dass ich ein Kiffer bin und der Kunde von dem Marc ihm erzählt hat. Auch erkenne ich ihn sofort als Dealer mit seinen langen Dreadlocks. Ich steige hinten in den Wagen ein. Es dröhnt laute Goa-Musik aus den Boxen. So eine krasse Techno-Musik kenne ich gar nicht, zu dem Zeitpunkt. Sie klingt aber gut. Er fährt auf einem Parkplatz. Hoffentlich bekomme ich alles. Ich brauche viele Packs für die Leute aus dem Wohnheim. Für 150 Euro brauche ich Weed. Das Geld habe ich eingesammelt. Und es geht auch alles gut. Er hat genügend dabei. Ich erzähle, dass ich neu in hier bin, zum studieren, und dass Marc nicht immer was holen kann. Ich bekomme seine Handy-Nummer und kaufte dann oft bei ihm. Seine Wohnung zeigte er mir auch sogar. Leider ist der Weg ziemlich weit. Es ist eine Kleinstadt weiter weg von dem Bahnhof. Man muss noch ein Stück mit dem Bus dorthin fahren. Auch hat er leider nicht immer was. Er wohnt bei seiner Mutter. Man setzt sich auf deine Decke bei ihm im Zimmer. Seine Zimmerwand ist voll von Flyern, von Techno-Partys und Techno-Festivals. Er erzählt von seinen LSD-Trips und, dass er in einem Club immer mit Ecstasy gedealt hat. Der Club hieß Prag. „Die Türsteher dort wurden immer aggressiv und haben mich auch geschlagen. Ich hab dort mittlerweile auf Lebenszeit Hausverbot", erzählt er. Auch soll ich für Marc noch zu einem anderen Straßendealern fahren. Ich treffe mich mit ihm an einer U-Bahnstation in Stuttgart. Durch mein Studententicket kann ich ja gut dorthin fahren. Der Dealer geht mit mir zu einem kleinem Häuschen an der U-Bahnstation. Eine öffentliche Toilette. Er hat eine große Tüte dabei mit bestimmt 50 Gramm. In ein kleineres Tütchen stopft der

das Gras für mich. Er macht es Rand voll. Ich bekomme
voll viel. Mit ihm treffe ich mich auch öfter. Wir setzen
uns dann manchmal bei der U-Bahnstation draußen auf
eine Bank und rauchen einen Joint. Ich erzähle ihm:
„Dort wo ich herkomme ist Holland nicht weit. Bin oft
rüber gefahren und hab was in einem Illegalen-
Coffeeshop gekauft. Dort habe ich Hasch für ein Euro
bekommen. Es war ein Coffeeshop extra für Dealer aus
Deutschland. Dort konnte man auch Kilos bekommen.
Ich hab aber nur meistens 100 bis 200 Gramm dort
gekauft." Ein Mädchen kommt vorbei und läuft an uns
vorbei. Sie sagt dann plötzlich: „Das riecht aber gut!"
Beide Dealer die ich durch Marc kennengelernt habe,
habe leider nicht immer was und den teuren Preis von 25
Euro für 3 Gramm. Aber es lief schon besser, als am
Anfang. Da war ja noch Paul, der auch ab und zu was
holte. Und wenn ich bei meinem Vater war, war ja eh
alles gut.
Was ich noch in Erinnerung habe von Filip und sehr
scheiße von ihm fand war, dass er einmal ne riesige
Menge Gras da hatte. Er war wie immer bei Sebastian. In
einer Schale auf dem Tisch sind 25 Gramm. Doch er will
mir nichts abgeben. Ich fragte die ganze Zeit, ob er mir
was verkauft, aber machte er nicht. Obwohl er so viel da
hatte. Nichtmal einen Bongkopf zum rauchen gibt er mir.
Das war richtig fies. Ich gebe immer was ab auch wenn
ich wenig da habe.
Auch frage ich ihn ein anderes mal, ob er mir was klären
kann. Er sagt: „Komm morgen zum Bahnhof in
Ludwigsburg um 19 Uhr." Ich gehe auch dann dahin,
aber er kommt nicht. Er hat mich verarscht.
Ich mache dann auch mal Party mit ihm. Dabei leihe ich
ihm 10 Euro. Doch er gibt sie mir nie wieder. Ich gehe
sogar zu ihm nach Hause, um das Geld einzutreiben.
Aber er sagt immer er hat nichts da. Er kaufte eigentlich

noch ein paar mal bei mir die Zeit davor. Doch seitdem er mir die 10 Euro nicht gibt, machte ich ihm nichts mehr klar. Der Kontakt bricht ab.

Speed

Neben Sebastian in einem kleinen Zimmer ist ein neuer eingezogen. Es war ein ziemlich großer Typ, der einen dicken Bauch hatte. Er kam manchmal bei mir im Zimmer mit einem Joint vorbei und wir rauchten dann und spielten Schach. In seinem Zimmer war nicht viel. Er hatte einen Schreibtisch dort, wo sein Computer drauf stand. Sonst war nur noch ein Bett in dem Zimmer. Sein Name war Anton. Er wurde ein guter Kumpel. Er hatte plötzlich mal einen großen, weißen Stein ran gebracht. So was hab ich noch nie gesehen. Es war Speed. Und zwar ziemlich viel. Marc sollte es verkaufen. Dazu brauchten sie meine Waage. Es war leider keine Digitalwaage, sondern nur eine großer Apparat. Ich hatte die Waage aus dem Chemieunterricht in der Schule geklaut. 30 Gramm wog der Stein. Ich brachte alle meine kleinen Weed Tütchen mit zu Marc. Wir machten die 30 Gramm klein. Sebastian und sein Mitbewohner machten auch mit. Mit einem Messer mussten wir an dem Stein reiben und es zu Pulver machen. Marc sagte zu mir: „Du machst das, als ob du noch nie was anders gemacht hast." Das machte mich stolz. Ich war der geborene Dealer.
Wir kauften dann Kaffeeweißer im Supermarkt und Marc streckte es damit. Das fand ich nicht gut. Aber es ist wohl normal. Er wollte halt so viel Gewinn, wie möglich rausholen. Anton ließ sich nicht mehr oft blicken. Wenn man ihn sah, stach seine wunde Nase heraus. Das kam, weil er immer nur dieses Speed zog. Ich war nicht so der Fan von Speed. Mochte es nicht durch die Nase zu

ziehen. Ich bildete mir ein, das das dann ins Gehirn geht. Ich brachte dann dem Dealer, mit dem ich mich immer an der U-Bahnstation in Stuttgart traf, ein Päckchen davon für 50 Euro.

Als ich wieder kam, kam Marc in mein Zimmer und holte das Geld ab.

Er war aber leider ziemlich geknickt. Denn ihm wurde das ganze Speed abgezogen. Die ganze große Tüte mit bestimmt 30 Gramm alles geklaut. Anton war der gearschte. Marc erzählte: „Ich hab mich mit ein paar Typen getroffen. Ich stieg zu denen ins Auto und die waren erst am meckern, dass das ja gestreckt ist. Sie rochen die ganze Zeit daran. Dann verhandelten wir einen Preis. 300 Euro wollten sie geben. Ich stieg dann aus, denn sie wollten sich noch eben beraten. Dann sind die plötzlich mit dem Auto losgebraust und haben mich stehen lassen." Ich sagte zu Sebastian: „Man weiß nicht, ob seine Story stimmt. Vielleicht hat er es auch verkauft und das Geld eingesteckt. Im Endeffekt muss Anton das mit Marc klären."

Noah und Henrik

Ich war manchmal so doof im Zusammenhang mit Drogen. So stellte ich mich am Hauptbahnhof bei der U-Bahnstation von Stuttgart an die Treppe und rauchte direkt dort einen Sticky mit Gras. Es kam ein jemand vorbei und meckerte mich an, dass man hier nicht rauchen darf.

Das gleiche machte ich kurioser Weise bei der Uni. Ich stellte mich neben die Tür zu unserem Gebäude. Es kam sogar der höchste Professor vorbei. Der Professor, der ja so viele Bücher und sogar den Informatik-Duden geschrieben hat. Ich dachte das riecht keiner, weil es ja nur ein Sticky war. Doch dann kam ein Jugendlicher vorbei, der es roch. Er fragte mich, ob er auch mal ziehen darf. Sein Name war Noah und er war Jude. Wir wurden gute Freunde. Er wohnte weit weg in einem Dorf hinter Ludwigsburg.

Er nahm mich auch zu einem Dealer in seinem Dorf mit. Doch der hatte so gut wie nie was. Ab und zu kaufte ich aber bei ihm. Und er machte mir einen richtig guten Preis. Ich bekam 25 Gramm für 150 Euro. Das waren 6 Euro. Das war ein perfekter Preis. So konnte ich was abgeben und etwas Gewinn machen.

Mit Noah machte ich immer viel Party. Wir gingen in die Clubs, tanzten viel und rauchten dort oder draußen in Tiefgaragen Joints.

Manchmal kamen wir nicht in die Clubs. Sie sagten, es gehe nur mit Frauenbegleitung, weil zu viele Männer drin sind. Dann gingen wir einfach in einen anderen Club. Es gab ja bestimmt 20 Clubs in Stuttgart. Ich liebte die elektronische Musik von Stuttgart. Es machte Spaß dazu zu tanzen. Ich lernte neue Musikrichtungen kennen wie z.B. Schranz, House oder Drum and Bass.

Es kamen manchmal zwei Mädchen zu uns und wollten mit uns einen Joint rauchen. Wir gingen im „Proton" nach oben ins zweite Stockwerk, wo man auf die Tanzfläche schauen kann und rauchten mit denen. Ich hatte immer was mit im Schuh versteckt, wenn wir weg gingen. Dort fanden es die Türsteher nicht.

Als die Mädchen ein anderes mal zu uns kamen und einen Joint rauchen wollten, waren wir ziemlich dumm. Ich hatte den guten Hasch-Kanten von meinem Vater mit. Wir setzen uns an einem Tisch mitten im großen Saal. Es hat so gestunken. Das war voll bescheuert. Wenn die Türsteher, das mitbekommen hätten, hätten wir Hausverbot bekommen.

Dann gingen die Mädchen ihren Weg. Wir tanzten.

Plötzlich kam ein Mädchen zu mir: „Habt ihr uns KO-Tropfen ins Glas getan? Meiner Freundin geht's gar nicht gut." Ich war richtig geschockt. So was würden wir nie tun. „Nein, auf keinen Fall. Ihr habt das gute Hasch nur nicht vertragen. Ihr seit das nicht gewohnt. Man kann beim Kiffen auch mal abstürzen." Ich hatte schiss, dass die Typen, zu denen die Mädchen gegangen sind, Stress mit uns anfangen. Doch es ging alles gut. Ich fand das von den Mädchen aber nicht gut uns so was vorzuwerfen. Im gleichen Club lernte ich einen Typen kennen, der etwas behindert aussah, aber eigentlich ganz normal war. Ich erzählte ihm, dass ich gerne Musik am PC mache. „Ich würde auch gerne mal auf Techno-Musik singen. So richtig ausrasten wie Prodigy", sagte er beeindruckt. „Wir können auch mal was zusammen machen", sagte ich zu ihm. Ich erzählte ihm auch, dass ich schon ein paar Tracks mit Filip aufgenommen hatte. Da hat Filip ja in mein Handy gerappt und ich habe es auf den Computer transferiert. Dann hab ich ein Lied davon gemacht. Es war aber nicht gerade gut und ziemlich peinlich was da zustande kam.

Ich fragte ihn noch, ob er mir mal was zu Kiffen klar machen kann, da ich ja neu in der Stadt bin.

Wir tauschten Nummern, doch ich glaubte nicht so richtig, dass er sich melden wird. Sein Name war Henrik und er meldete sich wirklich. Ich war ihm wohl sympathisch, denn wir wurden richtig gute Freunde.

Zuerst gingen wir zum Mediamarkt. Er wollte sich ein neues Handy holen. Ich sollte ihn beraten. Doch ich wusste auch nicht so genau, was er haben wollte. Er nahm dann einfach das beste Angebot, bei dem er am meisten sparte.

Dann nahm er mich mit zu einem Dealer. Es war ein ziemlich kleiner Typ, hatte aber voll die dicken, mit Muskeln vollgepackten Typen bei sich. Als er mir den

Stoff gab machte ich große Augen. Er ging in den Nebenraum. Dort hatte er eine Digitalwaage. Das Gras nahm er aus einer Aldi-Tüte, die komplett voll war. Er hatte bestimmt mehr als ein Kilo da. Ich bekam den typischen, guten Preis, wenn man mehr nimmt. Also 25 Gramm für 150 Euro. Bei dem Dealer lief es schon besser. Er hatte oft was da. Aber auch nicht komplett immer. Ich hatte ja durch das Wohnheim schon ein paar Kunden. Sebastian, Filip, Noah und Anton holten immer bei mir. Henrik brachte mir auch seinen Bruder vorbei. Ich sollte ihm ab jetzt immer was verkaufen. „Ich will ihn nicht zu den Dealern mitnehmen. Die sind mir etwas zu krass drauf", sagte er. Ich war stolz, dass er mir seinen kleinen Bruder anvertraute. Die Leute wollten zum Teil einfach einen korrekten, guten Dealer haben. Keine Schlägertypen, keine Abzieher, keine vor denen sie Angst haben mussten und der ihnen noch stärkere Sachen andrehte, wie Ecstasy, Kokain oder Heroin. Ich war ein gerngesehener Dealer, weil ich Student war und einfach korrekt und gut. Sie kauften deshalb alle gerne bei mir.

Die Chinesin

In der Uni-Bibliothek des Bereichs Informatik, arbeitet eine Chinesin. Sie fragt mich irgendwann, ob ich kurz über ihre Abschlussarbeit rüber schauen kann. Ich setze mich ett, wie ich bin hinter den Schreibtisch dort. Es ist erschreckend was ich da sehe. Sie kann nicht richtig deutsch und man versteht keinen einzigen Satz. In jedem Satz sind bestimmt 5 Rechtschreibfehler und es ist kein richtiges Deutsch. Wie soll sie die Prüfung nur bestehen? Carina lächelt mich nett an als sie mich da sieht, wie ich helfe. Die 30 Seiten schaffe ich nie zu korrigieren. Ich frage Patrick und die anderen Studenten, mit denen ich abhänge. Patrick will nicht helfen: „Schick die wieder zurück zur Grundschule!"

Sie ruft mich dann auch mal an. Ich sage, dass sie ja mit ihrem Laptop zu mir kommen könnte. Bei mir ist Sebastian und als er mich am Laptop sieht, sagt er: „Mit dem Laptop arbeitet er gerne!" Ja, das stimmte auch. Habe ja damals beim Abitur schon Simone ihre Facharbeit korrigiert. Das waren 15 Seiten. Ich sagte immer: „Ich kann richtig schnell tippen. Kein Adlersuchsystem."

Auch fahre ich zu ihr und helfe ihr dort. Es war richtig viel Arbeit. Ich verstand die einzelnen Sätze gar nicht. Ich musste sozusagen alles neu schreiben und formulieren. Sie bestand letzten Endes. Das machte mich Glücklich. Jeden Tag eine gute Tat, war nicht mein Motto, aber ich war einfach Hilfsbereit.

Ecstasy

Ich hatte kein Kontakt zu andern Drogen, wie Ecstasy, Speed und Heroin. Speed hab ich wohl etwas genommen, aber ich mochte es ja nicht mir das gestreckte Zeug durch die Nase zu ziehen. Meinem Cousin Andreas gab ich ein Tütchen davon. Wir zogen es als ich mal wieder bei meinem Vater war. Es war in einer Kneipe in dem Dorf. Andreas war davon richtig geflasht, als er es durch die Nase zog.

Filip kam im Wohnheim einmal zu mir uns erzählte, wenn er Ecstasy nimmt, dann liebt er alle Menschen. Er ist dann überglücklich, weil sein Körper alle Glückshormone ausschüttet. Nur ist er die Tage danach nicht mehr so glücklich, denn die Glückshormone sind verbraucht. Man kann dann bestimmt eine Depression bekommen, schlussfolgerte ich. Er machte mal

Andeutungen, dass er in der Psychiatrie war. Ich dachte, das kam von seinem Ecstasy-Konsum. Aber immer wenn ich ihn darauf ansprach und was darüber rausbekommen wollte, dann sagte er er war doch nicht in der Psychiatrie. Ich fragte ihn, wo er die Pillen her bekam. Er meinte in Stuttgart bei den Clubs, gibt es eine Stelle, wo Dealer rumhängen. Das machte mich neugierig. Die Stelle würde ich gerne kennenlernen.

Es gab wieder kein Gras und ich schlug Filip vor nach Stuttgart zu fahren und Ecstasy klar zu machen.

„Bestimmt haben die Ecstasy-Dealer auch Gras", meinte ich.

Wir fuhren also wieder mit dem Zug und der U-Bahn nach Stuttgart in die City. Dort war eine Stelle mit 3 Clubs. Er sah sofort ein paar Leute, die er kannte. Die fragte er nach Ecstasy. „Seit ihr Zivis, oder was?", fragte der kleine Typ. Sie dachten wir wären Polizeibeamte die zivil unterwegs waren. Einer der zwei kleinen Typen zog plötzlich eine Tütchen mit Pillen aus der Tasche. Er zeigte es Filip, grinste und haute ganz schnell ab. Es war sehr seltsam. Doch Filip gab nicht auf. Er fragte bei der Treppe zum Club „Proton" noch Typen und wurde dann auch fündig. Nur Gras bekam ich hier leider keines. Bei mir zuhause war Filip dann sehr euphorisch. Er meinte die Pille wirkt. Auf meinem Sofa saß er und fühlte seinen Puls. Er prüfte dann plötzlich die ganze Zeit seinen Puls. Das machte er wohl immer wenn er Ecstasy nahm. Wahrscheinlich hatte er Angst vor einem Herzstillstand oder Herzinfarkt. Zu den Pillen trank er Alkohol. „Wenn man was dazu trinkt, dann wirkt es schneller", gibt er mir einen Tipp.

Dann sagt er was echt witziges: „Ich bin nicht schwul, aber ich liebe dich!" Er ist total drauf. Man kann es auch an seinen Pupillen sehen, die total geweitet sind.

Ich machte dann immer Party mit Noah. Mit den Frauen lief es zwar nicht so gut. Sie fanden ihn abstoßend. Er hatte später einen dicken Bauch und eine Brille und war nicht sonderlich hübsch. Wir gingen in die verschiedensten Clubs. Im Club Zollamt lief in einem Floor wieder mal Drum and Bass. Ich sagte zu ihm: „Irgendwie kann ich nicht dazu tanzen. Der Rhythmus ist zu schnell." „Das geht. Schau zu", meint er. Er geht auf die Tanzfläche und geht voll heftig ab. Ich versuche es dann auch und es geht. Tanzen kann ich ja eigentlich gut, da ich regelmäßig in der Uni am Hip-Hop-Tanzkurs teilnehme. Die Leute im Floor, wo Drum and Bass lief hatten alle einen echt ausgefallenen Tanzstil. Jeder hatte seinen eigenen Stil. Es sah echt beeindruckend aus. So was sah man in unserer Heimat nicht.

Als wir an einem Wochenende wieder in der City von Stuttgart sind, meint Noah: „Wollen wir uns Ecstasy klar machen?" Ich hab ja noch nie Ecstasy genommen, weil meine Freundin mir das damals verboten hatte. Sie sagte ja immer: „Wenn du Ecstasy nimmst, verlasse ich dich sofort." Ich dachte, sie sagt das weil ich für eine Drogensucht anfällig bin. Ich kiffte ja exzessiv. Und Kiffen ist ja bekanntlich die Einstiegsdroge. Sie wollte nicht dass ich komplett auf alle anderen Drogen abstürzte. Das mit dem Kiffen war ja schon schlimm genug. Ich gab immer mein ganzes Geld dafür aus und kiffte jeden Tag.

An dem Abend mit Noah, glaubte ich nicht daran, dass er es schafft hier, vor den Clubs in den Straßen der Stadt, was klar zu machen. Er fragte wie wild irgendwelche Passanten und Jugendliche. Dann kam er deprimiert zu mir: „Es geht erst später was. Die da vorne kenne ich." Wir gingen in einen Club. Ich ging tanzen. Irgendwann war er verschwunden. Als er wieder kam, sagte er zu mir: „Hab was bekommen." Er schaute auf seine geöffnete

Hand, die er versteckt unten hielt. Ich nahm die Pille und schluckte sie mit etwas Alkohol runter. Ich glaubte nicht daran, dass sie wirkte. Die haben uns bestimmt eine Placebo-Pille gegeben oder einfach irgend ein Medikament. Auf Party trank ich immer die Alkopops. Rigo und Smirnov Eis hießen die beiden Alkohol-Getränke, die ich am liebsten mochte. Man schmeckte den Alkohol bei den Getränken nicht. Sie schmeckten einfach wie Sprite zum Beispiel. Das war zwar etwas gefährlich, aber ich mochte halt den typischen Alkoholgeschmack nicht und auch kein Bier.

Nach einer Zeit kam die Wirkung der Ecstasy-Pille wirklich auf. Ich fühlte mich Glücklich und so leicht, als ob ich schwebe. Mir wurde wohlig warm. Das tanzen machte total Spaß. Seit dem nahm ich fast jedes Wochenende Ecstasy wenn wir weg gingen. Und es wurde immer mehr. Aus einer Pille wurden zwei. Und später nahm ich über die Nacht verteilt auch mal 4 oder 5 Pillen. Ich wurde auch sehr gesprächig dabei. Ich lud immer einfach, fremde Jugendliche ein zum Joint rauchen. Wir gingen aus dem Club in eine Baustelle, Parkhaus oder einfach an die Straße an einer Ecke und rauchten mit ein paar Leuten einen Joint. Die Kombination war ziemlich cool. Doch das besondere an Ecstasy war, dass man nicht schlafen konnte. Ich musste mich zuhause noch ganz stark „runter rauchen", damit ich schlafen konnte. Dazu brauchte ich immer ein bis zwei Gramm nach der Party.

Filip sagte, es ist nicht gut was ich mache. Ecstasy zerstört das Gehirn auf Dauer. Jedes Wochenende die Pillen zu nehmen ist sehr gefährlich. Man kann auf Dauer darauf abstürzen und sozusagen ein Zombie oder so ähnlich werden. Ich glaubte ihm nicht. Er trinkt jedes Wochenende eine Flasche Korn. Ich wehrte mich gegen seine Aussage und sagte, dass seine Flasche Korn noch viel schlimmer ist.

Kokain und Puff

Noah hatte noch nie eine feste Freundin. Immer nur kurze
Abenteuer. Deshalb ging er immer in den Puff. Es gab in
Stuttgart eine Straße in der viele Bordelle waren und auch
Prostituierte auf der Straße rumhingen. Ich begleitete ihn
auch ein paar mal. Aber ging nie rein zu einer
Prostituierten. Die gefielen mir nicht vom Aussehen her.
Wir gingen in ein großes Bordell. Es hatte mehrere
Stockwerke. Vor jedem Zimmer stand eine Prostituierte.
Es waren hauptsächlich Schwarze. Ich ging ein
Stockwerk höher. Als ich oben ankomme, winkte mir
eine zu und sagte: „Hallo Süßer." ich war irritiert denn
das war ein Spiegel und die Prostituierte stand auf der
anderen Seite. Noah verhandelte mit denen. Er hatte
keine 30 Euro. Es kostete nämlich mindestens 30 Euro
für eine viertel Stunde. Noah sagte zu ihr: „Geht auch
Blasen für 20 Euro?" „Nein", erwiderte die Nutte.
Ein anderes mal hatte er genug Geld mit. Wir gingen in
ein Bordell, das eigentlich aussah wie eine normale
Kneipe. Vorher hatte er eine Diskussion mit einer Nutte
auf der Straße. Die gefiel ihm aber nicht und sie wollte
außerdem 50 Euro. Er erzählte mir auf dem Weg zur
Kneipe: „Wenn man nach 15 Minuten nicht kommt, dann
werden die Nutten immer aggressiv und sauer. Die
wollen unbedingt, dass man schnell kommt, sonst muss
man mehr bezahlen."
In der Kneipe gehe ich an einen Tisch weiter hinten. Ich
trinke dort ausnahmsweise mal ein Bier. Der Besitzer
scheint hier auch der Kellner zu sein. Als er mir das Bier
bringt sagt er: „Du hast dir ja hier den besten Platz
ausgesucht." Es stimmte, ich hatte hier alles im

Überblick. Vor mir war eine Tanzfläche, auf der aber zur Zeit niemand tanzte. Dann war in meinem Blickfeld auch die Theke. Hier standen sechs Prostituierte in einer Reihe und verhandelten mit Noah. Die Prostituierten waren schon etwas älter und gefielen ihm wohl nicht. Eine sagte laut: „Du warst doch gestern schon hier. Heute musst du aber eine nehmen!" Noah war mittlerweile Puff-Süchtig. Und er war wählerisch. Nach einer Zeit verschwand er dann doch mit einer hinten in eines der Zimmer. Nach einer halben Stunde kam er glücklich zurück.

Auf unseren Party-Touren war es oft angesagt erst mal Ecstasy klar zu machen. Ein anderes mal waren wir wieder in der City. Noah fragte ständig irgendwelche Leute nach Ecstasy. Ein ziemlich großer, älterer Typ sagte abweisend: „Für dich hab ich nichts?" Noah reagierte angepisst: „Wie für mich hast du nichts? Was hast du denn?" Der Typ wollte es nicht sagen. Ich ging dann ein Stück weiter und rief zu Noah: „Der hat nichts! Lass weiter!" Doch Noah blieb hartnäckig und quetschte den Typen aus. Ich blieb da stehen und wartete. Plötzlich rief Noah: „Hey, hast du du 20 Euro der hat Koks!" Ich war davon nicht so begeistert. Wenn der uns irgend einen Dreck gibt, sind meine 20 Euro weg. Aber ich gab ihm die 20 Euro. Wir gingen dann in die nächste Kneipe auf die Toilette. „Das ist richtig gutes Zeug", sagte Noah. Er kennt sich wohl damit aus. Ich hatte keine Ahnung davon. Der hat uns bestimmt nur billiges Speed gegeben, dachte ich. Noah packt das Tütchen aus. Darin ist eine Plombe mit einem kleinen, weißen Stein. Er macht das klein und sagt : „Hier, nimmt etwas und schmier dir das unter die Lippe!" Ich befolge seine Anweisung. „Merkst du wie das betäubt?", fragt er mich dann. Und wirklich, meine Lippe und die Zunge sind total betäubt. „Wow", sage ich überrascht. In einem euphorischen Ton sagt er laut: „Kokaaa!" Wir ziehen uns jeder zwei Lines durch die

Nase. Dann geht es weiter. Ich hab aber nicht viel gemerkt. Wir haben ja auch noch gekifft und Alkohol getrunken.

Noah will wieder in den Puff. Ich will eigentlich lieber noch auf der Straße Ecstasy regeln. Er sagt, es gibt einen guten Puff in einem anderen Stadtteil. Da würde er gerne hin. Ich bin nicht begeister. Er will mit dem Taxi hin. „Wir müssen nur noch welche finden, die mitfahren, dann ist das nicht so teuer", meint er. Ich denke er wird sowieso keinen finden. Doch nach einer Zeit findet er ein paar Typen auf der Straße, die mitfahren wollen.

Im Taxi bin ich ängstlich. Der eine Typ sieht aus wie ein Abzieher. Die bezahlen das Taxi bestimmt nicht mit.

In einem anderen Stadtteil angekommen, sind wir beim Puff. Der Taxifahrer kommt sogar mit rein und schaut sich auch interessiert da um. Es gibt mehrere Stockwerke. Alle verstreuen sich da drinnen und checken die Prostituierten aus. Es gibt viele Zimmer und darin ein Bett, sowie die Nutten, die hier warten. Beim reingehen fällt mir eine auf, die ich hübsch finde. Es scheint eine Ausländerin zu sein. Vom Aussehen her, eine aus Polen oder Russland.

Was ich alles für meine Kumpel mache, denke ich. Noah ist schon in einem Zimmer mit einer verschwunden. Plötzlich gehe ich auch zu der am Anfang, die die mir aufgefallen ist. Ich bezahlt die 30 Euro. Sie fragt: „Ist das dein erstes mal?" Ich reagiere sauer: „Ich hatte schon eine 4-jährige Beziehung!" Wie ich so vor dem Bett stehe sage ich dann in einem Befehlston: „Ok, zieh dich aus!" „So läuft das hier nicht. Zieh du dich aus und leg dich aufs Bett", meint sie darauf hin. Ich befolge ihre Anweisung, ziehe mich aus und lege mich aufs Bett. Sie zieht sich auch aus. Sie kann das Kondom auf den Penis schnipsen. Was mich beeindruckt. Es war sofort perfekt drauf. Das dauerte normalerweise immer bei mir, das Kondom abzurollen. Sie holte mir dann einen runter und ich fasste ihre Brüste an. Sie fängt dann an zu grinsen. Ich beugte mich nach vorne und würde sie gerne küssen, während ich ihre Brüste anfasse. Das darf man jedoch nicht, habe ich so im Hinterkopf. Irgendwie sage ich dann nach einer Zeit: „Ich habe Kokain genommen." Ihr wird das bestimmt gefallen. Vielleicht kann ich dadurch besser Sex machen. Jedoch reagiert sie sauer: „Dann raus!" Sie schmeißt mich raus. Ich ziehe mich wieder an und gehe auch. Das Geld ist weg. Sie hat mich über den Tisch gezogen. Wahrscheinlich hat sie nur auf so was gewartet, um schnell an das Geld zu kommen, ohne groß was machen zu müssen. Ich erinnere mich an das was Marc gesagt hatte: „Die Nutten sagen immer mein Schwanz ist nicht steif genug und ziehen mich dann über den Tisch. " Ich kann nichts machen. Hier sind bestimmt Security-Mitarbeiter, die mich dann mit Gewalt raus schmeißen, wenn ich Ärger mache. Ich gehe hoch zu den anderen. Plötzlich merke ich, dass mein Handy weg ist. Ich gehe panisch zu dem Taxifahrer und frage, ob ich im Taxi nochmal nachschauen kann. Aber da ist nichts. Bitte nicht mein schönes, teures Handy, denke ich. Ein neues könnte ich mir nicht leisten. Ich gehe hoch zu den anderen. Die haben ein Zimmer gefunden, in dem eine hübsche, junge Prostituierte ist. Sie sieht mit ihren blonden Haaren etwas aus, wie meine Ex Biene. „Zeig mal deine Titten!", sagt ein Typ zu ihr. Sie liegt dort mit Unterwäsche auf dem Bett. Ich sehe bei dem kriminell aussehenden Typen eine Beule hinten in seiner Jeans. Hat er da mein Handy drinnen? Ich frage ihn, ob wir rausgehen wollen, einen Joint rauchen. Er ist kleiner als ich. Wenn es zur Schlägerei kommt, dann könnte ich ihn schaffen. Draußen frage ich ihn: „Mein Handy ist weg, weißt du vielleicht wo es ist?" „Nein", meint er während wir den Joint rauchen. Ich bin voll verzweifelt. „Kannst du mal deine Taschen zeigen, vielleicht hast du es aus Versehen eingesteckt", meine ich. Er zeigt seine Taschen. Dort hat er nur sein billiges Handy drinnen. Plötzlich mache ich was gewagtes. Ich beuge mich vor, und gehe mit der Hand an seine Hintern zu seiner Hintertasche und tippe auf die Beule die ich dort gesehen habe. „Was hast du da denn?", meine ich. Und wahrhaftig, er zieht dort auf einmal mein Handy aus der Hose. „Oh, du meinst dieses hier?", meint er. Ich will gar nicht mehr weiter mit ihm reden oder sonst was wissen. Schnell nehme ich ihm das Handy aus der Hand. Er muss es mir wohl im Taxi bei der Hinfahrt heimlich aus der Tasche gezogen haben. Ich sage glücklich: „Hey danke! Du hast mir mein Handy wieder gegeben!" Dann kommt auch Noah aus dem Bordell. „Hier seit ihr ja!", meint er. Im Taxi zurück erzählt er stolz: „Die Nutte hat mir einen geblasen. Wie war es bei dir?"

Einzug bei Paul

Als Pauls Mitbewohnerin ausgezogen ist bietet er mir an bei ihm einzuziehen. Die zwei Zimmer, die ich bekommen würde sind zwar sehr klein, aber insgesamt ist die Wohnung ja ganz schön. Paul ist auch oft nicht da, weil er als Koch arbeitet. So hab ich meine Ruhe und kann meinem Geschäft nachgehen. Die Wohnung ist weit oben im Haus. Im 5. Stockwerk.
Mit Paul und seinem Kollegen kiffe ich immer. Wie alt sie sind, weiß ich gar nicht genau. So um die 50 schätze ich. Ich bringe meine Bong in Pauls Zimmer und gebe ein paar Graszüge aus. „Ich hab leider nicht so viel Gras zur Zeit, dass ich mehr ausgeben kann", sage ich enttäuscht. Der Kollege von ihm sagt glücklich: „Kein Problem. So bin ich heute noch dazu gekommen etwas Gras zu

rauchen. Das hat auch was gutes."
Auch lerne ich im Haus noch andere Jugendliche kennen.
Sie kaufen jetzt auch immer bei mir.
Wir sitzen bei einem Jugendlichen in der Wohnung ganz
unten auf seinem Balkon und genießen die Sonne. Es ist
auch ein Mädchen da, die meine relativ große Plasik-Tüte
mit Gras sieht, die ich aus der Hosentasche ziehe. Ich
habe zu dem Zeitpunkt circa 15 Gramm gutes Gras in der
Plastik-Tüte und gebe ein paar Joints aus. Dem
Jugendlichen verkaufe ich auch was. Das Mädchen sagt,
während sie mich anlächelt: „Er ist ein Geschäftsmann."
Der Jugendliche hat auch einen Kumpel, der immer
vorbei kommt und was haben will. So erweitert sich mein
Kundenkreis stetig.
Die Wohnung in der ich jetzt wohne ist am Nordbahnhof
in Stuttgart. Ich habe es nicht weit zur U-Bahn-Station.
Die anderen Noah, Sebastian und Filip, sowie Anton
kommen jetzt immer bei mir vorbei.

Jonas

Ich hänge mit Noah im Hof vom Club Zollamt ab. Wir
rauchen mit ein paar Mädels, die wir eingeladen haben,
einen Joint. Plötzlich kommt ein Schwarzer Junge, in
unserem Alter vorbei und fragt, ob er mitrauchen darf.
„Natürlich!", sage ich und er gesellt sich dazu. Ich sage
ihm, dass ich auch verticke und wir tauschen die
Nummern. Ein Mädchen sagt: „Ich finde es komisch,
wenn Jungs Nummern tauschen." Aber es war ja alles für
den guten Zweck. Wir finden heraus, das wir ganz dicht
aneinander wohnen. Nur eine Haltestelle entfernt wohnt
er. Er will morgen mal vorbei kommen, meint er. Sein
Name ist Jonas. Und er könnte mir auch was klar
machen. Das Problem ist nur, dass ich denke er ist ein

Abzieher. Er wird mir die 150 Euro bestimmt so weg nehmen und sich nie wieder melden.

Das System

Ich denke mir ein System aus. Ich bekomme für 150 Euro immer 25 Gramm. Wenn ich jetzt 6 Tütchen packe mit 3 Gramm. Dann verkaufe ich die 3-Gramm-Päcken für 25 Euro. Das sind circa 8 Euro und 30 Cent für das Gramm. Und wenn ich die 6 Päckchen verkauft habe, dann habe ich die 150 Euro wieder raus für den nächsten Einkauf. Es bleiben dann 7 Gramm über. Ich kann davon dann noch 2 Päckchen packen und zusätzlich 50 Euro einnehmen oder es selber rauchen. Das ist mein Gewinn. So kann es immer weiter gehen. Mit dem Gewinn finanziere ich mir meine Party-Touren. Und ich lasse immer viele, wie zum Beispiel Noah, bei mir mitrauchen. Wenn sie mal wieder kein Geld haben. Es funktioniert auch gut. Die Kunden sind Glücklich, dass sie keinen 10 Euro-Preis bezahlen müssen.

Jonas macht was klar

Am nächsten Tag ruft Jonas an. Ich gehe raus und wir treffen uns im Park, der bei mir gegenüber ist. Wir werden gute Freunde. Ich sage zu ihm: „Wenn du was klar machst können wir uns den Gewinn teilen. Ich mache 7 Gramm Gewinn bei 25 Gramm. Du bekommst dann 3,5 Gramm." Das war meine Taktik, damit er mich nicht abzieht. 150 Euro einem Fremden in die Hand geben, war ganz schön riskant. Er sagt, dass er noch Schulden bei dem Dealer hat. Wenn ich viel kaufe, könnte er durch mich, bei dem Dealer, Schuldenfrei werden. „Bei denen geht es ab, wie im Taubenschlag. Wenn ein Kunde fertig ist, geht sofort die Tür auf, und der nächste Kunde kommt rein", erzählt er. Wir gehen zum Bankautomaten bei ihm in der Nähe. Ich hebe die 150 Euro ab. Als ich ihm das Geld gebe, sagt er lachend: „Das wäre jetzt der Punkt, an dem wir uns das letzte mal sehen." Bei solchen Bemerkungen bekam ich Angst. Er gibt damit ja zu, dass er eigentlich ein Abzieher ist. So ist das ja auch öfter mit Jugendlichen, die wie er, im Gefängnis waren.

Ich begleite ihm zum Dealer. Bei einem Spielplatz in der Nähe, sagt er: „Du kannst hier warten." Ich setzte ich auf einen Sitz auf dem Spielplatz. Aus meinem Rucksack hole ich ein paar Skripts vom Studium und lerne etwas. Wird er jetzt wieder kommen? Ich warte bestimmt eine Stunde. Werde dann ganz nervös. Aber er kommt und wirft etwas in die Höhe. Als er näher kommt gibt er mir die fette Tüte. Ganz schön auffällig, die hier in die Höhe zu werfen. Wenn einer, in den Häusern drumherum, aus dem Fenster schaut und das sieht, kommt das nicht so gut.

Wir gehen zu Jonas. Er wohnt in einem Haus für bedürftige Jugendliche. Es gibt in jedem Stadtteil so ein Haus. Hier können Jugendliche, die keine Wohnung bekommen, unterkommen. Wenn was frei ist. Auch ist es speziell für Jugendliche, die aus dem Knast kommen oder Obdachlos sind. In Jonas Fall, wohnt er hier, weil er im Gefängnis war. Sein Zimmer ist aber schön groß. Er hat auch voll die große Bong. In dem Haus ganz unten wohnt ein Betreuer, der die Kids aber in Ruhe lässt. In der Wohnung von Jonas wohnen noch zwei Jugendliche. Die Küche ist übersät von altem Geschirr, das schon schimmelig ist. Wie es bei WGs halt so der Fall ist. Ich lerne alle Jugendlich im Haus kennen. Die Zwei in Jonas seiner Wohnung und Mike der auf einem andern

Stockwerk wohnt. Wir werden alle gute Freunde. Sie
kaufen dann alle bei mir und finden mich sympathisch.
So erweitert sich mein Kundenstamm immer weiter.
Wenn ich mit Jonas Party mache, in den Clubs von
Stuttgart, läuft es viel besser als mit Noah. Noah finden
die Frauen ja abstoßend. Ich gehe zum Beispiel mal mit
Noah Nachts durch die Straßen und da ist ein Trupp von
Mädels. Er will sie nur nach der Uhrzeit fragen. Da
macht die Tusse ihn total an: „Was willst du denn? Geh
doch zu deiner Mutter!" Er wird voll sauer und fragt sie
was das soll. Er will mit ihr Diskutieren. Ich rufe zu ihm:
„Ach lass die doch. Die ist noch hässlicher als sie
aussieht!"
Wenn wir in den Clubs sind und draußen rumhängen
stopfe ich Noah und Jonas immer Pillen in den Mund.
„Ich gebe etwas von meinem Gewinn wieder, zu der
Szene, zurück", sage ich dann, wenn sie mich verwundert
anschauen.
Jonas fängt nicht viel mit Mädchen an, aber die baggern
ihn immer voll an. Er hat ja eine hübsche Freundin mit
der wir auch, ab und zu, Party machen. Sie ist blond,
schön schlank und sieht aus wie ein Topmodel. Wir sind
mit ihr im Club Zollamt und ich frage sie: „Willst du
Jonas auch heiraten?" Sie sagt: „Vielleicht. Dazu ist es
noch zu früh." Jonas erzählt mir unter vier Augen stolz
von dem Sex mit seiner Freundin: „Ich setze sie nackt auf
einen Stuhl und lecke sie solange bis sie abspritzt. Das
liebt sie. Ich habe dabei auch schon eine richtig gute
Technik entwickelt." Mike sagt dazu: „Der Fotzenlecker
macht das, weil sein Schwanz es nicht bringt!" Mike
wohnt ja auch dort im Haus, weil er im Gefängnis war. Er
macht mir jetzt auch oft was klar. Mit dem gleichen
System, dass ich ihm die Hälfte von Gewinn abgebe.
Mike ist sehr groß und hat etwas länger Haare. Er ist jetzt
auch oft dabei wenn wir Party machen. Und er kauft auch

121

bei mir.

Als er mir einmal was klar macht, für 150 Euro, da warte
ich bei der U-Bahn-Haltestelle. Ein anderer Junge aus
dem Haus ist auch dabei. Auch ein krimineller. Sie
kommen nach circa einer Stunde wieder. Mike sagt: „Du
hast so ein Glück! Eigentlich bist du das perfekt Opfer.
Solche Typen wie dich ziehen wir immer ab. Wir waren
so stark am überlegen abzuhauen und dich sitzen zu
lassen." Aber er zieht mich nie ab. Und er macht mir oft
was klar.

Jonas und die Mädchen

Jonas ist sehr beliebt bei den Frauen. Es gibt so einen
Spruch in Stuttgart. Er lautet: Black and blonde. Das
bedeutet, dass vor allem blonde Frauen auf Schwarze
stehen. Er muss nichts dafür tun Frauen kennenzulernen.
Sie kommen alle so auf ihn zu.

So tanzen wir in einem Club. Ich ganz woanders als er. Er
war im anderen Bereich ganz alleine am tanzen. Als ich
wieder zurück zu ihm komme, sind voll viele Mädchen
um ihn herum am tanzen. Eine, die voll hübsch ist und so
aussieht wie Biene damals, lächelt ihn ständig an und
tanzt genau neben ihm. Doch er ist voll schüchtern und
geht nicht darauf ein.

Ich gehe wieder weg. Er kommt dann zu mir und meint
ein Mädchen will mit uns einen Joint rauchen. Mich
macht das irgendwie sauer. Dies weil er ihr zugesagt hat
und ich das teure Weed schmeißen soll. Doch letzten
Endes sage ich doch zu. Wir setzen uns auf die Plätze
neben der Stelle, wo er getanzt hat und ich baue einen
Joint.

Wir waren mal in einem Club mit einer Fensterfront, wo
man reinschauen kann. An dem Abend hab ich ein paar

Mitstudenten was zu rauchen und Ecstasy verkauft. Es ist ein Bekannter von dem Pärchen dabei, der gerade das erste mal eine Pille genommen hat. Als sie bei ihm zu wirken anfingt, schwitzt er total. Er sitzt richtig erschöpft bei den anderen und ist absolut zugedröhnt. Aber er findet es toll. Dies verrät uns sein lächeln.

Als Jonas und ich später gehen. Sind fünf Mädchen an der Fensterfront innen. Sie winken uns alle zu. Mich verwundert das total. Was Jonas für eine Wirkung auf Frauen hat ist beeindruckend. Er sagt: „Normalerweise müssten wir jetzt umdrehen und zu denen gehen." Ich bin hin und her gerissen. Doch es ist spät und ich bin müde vom ganzen tanzen. Und ich will nach Hause die Bong rauchen. Doch später bereue ich es etwas.

Überall wo wir sind suchen Mädchen unsere Nähe. Wir gehen einmal vom Club Zollamt nach Hause Richtung U-Bahn-Haltestelle. Es ist schon hell und viele gehen. Ich bin total cool gekleidet. Komplett in weiß mit einer kurzen Puma-Jogginghose, die mir bis zu den Knien reicht und da zusammen geschnürt wird. Ein Trupp Mädchen hat sich uns angeschlossen. Da ist eine richtig Hübsche bei. Plötzlich sagt sie zu Jonas: „Du kannst auch ruhig noch mit zu mir kommen." Wir kannten die gar nicht. Vielleicht gerade mal eine Minute. Er fragt mich, ob wir beide mitgehen wollen. Doch ich will nicht. Ich hab kein Weed mehr dabei und muss nach Hause. Dort habe ich ja noch was. Die Sucht war bei mir stärker. Später sagte Jonas: „Wir hätten mit der einen Dreier machen können." Ich bereue es auch wieder. Die sah echt perfekt aus, wie ein Topmodel. Schlank, gebräunt und mit einem süßen Gesicht. Aber ich dachte in dem Moment, dass er dann bestimmt mit ihr schläft, und ich dort in die Röhre schaue. Auf einen Dreier, wie er sagt, bin ich in dem Moment gar nicht gekommen. Außerdem hatte ich noch nie einen Dreier gemacht und war auch nicht so scharf drauf.

Ich glaube aber es war das Gesamtpaket, was die Frauen heiß machte. Wir waren einfach ein gutes Team. Ich sah gut aus und er war ein Frauenheld. Zwei so krasse Typen vielen schon auf. So waren die Frauen willig und baggerten ihn an, so dass er selber nichts machen musste. Ich wurde natürlich auch von Frauen angemacht, aber nicht so viel wie er. Und ich war auch immer zu verballert vom ganzen Ecstasy. Es war bei mir recht überschaubar. Selber sprach ich auch selten Frauen an.

Wir sitzen in der U-Bahn und unterhalten uns über Gott und Schicksal und solche Dinge. Ich erzählte: „Es gibt die Player, die immer die Frauen ansprechen und aufreißen. Und es gibt die Pimps, die für die Frauen bezahlen. Und zuletzt die Loser, die denken die Traumfrau fällt einem irgendwann über den Fuß. Die letzten glauben an Schicksal." Er sagt: „Es gibt kein Schicksal. Schau dir zum Beispiel das hübsche Mädchen an, die uns hier gegenüber sitzt. Sie hat sich gerade bewusst in unsere Nähe gesetzt. Und dabei sind so viele Plätze hier im Abteil frei. Das passiert mir ständig. Das ist kein Schicksal. Es ist absichtlich menschengemacht." Ich schaue nach vorne. Und er hat recht. Keinen halben Meter vor uns hat sich gerade, bei dem letzten Halt, ein Mädchen direkt vor uns gegenüber hingesetzt. Als sie merkt, dass Jonas von ihr spricht, fängt sie an glücklich zu grinsen. Normalerweise halten die Leute Abstand zueinander und setzen sich weit weg von anderen. Besonders weit weg von Drogenjunkies wie mich und Noah zum Beispiel. Doch nicht bei Jonas. Ich erzähle: „Ja, es gibt auch bei Frauen solche Königsschmetterlinge. Die sind ganz selten zu sehen. Und wenn man sie sieht, muss man schnell zugreifen, sonst sieht man sie nie wieder."

Abgezogen

Mein Cousin Andreas wollte dann mal vorbeikommen.
Noah rief mich jedoch an. Er hat jemanden neues
kennengelernt, der uns was klar machen kann. Dies in der
U-Bahn. Bevor ich meinen Cousin treffe, könnte ich das
erledigen. Ich bin davon eigentlich nicht so begeistert,
aber fahre zu ihm nach Ludwigsburg. Eine neue
Connektion zu bekommen wäre gut. Aber einfach einem
fremden Typen aus der U-Bahn zu vertrauen, ist nicht so
mein Ding. Es kommt noch schlimmer. Er Typ kam
gerade frisch aus dem Knast. Seine Statur ist ziemlich
klein und er sieht auch aus, wie ein typischer Krimineller.
Ich mochte ihn von Anfang an nicht. „Ich will das Geld
im Voraus", meinte er. „Nein, das mache ich nicht",
meine ich. „So läuft das bei mir nicht", sagt er wütend.
Wir fahren weiter zu einem Bahnhof. Der Typ will, das
wir ein Taxi nehmen. Ich soll natürlich bezahlen. Ich
wehre mich auch diesmal dagegen. Das passt alles nicht.
Der Typ ist voll aggro. Die Strecke hätten wir auch laufen
können. Das geht alles nicht gut. Warum mache ich das
mit? Bei der Wohnung angekommen will er, dass ich das
Geld rausgebe. Ich will nicht. Er geht in ein Haus und
kommt dann wieder. „Wo ist der Stoff?", frage ich. Er
meint, es geht erst später was. Ich sage zu Noah: „Lass
uns gehen, es geht nichts." Mein Instinkt täuscht mich
nicht. Hier ist was faul. Dann sagt der Typ plötzlich:
„Noch ein Telefonat." Ich soll ihm mein Handy geben.
Als ich es ihm gebe sagt er: „Wenn du mir jetzt nicht das
Geld gibst, dann schmeiße ich das Handy auf den
Boden:" „Noah was ist hier los? Was bringst du mir für
Leute?", brülle ich ihn an. Wir hätten den Typen auch zu
zweit zusammen schlagen können. Doch dann wäre mein
Handy kaputt gegangen. Ich gebe ihm 50 Euro. Dann

verschwindet er in dem Haus. „Das Geld gibst du mir wieder!", sage ich richtig sauer zu Noah. Der Typ kommt nach einer Weile raus. Er geht ein Stück. Dann setzt er sich einen Schuss. Wir laufen voll stumm weiter mit ihm. An einer anderen Stelle, setzt er sich nochmal einen Schuss. Er lässt seine Jacke und Krankenkassenkarte liegen. Dann trennen uns die Wege. Ich nehme seine Krankenkassenkarte. „Wir müssen den Anzeigen", sage ich. Noah meint dazu wütend: „Spinnst du? Es geht um Drogen! Dann machen wir uns selber Strafbar."

Doch ich bin davon total überzeugt. An der U-Bahn-Haltestelle ist sogar ein Polizeirevier. Die Polizisten sind nicht sehr nett. Was für ein Tag. Ich bin wie im Wahn. Zwei Polizisten in Zivil fahren mit mir zu dem Haus. „Gibs doch zu! Du wolltest von dem Drogen kaufen", reden sie auf mich ein. Ich lüge: „Nein, er wollte kurz mit meinem Handy telefonieren. Dann drohte er mein Handy auf den Boden zu werfen und hat mich erpresst. Er verlangte, dass ich das Geld rausgebe." Bei dem Haus können sie nichts machen, sie kommen wieder und sagen: „Da macht niemand auf." Auf dem Rückweg sage ich enttäuscht: „Das mache ich auch nie wieder, die Polizei nach Hilfe zu fragen."

Meinen Cousin habe ich verpasst. Es ist spät und ich bin fertig mit den Nerven.

Einen Monat später bekomme ich einen Brief. Ich soll eine Aussage machen. Vor dem Polizeirevier ruft mich Noah an. Er ist sauer: „Ich soll eine Aussage mache. Spinnst du. Wir müssen die Aussage verweigern! Sonst gibt es eine Gerichtsverhandlung." Ich will ihn überzeugen: „Wir sagen einfach, er wollte mit meinem Handy telefonieren und hat uns dann erpresst." Er hat leicht reden. Es ging ja nicht um sein Geld.

Im Revier, erzählte ich die Story. „Wir wollten jemanden Besuchen...", fing ich an zu erzählen.

Doch es brachte alles nichts. Die Anzeige wurde nach einem Monat fallen gelassen. Kein Wunder, denn es war ja Aussage gegen Aussage. Wenn Noah mitgeholfen hätte, hätte der Typ eine Strafe bekommen. Es war schon alles eine Scheiß-Aktion. Ich holte mir das Geld von Noah wieder. Immer wieder gab er mir etwas von den Schulden, bis sie beglichen waren.

Kilos

Ich bin mit Mike auf Weed-Jagt. Er will mir was klar machen. Ich brauche drei Packs für 75 Euro. Ich begleite ihn. Wir fahren in einen Stadtteil von Stuttgart nah der Innenstadt. Hoffentlich muss ich nicht so lange warten. Als wir fast da sind telefoniert er nochmal mit dem Dealer. Plötzlich frage ich, ob ich mitkommen kann. Und er sagt zu meiner Verwunderung sogar zu. Wir gehen in ein Haus, ähnlich dem von Mike und Jonas. Ein Haus für bedürftige Jugendliche, die Obdachlos sind oder aus dem Gefängnis kommen. Der Dealer hat ein kleines Zimmer. Hier sind schon einige Leute. Die Freundin von dem Dealer ist sehr dick. Er hat lange Haare und ist etwas größer als ich. Sein Name ist Michael. Er ist sehr nett und gibt mir 5 Euro Rabatt. Ich bekomme die drei Tütchen mit jeweils 3 Gramm für 70 Euro, anstatt 75 Euro. Ich frage, ob ich noch öfter herkommen kann, da ich deale und neu in der Stadt bin. Ich erzähle ihm, dass ich Student bin und aus dem Norden, in der Nähe vom Meer, komme. Er sagt, dass ich noch öfter her kommen kann und gibt mir sogar seine Nummer.
Wieder bei Mike im Haus gehen wir zu Jonas. Er ist sauer, dass Mike mich zu Michael mitgenommen hat. Direkt vor mir regt er sich auf: „Jetzt holt er bestimmt nicht mehr bei uns!"

Und so ist es auch. Als ich das nächste mal bei Michael bin, sage ich, dass ich jeden Tag mindestens 25 Gramm brauche und ob das geht. Ein kleiner Türke steht neben mir. Er sagt: „Ja, das geht. Du musst mir aber das Geld im Voraus mitgeben." Ich wundere mich was der Typ will. Michael ist doch der Dealer. „Können wir das über Michael machen?", frage ich ängstlich. „Ich will das Geld nicht im Voraus geben. Hab Angst abgezogen zu werden." Der Typ schaut Michael an und willigt ein. Seit dem bekomme ich jeden Tag mindestens 25 Gramm für den guten Preis von 150 Euro. Es läuft richtig gut. Wir machen einen Code aus fürs Handy. Ich rufe ihn immer an und frage: „Hast du eine viertel Stunde Zeit?" Das bedeutet ich brauche 25 Gramm. Wenn ich frage: „Hast du eine halbe Stunde Zeit." Dann bedeutet das, dass ich 50 Gramm brauche und so weiter. Plötzlich hat er immer ein Kilo da. Und ich kann sogar jeden Tag was bekommen. Ab und zu bekomme ich auch Ecstasy. Auch für einen guten Preis. Ich bekomme 50 Pillen für 150 Euro. Das ist ein Preis von 3 Euro pro Ecstasy-Pille. Wenn man bedenkt, dass ich die im Club für 10 Euro verkaufe, ist das ein richtig guter Preis. Ich mache seitdem viel Gewinn. Und ich kann es mir immer leisten Party zu machen und in die besten Clubs gehen. Das ist auch nicht gerade billig. Eintritt kostet meisten 10 Euro und ein Longdrink kostet auch so um die 8 Euro. Sebastian, Filip und Noah können gerade mal ihr Weed-Bedarf decken, aber Geld für Party haben sie nicht. Michael und seine Freundin reden dann mal mit mir und machen eine Bemerkung die mir zu denken gibt: „Damals als der Türke dich angesprochen hat, war das deine Chance." Ich hätte den Dealer von Michael bekommen. Er wollte mit mir Geschäfte machen. Doch ich sagte zu Michael: „Ich finde es gut so wie es ist. Wollte es über dich machen. Weil ich nicht mit Kilos oder großen Mengen dealen will. Die Strafe ist dann zu groß. Mit 25 bis 100 Gramm bin ich auf der sicheren Seite und bekommen nicht so eine große Strafe, wenn ich erwischt werde." Michael scheint mir dankbar zu sein. Er hat seitdem richtig viel Stoff da und wird ein richtiger Großdealer. Ich bin sein bester Kunde. Durch mein Geld und dadurch, dass ich jeden Tag 25 bis 100 Gramm hole kann er immer wieder neues holen. Ich sage zu ihm: „Ich übernehme die Studenten und versorge sie." Er nennt mich vor den anderen auch immer, den Studenten. Er sagte dann zum Beispiel: „Ich habe einen Studenten." Ich sagte dagegen zu ihm: „Ich hab richtig gute, korrekte Kunden. Wir sind die Guten. Wir müssen zusammen halten und aufpassen vor Abziehern. Bei mir wirst du auf jeden Fall immer Geld gegen Ware bekommen. Ich hole nie auf Pump." Das gefiel ihm auch.

Wir machten später sogar einen festen Zeitpunkt aus. Jeden Tag, um 21 kam ich dann zu ihm.

Einmal als ich zu ihm gehe ist dort vor dem Haus ein Kunde, der lauthals herumschreit: „Ich ficke deine Familie! Lass mich rein.!" Ich klingel bei Michael, aber er drückt nicht auf den Knopf, um mir die Tür zu öffnen. Dann kommt er ans Fenster. Er brüllt runter: „Ich kann dich im Moment leider nicht rein lassen!" Ich ging dann gegenüber in die Pizzeria und hab etwas gegessen. Später hat er mich dann rein gelassen.

Ein anderes mal gehe ich Nachmittags spontan zu ihm. Die Sonne scheint und es ist ein schöner Ausflug. Ich hab mir eine Banane als Mahlzeit mitgenommen. Ich klingele bei ihm. Sie lassen mich hoch, aber keiner macht die Tür auf. Ich sehe, dass sie durch das Guckloch schauen. Es ist auf jeden Fall jemand da. Ich klopfe eine Zeit, doch keiner macht auf. Ich will den Dealer auf keinen Fall verlieren. Was ist los?

Später, wieder zuhause ruft Michael an. Ich kann

vorbeikommen. Überglücklich sitze ich bei ihm. Er sagt:
„Die anderen sind voll psychotisch und haben Paranoia.
Die haben gesagt, du hättest eine Waffe in der Hand
gehabt und wärest ein Undercover-Bulle." Ich überlege
kurz, dann fällt es mir ein. „Das kam bestimmt davon,
dass ich eine Banane in der Hand hatte." Wir fangen an
zu lachen. „Du kannst dir sicher sein. Ich bin kein Zivi.
Bullen würden nie so viel kaufen, wie ich", versichere ich
ihm. Das Problem war, dass er die Tür immer von
anderen öffnen lässt. Und die labern ständig so ne
scheiße. Die haben öfter gesagt ich wäre ein Zivi und
wollten nicht, dass ich bei ihm kaufe. Aber er mochte
mich und wollte mich auf jeden Fall als Kunden behalten.
Er wurde dann ein Großdealer. Man konnte nur große
Mengen bei ihm holen. Ab 25 aufwärts. Kleine Packs mit
3 Gramm machte er nicht mehr. Das war jetzt meine
Aufgabe.

Im Stammclub

Normalerweise habe ich einen Stammclub zu dem ich
immer hingehe und auch immer rein komme. Er heißt
Prag und dort läuft immer Schranz. Schranz ist eine
schnelle und aggressive Techno-Art. Die Türsteher
kennen mich dort mittlerweile, und so habe ich keine
Probleme dort rein zu kommen.
Wenn man sich an die lange Schlange stellt kommt als
nächstes das Filzen. Die Leute werden abgetastet und
müssen ihre Taschen lehren. Bei mir finden sie nie was,
obwohl ich immer 3 Gramm Gras im Schuh habe. Die
Ecstasy-Pillen haben ich im Handy versteckt. Dort ist ein
Fach für die Batterie. Die habe ich herausgenommen und
meinst verstecke ich dort 15 Pillen.
Es kam höchstens mal vor, dass sie meine Longpapes im

Geldbeutel fanden. Das geht jedoch meistens klar, solange sie nicht die Drogen finden. Ein Security-Mitarbeiter sagte daraufhin einmal nur: „Aber nicht im Club rauchen!"

Dort verkaufe ich auch Ecstasy, obwohl es dort ein spezielles Security-Personal gibt, die Dealer jagen. Es geht auch immer einer von denen, mit einer Taschenlampe, herum. Er schaut dann, wer hier gerade dealt. Ein Jugendlicher kommt da dann mal zu mir und labert mich voll: „Das hier ist der Club eines großen Dealers. Andere dürfen hier nicht dealen. Wenn er das rausbekommt, dass du hier Ecstasy verkauft, wird er seine Hunde auf dich hetzen." Ich verteidige mich: „Es herrscht hier freie Marktwirtschaft. Hier dealen voll viele. Ich bekomme hier ständig auch von anderen meinen Stoff." Ich habe Angst, dass der Typ noch aggressiv wird. Doch Jonas und Noah sind ja auch noch da, um mir zu helfen.

Noah ist einmal plötzlich verschwunden. Er kommt nach ein paar Stunden zu mir uns erzält: „Wenn du wüsstest was ich gerade erlebt habe. Hab an der Straße einen Joint gebaut. Dann fuhr die Polizei vorbei und blieb auch noch stehen. Sie nahmen mich mit aufs Revier. Die wollten unbedingt wissen, von wem ich das habe. Aber keine Angst, ich habe dich nicht verraten. Die wurden richtig wütend, dass ich meinen Dealer nicht verraten wollte." Noah wird zunehmend verrückter, denke ich. Etwas witzig fand ich das aber, unpassender Weise, schon. Und ich fand das echt bescheuert, dass er so unvorsichtig ist. Auf der Toilette ziehen die Jungs immer Speed. Sie stellen sich hin, um an der Stehtoilette zu pinkeln und nehmen dann schnell das Tütchen heraus, um mit einen Schein etwas Speed zu ziehen.

Ich muss mal wieder eine Pille nachlegen. Das blöde ist, die Toilette kann man nicht abschließen. Also lehne ich mich von innen dagegen. Aus meiner Socke im Schuh nehme ich das Tütchen mit den Pillen. Plötzlich drückt einer richtig stark von außen gegen die Tür. Er bollert dagegen und ruft laut. Das ist garantiert ein Security-Mitarbeiter. Wenn er mich erwischt, holen die bestimmt die Polizei und ich bekomme eine Anzeige, sowie Hausverbot. Ich gehe hier doch so gerne hin. Ich hab Schwierigkeiten die Tür zuzuhalten. Schnell schlucke ich die Ecstasy-Pille herunter und schiebe das Tütchen mit den andern Pillen wieder in die Socke. Ich habe Probleme die Tür gleichzeitig mit meinem Rücken zuzudrücken. Dann gebe ich auf. Es ist wirklich ein Security-Mitarbeiter. Wird er mich jetzt filzen? Ich hab ja gehört, die haben hier einen bestimmten Raum, in dem sie die Leute filzen und richtig auseinander nehmen. Sauer fragt er mich: „Was hast du da gemacht?" „Ich war auf Toilette", sage ich und gehe schnell weg. Es geht alles gut.

Im Club trifft man immer viele Dealer. Wenn ich mal keine Ecstasy-Pillen haben, kann ich mir schnell welche klar machen. Ein Dealer ist etwas dicker und ich sehe ihn oft. Er geht mit mir raus und er erzählt, dass er nicht kifft. Dafür hat er voll viele Tütchen mit Speed. Ich kaufe ein paar Tütchen davon, von dem was nicht so stark gestreckt ist. Er hat dafür Markierungen auf den Tütchen gemacht. Der Dealer, heißt Manny und ich treffe ihn ständig, wenn ich in Stuttgart Party mache. Wir gehen dann auch oft raus und unterhalten uns. Meistens mit eine paar Leuten in irgendein Parkhaus. Dort wird natürlich auch ein Joint von mir gebaut. Er ist wohl ein Großdealer, denn er hat immer Leute dabei die für ihn verkaufen. Meistens sind es Frauen. Ich frage ihn aber komischerweise nie nach seiner Nummer. Bin schon gut zufrieden mit meinen Dealern. Er ist nicht gerade sehr attraktiv mit seinem dicken Bauch, aber er erzählt stolz, dass er alle von seinen Frauen fickt und oft Sex hat.

Es kommt mal im Club ein Mädchen zu mit, die gar nicht mein Fall ist. Erst tanzen wir auf der Tanzfläche, dann fragt sie mich, ob sie mich küssen kann. „Ich kann dir wohl Ecstasy geben", sage ich. Sie geht dann weg zu ihren Typen, die auf den Sofas neben der Tanzfläche sitzen. Nach kurzer Zeit kommt sie wieder. Sie hat Geld mitgebracht. „Ok, ich gehe kurz zur Toilette und hole die Pille", sage ich. Sie kommt komischerweise mit. Sogar mit auf die Herren-Toilette kommt sie. Ich gebe ihr die Ecstasy-Pille und sie mir die 10 Euro. Sie steht ganz nah vor mir. Plötzlich küsse ich sie voll heftig. Ich weiß nicht mehr warum, aber es kam einfach aus mir heraus.

Aber wir kommen nicht zusammen. Hatte die Vermutung, dass sie schon einen Freund hat, weil sie ja mit so vielen Typen da war. Wir tanzen noch etwas und dann trennen sich unsere Wege.

Ich frage immer Leute im Club, ob sie raus wollen einen Joint rauchen. Dann verkaufe ich denen auch Ecstasy. Es ist ein Gewerbegebiet in der Nähe, mit einem Geldautomaten. Hier können die Leute, für die Pillen, auch gleich Geld abheben. Das Gras habe ich ja immer in meinem Schuh in der Socke. Es ist oft total platt getrampelt vom ganzen herum gehüpfe auf der Tanzfläche. Ein großes Gewerbebauwerk wird hier gerade gebaut. Man kann da rein gehen. Hier gehe ich auch mit einem Mädchen hin. Sie sagt, sie kifft nicht regelmäßig, also gebe ich ihr nicht meine Nummer. Ganz schön mutig von ihr mit einem Fremden alleine wegzugehen. Sie sagt, sie hat einen Freund, also baggere ich sie nicht an. Am Ende bedankt sie sich: „Danke, dass du nichts gemacht hast."

Ecstasy im Club

Ich bin dann mal in einem Club, in dem ich noch nie war. Voll drauf gehe ich auf der Tanzfläche ab. Ich kann ja so gut tanzen. Dann total verschwitzt, sitze ich auf einer Bank. Neben mir sitzt ein Trupp von Jungs. „Du bist ja gerade voll abgegangen und jetzt total fertig", spricht mich der Typ neben mir an. „Ja. Bin gut drauf", sage ich und spiele dabei an, dass ich gut auf Ecstasy bin. „Riechst du das?", meint er. Ich weiß nicht was er meint. „Hier riecht es total nach Speed", meint er dann. „Stimmt", sage ich, denn es fällt mir jetzt auch auf. Dann steht er auf und er sagt was komisches: „Streich mal über meine Arsch!" Ich schaue in verwundert an. „Ich habe so viel Speed in meiner Unterhose an meinem Arsch, dass ätzt sich richtig durch die Hose. Streich mal an meinem Arsch!" Ich schaue ihn verwundert an und will natürlich nicht seinen Arsch anfassen. Dann nimmt er plötzlich meine Hand, und streicht sie mehrmals über seinen Arsch. „Jetzt riecht mal!", befiehlt er mir. Ich bin total verwirrt und tatsächlich, meine Hand stinkt megamäßig nach Speed. Wir gehen dann auf die Toilette und er verkauft mir was. Blöderweise frage ich ihn nicht nach seiner Telefonnummer.

Als ich dann das nächste Wochenende bei Jonas bin erzähle ich ihm und Mike die Story. Sie lachen. Und ich packe die Tütchen aus, die ich von dem Typen gekauft habe. Stolz sage ich: „Ich habe Speed mit Apfelgeschmack und Speed mit Kirschgeschmack." Genüsslich ziehen wir es uns durch die Nase.

Ich schlage dann vor, dass wir noch in einen Club gehen. Beide sollen mir helfen Ecstasy zu verkaufen. Sie wollen auch mitkommen. Ich gebe jedem 15 Pillen. Mike meint er hat schon Erfahrung mit dem Dealen im Club und will mir zeigen, wie es geht, anständig im Club zu dealen. Angekommen im Club will eine Bekannte von ihm uns dann dort helfen. Sie geht rum und sucht uns Kunden. Ich kenne den Club noch gar nicht. Es ist viel los, der ganze Club ist voll. Sie kommt mit einem Kunden wieder. Voll bescheuert hole ich ein Tütchen direkt an der Theke heraus. Mike und Jonas sehen es. Alle können mich jetzt hier sehen, auch die Mitarbeiter an der Theke. Wie dumm. Schnell stellen sich Mike und Jonas vor mich und fangen wild an zu tanzen, um es zu verbergen. Es geht dann zum Glück gut und keiner der Mitarbeiter kommt zu mir und schmeißt mich raus. Aber es war echt auffällig. Ich war halt drauf und hab nicht aufgepasst.

Später biete ich einem Kunden einen Sonderpreis an. 4 Ecstasy-Pillen für 30 Euro. Er willigt ein. Ich sitze neben ihm in der Nähe der Theke. Er gibt mir das Geld. „Ich gehe schnell auf Toilette und hole die Pillen", sage ich zu ihm. Plötzlich wird er sauer: „Du gibst mir die jetzt sofort oder mir das Geld zurück! Sonst gehe ich zu den Türsteher und sage, dass du hier dealst!" Er hatte Angst, dass ich sein Geld abziehen will. Dass ich weg gehe und mit seinem Geld abhaue. „OK, ich gebe dir die Pillen hier", sage ich überrascht. Ich krame, die Pillen aus meiner Unterhose. Bringe das Tütchen mit den 10 Pillen zum Vorschein und gebe ihm die 4 Stück. Zum Glück ist viel los und die Theken-Mitarbeiter sehen nichts. Vielleicht haben sie auch was gesehen und nichts gemacht. Ist ja ein hier ein Techno-Club, wo alle Ecstasy nehmen.

Am Ende gehen wir als es schon hell ist. Ich hab am meisten verkauft. Mike wundert sich: „Wie hast du alle Pillen so schnell verkauft?" „Ich hab einem Typen ein Sonderangebot gemacht", erzähle ich stolz.

Aber er sagt auch, dass die Aktion an der Theke gar nicht geht: „Das war zu auffällig. Du musst vorsichtiger sein.

Zum Glück haben wir das schnell gemerkt und uns vor dich gestellt."

Wir machen noch After-Hour bei Mike im Zimmer. Es ist die Tussi dabei, die uns Kunden besorgt hat. Sie heißt Beate. Ich sehe sie seitdem öfter auf Party. Ein ziemlich muskulöser Typ ist auch dabei. Er zeigt mir seine Ecstasy-Pillen. Sie sind ziemlich groß und er meint, die sind richtig stark, besser als die Pillen, die sonst so rum gehen. Auch sind zwei Mädchen dabei. Mike geht noch so spät los und holt mir Weed. Er fährt mit dem Fahrrad zu dem Dealer. Ich gehe nicht davon aus, dass er um 6 Uhr morgens was bekommt. 150 Euro hab ich ihm mitgegeben. Und wirklich nach einer Stunde kommt er mit einer großen Tüte, mit richtig gutem Stoff, zurück. Die Mädchen sehen richtig gut aus, die dabei sind. Blöd nur, dass Beate Streit mit mir anfängt. Ich gehe dann sauer.

Am nächsten Tag schlafe ich total lange. Jonas versucht mich vergeblich zu erreichen. Spät am Nachmittag kommt er vorbei. „Dachte, du bist nicht gut drauf wegen dem Streit gestern", meinte er. Ich stimme ihm zu, dass mich das fertig gemacht hat. „Als du gegangen bist sind wir alle übereinander her gefallen. Beate ist ja voll die versaute", erzählt er dann stolz.

Später meldet sich Mike, ob ich noch ein paar Ecstasy-Pillen habe. Beate wollte noch welche haben. Sie kommt mit dem Auto. Ich gehe vor mein Haus und gehe zu ihren Wagen. Mike sitzt auf dem Beifahrersitz. Sie kurbelt die Scheibe runger und ich gebe ihr die Pillen. Sie entschuldigt sich dann plötzlich. Ich sage: „Alles ok. Macht nichts."

Ein anders mal im Club M1. Hier gehe ich auch öfter hin. Ich bin mit Noah da. Ich frage ein Mädchen, ob wir einen

Joint rauchen wollen. Sie sieht sehr gut aus und ich habe schon öfter im Zollamt mit ihr einen Joint geraucht. Auf Techno-Party trifft man immer wieder die gleichen Leute. Sie sagt: „Mach das nicht. Mein Freund arbeitet hier. Er sagt das dann den Türstehern." „Ac, das geht schon. Wir rauchen in den Clubs immer Joints", meine ich und setze mich mit ihr voll auffällig neben die Tanzfläche. Der Joint stinkt total. Der ganze Bereich bei mir stinkt plötzlich nach Gras. Sie raucht kurz mit, doch verschwindet schnell wieder.

Plötzlich stehen 6 Türsteher, um mich herum. Ich fliege aus dem Club. Ich wehre mich nicht und mache keinen Stress. „Das macht man nicht im Club", sagt einer. Ängstlich meine ich: „Bekomme ich jetzt Hausverbot?" „Nein, aber mach das nie wieder hier drinnen", sagt der Türsteher. „Ich wollte eh gleich gehen", meine ich noch. Es ist schon 5 Uhr und so macht es mir nichts aus zu gehen.

Ich gehe dann mal ein anderes mal in den Club, wo Beate uns damals geholfen hat. An der Tür kassiert ein Mädchen ab, die mit uns bei der Afterhour war. Als ich den Eintritt bezahlen will sagt sie: „Du brauchst nichts bezahlen." Sie hat sich an mich erinnert. Ich bin verwirrt. „Doch ich bezahle trotzdem", sage ich und gebe ihr das Geld.

Streit mit Paul

Ich verstritt mich mit Paul. Ich weiß auch nicht mehr warum. Ich sollte mehr im Haushalt machen und bekam mit wie er, am Telefon mit meinem Vater, schlecht über mich geredet hat. Er solle aus mir einen richtigen Mann machen.
Blöderweise verliere ich auch noch meinen Schlüssel. Er

besorgte mir keinen Neuen. Für die Haustür oben bekomme ich einen Schlüssel. Doch unten beim Hauseingang komme ich nicht rein. Ich muss immer bei den Nachbarn, die ja auch meine Kunden sind, klingeln. Die sind aber nicht immer da. Sehr oft muss ich über den Zaun neben dem Haus klettern. Er ist sehr hoch. Zwei Meter ist der Zaun bestimmt hoch. Er ist aus Eisen und trägt wohl mein Gewicht, doch oben drüber sind gefährliche Spitzen.

Wenn ich über den Zaun geklettert bin, konnte ich in den Hinterhof laufen. Hier war der Hintereingang und über ihn konnte ich ins Haus gelangen. Leider war die Tür dort auch oft plötzlich zu. Ich öffnete, die Tür zwar immer wenn ich weggegangen bin, doch trotzdem war sie oft verschlossen. Das war bestimmt Paul. Ich musste dann wieder zurück und wieder über den Zaun klettern. Dann war der ganze Weg umsonst.

Ich habe Angst, dass jemand aus den Nachbarhäusern, die Polizei ruft, wenn ich über den Zaun klettere. Ich hab ja immer Gras dabei. Es muss schon echt verdächtig ausgesehen haben. Aber es geht immer gut.

Paul kam auch zwei mal mit ein paar Leuten zu mir und wollte mich einschüchtern. Zum Ausziehen bewegen. Einmal war auch ein großer Typ, der wie ein Schlägertyp oder Nazi aussah, dabei. Jonas war gerade bei mir. Sie kamen im Flur auf mich zu und meckerten mich an. Ich ging einfach weg, in mein Zimmer und schloss die Tür.

Dann war irgendwann plötzlich am Anfang der Wohnung ein großes Schloss an der Tür zu dem Waschraum. An dem Waschraum grenzt links der Wohnbereich von Paul. Gerade aus ist das Bad mit der Dusche. Ich kann also nicht mehr ins Bad und nicht mehr duschen.

Ich dusche deswegen einmal bei Jonas in der WG des Hauses für Bedürftige. Auch fahre ich deshalb ganz zu

Sebastian, der in Ludwigsburg, mittlerweile umgezogen ist. Dort kann ich auch einmal duschen.

Verzweifelt gehe ich zu einem Mieterschutzbund. Die Frau, die mich berät ist sehr nett. Sie sagt, dass Duschen ein Grundbedürfnis ist. Ein Vermieter darf einem das nicht verwehren. Sie schreibt Paul einen Brief mit der Aufforderung, das Bad wieder frei zu geben. Doch er macht es nicht. Ich gehe jetzt sehr oft zu ihr, weil ich sehr verzweifelt bin. Sie sagt ich kann einen Schlüsseldienst rufen, der das Schloss aufbricht, und ihm die Kosten von der Miete abziehen. Auch wegen dem Haustürschlüssel kann ich die Miete kürzen. Wenn er mir nicht endlich einen Ersatzschlüssel machen lässt.

Gesagt getan. Ich rufe einen Schlüsseldienst. Der bohrt das Schloss auf. Es kostete 200 Euro. Ich zog ihm das Geld von der Miete ab.

Am nächsten Tag kommen Mike, Jonas und ein paar andere Kunden zu mir. Plötzlich macht Paul, die Tür auf, an der das Schloss noch hängt. „Aha!", sagt er und will mir signalisieren, dass er mich beim Dealen erwischt hat. Ich gehe zu ihm und sage wütend: „Verpiss dich!" Und ich weiß nicht wieso ich das gemacht habe, aber ich schubse ihn ein bisschen. Es war nicht doll, aber es reichte, dass er richtig sauer war, wie sich später raus stellte.

Ich schrieb Paul vor ein paar Tagen einen Brief, dass ich den Haustürschlüssel haben will. Sonst gebe es Ärger, schrieb ich auf. Damit meinte ich eine weitere Mietkürzung.

Ich hole die 40 Gramm, die ich in meinem kleinen Schlafzimmer im alten Computergehäuse versteckt habe. Jeder bekommt seine Menge Gras, die er haben will. Als alle gegangen sind, kam plötzlich die Polizei.

Draußen vor der Tür fragen sie mich aus. „Der Herr sagt, sie haben ihn geschlagen", sagt der Polizist. „Das stimmt nicht!" verteidige ich mich. „Er sagt, er hat eine Wunde an der Hand", bohrt der Polizist weiter nach. „Das kommt davon, dass er Koch ist. Die Wunde hat er sich bestimmt bei der Arbeit zugezogen." Paul kommt vorbei. Er sagt, ich hätte Hausfriedensbruch begannen, weil das Schloss aufgebohrt wurde.

Ich wäre in seinen Zimmern gewesen.

Auch sagte er, dass ich ihm gedroht hätte, wegen dem Haustürschlüssel.

Zuletzt fragen die Polizisten noch was komisches: „Sind sie beide Schwul?" Ich weiß nicht wieso der Polizist das fragte. Ich sagte ihm auf jeden Fall, dass ich nicht schwul bin. Dann gingen die Polizisten. Ich hatte so eine Angst, dass sie eine Hausdurchsuchung machen und das ganze Gras finden. Ich hatte noch mehr als 30 Gramm da. Paul hat bestimmt auch gesagt, dass ich Deale.

Ein paar Tage später, hat er einen weiteren Haustürschlüssel anfertigen lassen. Ich kann endlich wieder durch den Hauseingang.

Es kommt eine Anzeige, wegen Körperverletzung bei mir an. Ich hatte die Befürchtung, dass es eine Gerichtsverhandlung geben würde. Vielleicht muss ich Schmerzensgeld bezahlen oder komme ins Gefängnis. Die Anzeige wird aber einen Monat später eingestellt. Es ist wohl Aussage gegen Aussage. Und das wird ja immer fallen gelassen.

Paul zieht dann aus und ich muss auch raus.

Ich finde ein Zimmer in der Innenstadt. Genau hinter dem Stuttgarter Kunstmuseum. Man läuft vom Ausgang des Hauptbahnhofs links in den Park. Am Theater vorbei, dann durch den Hof des Museums und da ist schon das Haus. Ich wohne sehr weit oben. Im fünften Stockwerk ist das Zimmer. Es ist in der Wohnung eines Geschäftsmannes der seine Firma in der Wohnung daneben hat.

Meine ganzen Kunden sollen beim Umzug mithelfen.
Mein Vater auch. Ich sage ihm, er soll den Umzugswagen
bestellen und damit kommen.

Am Umzugstag kommt er nicht. Ich rufe ihn an. Er sagt,
ich hätte ihm gar nicht Bescheid gegeben. Ich solle es
alleine schaffen. Er will nicht mal her kommen und
helfen. Ich rufe panisch bei voll vielen Firmen mit
Lastern und Transportern an. Bei einer sehr entfernten
Firma klappt es. Ich kann mit meinem Führerschein auch
kleine Laster fahren, weil ich meinen Führerschein vor
dem Jahr 2000 gemacht habe.

Mit der U-Bahn fahre ich die weiter Strecke dahin. Und
mit dem Laster geht es wieder zurück.

Viele Leute wollen Gras von mir. Ich sage ihnen, dass sie
erst mithelfen müssen. Dafür würden sie auch von mir
was bekommen. Ich würde jeden ein Gramm geben.

Sie helfen nicht gut und meckern die ganze Zeit. Es sind
Mike, Jonas, Sebastian und zwei Typen aus dem Haus
von Jonas da.

Sebastian sagt nach einer Zeit kurioser Weise ihm wurden
20 Euro geklaut. Er geht dann und lässt den Rest, die
ganze Arbeit machen.

Es ist viel Arbeit, alle Kartons die lange Treppe runter zu
tragen. Alle sind sehr erschöpft. Das Sofa lasse ich da, es
kommt einfach auf den Dachboden. Mal sehen, ob ich
deswegen Ärger bekomme.

Es ist dann schon dunkel. Ich will dann mit den Laster zu
der Wohnung in der City. Doch keine will mehr helfen.
Alle gehen einfach nach Hause und lassen mich im Stich.
Ich gehe erschöpft ins Bett. Am nächsten Tag um 7 Uhr
stehe ich auf. Ich brauche die Leute, um den Laster
auszuladen. Ich fahre also mit dem Laster zu Jonas
seinem Haus. Ich klingele wie wild an der Tür. Doch
keiner macht auf. Dann fahre ich nach Ludwigsburg. Bei
Sebastians Haus ist es schwer damit zu parken. Doch er

macht auf. Er sagt aber, dass er heute mit dem Zug nach Hause zu seiner Familie fährt. „Ich brauche dringend deine Hilfe", sage ich. „Ich helfe dir auch immer mit Gras. Du kannst mir dann doch auch mal helfen!"

Am Ende biete ich ihm 3 Gramm Gras, was normalerweise 25 Euro kosten würde. Dann kommt er mit.

Es ist wieder sehr schwer mit dem Laster vor dem Haus meiner neuen Wohnung zu parken.

Ein Pärchen, das ich immer mit Gras versorge, kommt auch vorbei. Sie sagen: „Wow, der kleine Dealer mit so einem großen Laster! Wir haben uns gewundert." Sie wollen was zu rauchen. Ich sage ihnen, dass sie zuerst mithelfen sollen.

Wir laden alle den Laster aus. Es ist wieder sehr schwer, die Sachen, die lange Treppe hoch ins fünfte Stockwerk zu bringen.

Am Ende schaffen wir es.

Es kommen die zwei Typen von Jonas seinem Haus vorbei. Der eine ist ein Schlägertyp und er ist sauer. In meinem neuen Zimmer mecker ich sie an, dass sie nicht richtig geholfen haben. Der Schlägertyp sagt zu mir: „Ich rede jetzt unter vier Augen mit dir!" Es sieht so aus, als ob er mich schlagen will oder ausrauben. Er sagt zu seinem Kollegen, er soll aus dem Zimmer gehen. Ich sage aufgeregt: „Nein du bleibst hier! Es sind so viele Messer hier überall. Da will ich, wenn was passiert ,vor Gericht einen Zeugen haben!" Da bekommt der Schlägertyp dann Angst und tut mir nichts. Ich gebe beiden das versprochene Gramm für die Hilfe gestern.

Doch dann kommt der Vermieter plötzlich zu mir. Er sagt, die Wohnung ist nur ein halbes Jahr zur Miete frei. Das kam für mich überraschend, ich hatte es auf der Anzeige gar nicht gesehen.

Die Abzieher

Es kauft immer ein Pärchen bei mir. Sie heißen Tim und Martina. Er heißt genauso wie mein alter Studienkollege. Ich habe die beiden Kunden von einem Ecstasy-Dealer bekommen. Den Ecstasy-Dealer wiederum habe ich von Noah bekommen. Er kauft manchmal Gras von mir. Sie kommen dann, mit zwei jungen Typen, vorbei. Die kaufen auch was bei mir. Bei mir erzählten sie dann stolz: „Wir können zu keinen Dealer mehr, weil wir sie alle abgezogen haben." „Und das erzählt ihr mir, euren neuen Dealer. Wollt ihr mich dann auch hier abziehen?", meine ich geschockt. Ich hasse ja Abzieher. Es gibt nichts schlimmeres. Die Kiffer werden fertig gemacht von der Polizei, der Gesellschaft und zerstören sich selber auch noch durch Abzieher. Ich sage Tim und Martina dann beim nächsten mal, sie sollen niemanden mehr mit zu mir bringen. „Ich habe genügend Kunden", meine ich. Tim und Martina kommen regelmäßig zu mir. Sie kaufen ausschließlich bei mir. Fast jeden zweiten Tag sind sie da. Und sie sind korrekt. Haben immer Geld und kaufen nicht auf Combi. Combi mache ich ja gar nicht. Es bedeutet, dass Leute kein Geld haben und auf Pump was von ihrem Dealer bekommen. Doch ich will nicht hinter meinem Geld her rennen.
Ich nehme mir vor die Abzieher, in meiner neuen Wohnung, nicht mehr rein zu lassen.
Einer von beiden kommt nochmal vorbei. Er bringt gleich jemanden mit. Ich bin sauer. Sage ihm direkt, dass ich nicht möchte, dass er fremde Leute mitbringt. Wer weiß, was für brutale Leute so zu einem kommen können, die einem womöglich das Ganze Gras wegnehmen, oder einen zusammen schlagen. „Soll mein Kollege gehen?", fragt er dann ängstlich. Doch jetzt ist es eh zu spät.

Ich gebe ihm ein Tütchen mit 3 Gramm und bekomme die 25 Euro.

Doch nachdem er weg ist klingelt es wieder bei mir. Es ist der Typ und sagt: „Der möchte das nicht haben. Möchte es zurück geben." „So was geht eigentlich nicht", meine ich. Bin wieder total sauer. Die haben sich bestimmt schon was raus genommen oder es vertauscht. Was ich bei den Dealern im Park erlebt hatte war, dass im Tütchen kleine Steine rein getan wurden. Es geht auf jeden Fall nicht mit rechten Dingen zu. Da stimmt was nicht. Die ganze Aktion ist voll scheiße. Ich nehme dann das Tütchen mit dem Gras zurück und gebe ihm das Geld wieder. Aber nehme mir vor, mit dem Typen keine Geschäfte mehr zu machen.

Ich laufe so durch die belebte Innenstadt von Stuttgart. Da spricht mich ein älterer Typ an. Er braucht was zu rauchen und fragt, ob ich ihm was klar machen kann. Wahrscheinlich hat er mich wegen meinen langen Haaren angesprochen. Ich war total unvorsichtig und hatte vor gar nichts Angst. Normalerweise sollte man keine fremden Leute zu sich lassen. Er könnte auch ein Polizist sein. Doch ich sage ihm, dass er den richtigen getroffen hat. Ich hatte was da für ihn und nehme ihn mit in meine Wohnung. Als ich ihm das Gras für die 50 Euro auf die Waage packe macht er große Augen. Anscheinend bekommt er sonst nicht so viel. Ich packe immer mehr drauf und es hört gar nicht mehr auf. Ich will, dass die Waage genau die üblichen 6 Gramm anzeigt. Immer wieder sagt er: „Das reicht auch." Doch es fehlen noch 0,3 Gramm und ich streue noch etwas drauf.

Auf dem Rückweg erzählt er mir, dass er eine Zeitlang Medikamente klein gemacht hat und als Speed in Stuttgart verkauft hat. „Die Leute haben es mir aus den Fingern gerissen", erzählt er. Er war mal ein Abzieher.

Das passt zu der Story des Ecstasy-Dealers von Noah. Er erzählte mir das Noah von den Drogen einen Schaden davongetragen hat. Sie haben ihn mal verarscht. Haben ihm Waschpulver zum ziehen gegeben. Sie sagten ihm, das wäre Speed. Er hätte es den ganzen Abend permanent durch die Nase gezogen, Gramm für Gramm.

Deshalb mag ich keine Speed oder Kokain. Das Zeug wird immer gestreckt, und ich finde es gefährlich es durch Nase zu ziehen. Trotzdem bekomme ich ab und zu auf Party was gelegt. Jedoch kaufen tue ich es generell nicht. Ganz selten mal. Und wenn ich mal Speed kaufe, dann verkaufe ich es schnell wieder. Auch Kokain will ich nicht nehmen. Ich erzähle Noah wieso: „Kokain ist eine harte Droge und viel zu teuer. Ein Gramm kostet 60 Euro. Und es macht total süchtig wie Heroin. Wenn man es einmal genommen hat, will man es sofort wieder." Trotzdem nehme ich ein paar mal Kokain. Noah kommt zum Beispiel mal mit etwas an. Oder beim Nordbahnhof lädt mich ein Nachbar auf ein Näschen ein.

Kuriositäten

Ich laufe einmal gerade nach Hause durch den Park und über die Brücke bei der Bibliothek der Uni in Stuttgart. Da erlebe ich was Kurioses, was vielleicht für die Großstadt etwas normales ist. Für mich war das schon schockierend, als einer der aus der Kleinstadt kommt. Da kommt eine Frau auf mich zu. Sie sagt: „Kannst du mir 50 Euro geben. Ich habe keine Geld mehr und habe drei Kinder. Ich habe nichts zu Essen." Doch ich glaube ihr die Geschichte nicht so recht. 50 Euro sind viel Geld. Ich sage: „Ich bin auch nur ein armer Student. So viel Geld kann ich leider nicht abgeben." Dann gehe ich weiter.

Was auch kurios war, und vielleicht auch was normales für die Großstadt, trug sich zu als ich gerade mal von meinem Dealer Michael komme. Hinter mir fährt plötzlich die Polizei ganz langsam. Ich bekomme dann große Angst. In meinem Rucksack sind 50 Gramm. Ich hänge mich an einem Passanten. Vielleicht denke die Polizisten wir gehören zusammen und halten mich nicht an. Die ganze Straße über fährt die Polizei ganz langsam hinter mir her. Dann überraschender Weise löst sich das Rätsel auf, warum die Polizei hier ist. An einem Auto lehnt ein Mann. Er liegt dort auf dem Boden. Sein Gesicht ist blutig. Die Polizei hält an und der man klagt: „Ich wurde überfallen!" Ich gehe dann weiter und komme sicher nach Hause ohne angehalten zu werden.

Ich renne durch die Ghettos ohne Angst zu haben in kriminellen Siedlungen. Lasse Leute die ich nicht kenne zu mir und verkaufe wild durch die Gegend Gras.
Was mir immer in Erinnerung herumschwirrt ist etwas was nicht so spektakulär ist, aber mich schon beeindruckte. Ich habe nämlich einmal kein Feuer mitten in der Nacht. Es ist drei Uhr Nachts und in der Woche. Ich bin ja immer lange wach und schlafe dafür auch lange. Ich gehe also raus in die City von Stuttgart. Ich wohne ja direkt in der Innenstadt. Es ist alles toten leer. Kein Mensch ist auf der Straße. Ich gehe durch die Einkaufsstraße, doch alles hat zu. Auch am Bahnhof ist kein Taxi mehr. Die riesige Stadt ist wie leergefegt. Letztendlich gehe ich in das Hotel neben den Aufzügen der U-Bahn-Haltestelle des Hauptbahnhofs. Ganz in der Nähe meiner Wohnung. Hier bekomme ich an der Rezeption ein Feuerzeug von dem Mitarbeiter.
Es war schon ein wahnsinniges Bild die schlafende Stadt zu erkunden.

Ich sehe in den Clubs immer eine Gruppe, die angeführt wird von einem Mädchen mit kurzen, roten Haaren. Sie sieht aus wie eine Lesbe. Ich finde sie ist sehr hübsch. Als ich noch in Stuttgart neu war, da ist sie mir schon immer aufgefallen. Um sie scharen sich viele Leute. Und sie dealt auch oft mit Ecstasy. Für mich war diese Gruppe ein Vorbild. Ich wollte auch so eine Drogenclique haben und der Anführer sein. Was ja auch eingetreten ist. Ich würde auch gerne Kontakt zu ihrer Gruppe haben.

Der Ecstasy-Dealer von Noah will mir eines Tages Ecstasy verkaufen. Er sagt ich soll in den Park kommen. Ich renne also wie wild durch den Park bei dem Theater. Doch ich finde ihn nicht. Immer wieder rufe ich ihn an. Er wird dann richtig patzig und erklärt mir immer wieder, wo er ist. „Wenn du mich jetzt nicht findest, müssen wir das lassen!", meckert er. Letzten Endes finde ich ihn. Das rothaarige Mädchen ist dabei.

Sie sitzen auf der Wiese. Typisch für das Mädchen sind wieder viele andere Leute bei ihr. Der Dealer sagt: „Stell dich dahinten hin!" Ich darf mich nicht dazu setzen. Das pisst mich etwas an. Doch ich befolge seinen Befehl und stelle mich circa 30 Meter weiter alleine an eine Mauer. Ich warte dort. Plötzlich stehen alle 10 Leute auf und kommen in meine Richtung. Mein Puls geht etwas hoch. Wollen die mir jetzt was tun? Der Dealer sagt aber plötzlich zu mir: „Du kannst mitkommen." Ich unterhalte mich mit dem Mädchen auf dem Weg. Wir gehen wohl zu ihr. Sie sagt, sie nimmt keine Drogen mehr. Mich verwundert das. „Warum nimmst du keine Dinger mehr?", frage ich sie. „Ich komme nicht mehr so gut darauf klar. Habe Nebenwirkungen bekommen. Gekifft habe ich noch nie so richtig", erklärt sie.

Auch erzählt sie, dass sie bei Mercedes arbeitet. Dann hat sie bestimmt eine schöne Wohnung. Zwei Typen, die bei ihr sind sehen schwul aus und fragen mich auch gleich:

„Bist du schwul?" „Nein, da kenne ich bessere Sachen",
sage ich etwas angepisst.

Bei dem rothaarigen Mädchen ist die Wohnung recht
bescheiden. Wir setzen uns auf ihr Sofa. Sie sagt es
kommt gleich einer mit Ecstasy-Pillen. Ich sage: „Ich
brauche aber für 150 Euro. Geht denn so viel?" Sie
beruhigt mich: „Ja, das geht schon."

Nach einer Zeit kommt ein Typ mit einem Rucksack, den
ich schon kenne. Es ist Manny. Ich werde den Typen
irgendwie nicht los und treffe ihn immer. Stuttgart ist
wohl kleiner als ich denke. Das rothaarige Mädchen sagt:
„Komm mit ins Nebenzimmer." Dort auf dem Bett packt
der Typ seinen Rucksack aus. Dort drinnen sind 10
riesige Tüten mit jeweils 100 Pillen. Ich habe noch nie so
viel Ecstasy auf einen Schlag gesehen. Ich habe die volle
Auswahl und bekomme den guten Preis von 3 Euro pro
Pille. Das heißt für die 150 Euro bekomme ich 50 Pillen.
Es gibt Pillen mit dem Namen Mercedes, Mitsubishi und
Viagra. Ich nehme die Ecstasy-Pillen mit dem Namen
Viagra. Sie kenne ich schon und sie sind meiner
Erfahrung nach gut. Sie sind viereckig und blau. Wegen
der blauen Farbe haben sie den Namen.

Dankbar schenke ich dem rothaarigen Mädchen eine
Pille. Das war sehr jämmerlich. Was will sie mit einer
Pille? Der Typ hat Tausend dabei. Aber anscheinend
findet sie es süß, bedankt sich und lächelt nett.

Dann sitzen wir noch auf dem Sofa bei ihr. Ich schenke
jedem dort eine Pille und packe mein Weed aus. Der Joint
geht rum und weitere Kunden kommen vorbei. Sie
rauchen auch mit. Wir reden über das Prag und ich
erzähle, dass ich heute Abend auch dort hingehe.

Ich bin voll glücklich, dass alles so gut geklappt hat.
Ich traue mich aber nicht, das rothaarige Mädchen nach
ihrer Nummer zu fragen. Auch Manny frage ich nicht
nach seiner Nummer. Die beiden sind mir auch eine

Nummer zu groß. Wenn man mit solchen Leuten viele Geschäfte macht kommt man bestimmt schnell in den Knast.

Abends gehe ich in meinen Stammclub Prag. Die beiden Typen die später zur Rothaarigen gekommen sind sind auch da. Ich lade sie ein einen Joint zu rauchen. Wir gehen raus und tauschen Nummern. Seitdem kommen sie immer zu mir und kaufen bei mir. Ich frage sie einmal, warum sie jetzt immer bei mir kaufen. Einer antwortete mir daraufhin: „Wir sind neu in der Stadt und haben sonst immer bei Leuten gekauft, wo es nicht so gut lief. Es waren Abzieher. Sie waren unkorrekt und teuer. Bei dir geht immer was und es ist mit 8 Euro viel billiger."

Ich hab so viele Kunden, es ist Wahnsinn. In der Uni fragen die Mitstudenten dann: „Hast du am Wochenende Ecstasy genommen? Du bist ja immer noch voll drauf. Deine Pupillen sind erweitert." Ich sage: „Ja, war in einem Afterhour-Club noch nach dem Club. Das ging bis 9 Uhr. Wenn man dann am Sonntag morgen noch Dinger nimmt, dann ist man Montags ja auch noch angeschlagen." Ich muss zugeben. Ich bin nach so einer Nacht immer total fertig und schlafe, den ganzen Sonntag bis abends durch.

Was auch noch an dem Abend im Prag passiert ist. Ich treffe draußen ein Mädchen aus der Kleinstadt meines Vaters. Sie wartete dort auf ihren Freund. An dieser Stelle draußen treffen sich immer Leute des Prags, um Ecstasy zu kaufen und zu verkaufen. Ich spreche sie an, weil sie dort ganz alleine steht. Es ist Zufall, dass sie aus der Kleinstadt meines Vaters kommt. Sie sagt: „Gleich geht was, ich warte noch auf den Dealer." Ich sage ihr, dass ich gar nichts brauche, sondern selber genug habe. Wir tauschen Nummern. Ich sage, dass ich sie mal dort im Dorf besuchen werde, weil ich ja oft da bei meinem Vater bin. Ihr Name ist Denise. Ein Kollege von ihr kommt vorbei und sucht dort im Gebüsch seine Ecstasy-Pillen. Auch wir tauschen die Handy-Nummern. Die Leute sind mir sympathisch. Der Kollege heißt Sascha. Er wird sogar noch, in der Zukunft, einer meiner besten Kumpels. Er kommt seitdem fast jeden Tag vorbei und kauft etwas bei mir. Wir hängen zusammen in meiner Wohnung rum und gehen jedes Wochenende zusammen weg.

Zusammen verkaufen ich und Sascha auch in den Clubs. Er hat keinen Dealer und kauft deshalb immer bei mir. Mit der Zeit erlaube ich ihm auch immer bei mir mitzurauchen. Ich habe immer einen Teller mit Mischung auf dem Glastisch. Davon kann er sich einen Bongkopf stopfen wann er will.

Denis und ihr Freund kommen mit dem Auto dann die Woche vorbei. Sie sind die ganze, weite Strecke aus dem Dorf meines Vaters her gefahren. Mit dem Auto fahren wir zu meinem Dealer. Hinten sitzt auch noch ihr kleines Baby. Eine Straße davor steige ich aus und sage, dass es etwas dauern kann. Sie brauchen 25 Gramm. Die 200 Euro, die ich verlange, sind ja eine Menge Geld. Doch ich mache ja auf einen Schlag 50 Euro Gewinn, weil ich es für 150 bekomme. Ich muss nur kurz rein gehen und es holen, so habe ich schnelles Geld gemacht. Doch ich muss immer eine Stunde beim Dealer bleiben. Er meint, es wäre zu auffällig wenn hier die Kunden immer schnell rein und raus rennen. Ich denke, es ist auch unfreundlich sofort wieder zu gehen.

Als ich so bei ihm warte und seine Bong rauche rufen die beiden ständig bei mir an. „Das Baby schreit die ganze Zeit", sagt Denise am Handy. „Ich komme gleich", meine ich. „Die haben bestimmt Angst, um ihr Geld, wenn das so lange dauert", sage ich zu Michael. „Schalt doch dein Handy aus", meint er dann knallhart.

Am Ende geht alles gut. Ich komme mit der dicken Tüte zurück und die beiden bekommen ihren Stoff. Es ist wie immer richtig gutes Hollandweed. Michael achtet auf Qualität. Ich mache Denise und ihren Freund auch mit meinem Cousin Andreas bekannt. Seitdem hängt er immer da rum, als ob er keine Freunde hat. Wenn ich bei meinem Vater bin, gehe ich auch immer bei den beiden vorbei. Wenn ich um 15 Uhr komme liegt Denise immer noch im Bett und schläft. Sie kommt immer erst später dazu.

Auch kommen sie seitdem öfter nach Stuttgart, und wir machen zusammen Party. Ich mache ihnen öfter was klar. Sie brauchen meistens etwas mehr und ich kann ihnen einen guten Preis machen.

Frauen im Club

Zu mir kommt immer ein Mädchen im Club, die sieht so gut aus. Sie ist blond, hat eine große Oberweite und ein bildhübsches Gesicht. Ihr Haare gehen ihr bis zu dem Hals.

Im Club M1 sitzt sie dann mal da und weint. Ich weiß nicht wieso, doch setze mich zu ihr und tröste sie.

Einmal kommt sie im Prag zu mir und ich bin voll drauf. Fast psychotisch bin ich total neben der Spur und voll verwirrt. Ich denke wegen ihr schauen mich alle im Club an.

Nach dem Club begleitetet sie mich und will mit zu mir nach Hause. Wir kommen aus der U-Bahn-Station beim Hauptbahnhof und biegen in den Park. Gleich kommen wir am Theater vorbei und dem Museum und da ist schon mein Zuhause.

Wie wir da so laufen sagt sie: „Wir können auch ficken!" Verpeilt wie ich bin rutscht es aus mir heraus: „So was sagen doch nur Schlampen! Sollte man sich nicht erst mal küssen?"

Sie ist wohl dann sauer: „Jetzt nicht mehr!"
Sie geht dann nach Hause, weil die nächste U-Bahn-Station nicht weit ist. Ich rufe sie am nächsten Tag an, aber erreiche sie nicht. Später schreibe ich ihr. Sie schreibt irgendwas von ihrem Bruder, der was dagegen hat, dass sie was mit jemanden anfängt.

Im Club sehe ich immer eine Chinesin, die das hübscheste Mädchen ist, das ich jemals gesehen habe. Sie ist auch immer im Prag oder anderen Clubs und ist mir schon seit längerem aufgefallen.

Als ich an einem Party-Abend Geschäfte draußen mache, nicht weit vom Prag entfernt, ist sie auch dort mit einem Typen. Der Typ umarmt sie und lässt sie nicht mehr los. Ich habe die beiden noch nie zusammmen gesehen. Sie muss ihn heute erst kennengelernt haben. Er ist sehr aufdringlich. Er will sie küssen, doch sie sagt: „Ich will noch nicht küssen, das ist was Intimes. Ich küsse nicht sofort!" Doch er lässt nicht locker. Sollte ich mich einmischen? Ich lasse sie, weil ich sie noch nicht so gut kenne.

Ich laufe einmal tagsüber mit Sebastian am Prag vorbei. Wir gehen zu Jonas und Mike. Auf dem Weg kommt man beim Prag vorbei. Es ist noch zu der Zeit, als ich bei Paul beim Nordbahnhof wohnte. Dort war alles in meiner Nähe. Das Prag, das Haus von Jonas, sowie der Park oder ein Basketballfeld. Basketball spielen gehen wir ja auch immer. Jedenfalls Noah, ich und Sebastian.

Mir kommt das hübsche, chinesische Mädchen mit einem Typen entgegen. Ich sage als sie gerade an uns vorbei ist ganz laut: „Die ist zu hübsch für die Welt!" Sebastian schaut ängstlich zurück. Dann lacht er und sagt: „Gute Strategie, das so laut zu sagen!" „Wiso?", wundere ich mich. „Sie hat das gehört und zurück geschaut", meint er.

Am Wochenende im Club Prag ist sie wie immer auch da. Sie kommt zu mir und spricht mich an: „Du willst bestimmt meine Nummer haben?", meint sie offensiv. Ich bin überglücklich. Wir unterhalten uns und ich gebe ihr einen Drink aus. Wir schreiben jetzt manchmal. Sie schreibt meisten in welchen Clubs sie geht. Es sind sehr ausgefallene Clubs, die ich gar nicht kenne, bei der Fülle an Clubs, die es in Stuttgart gibt. Ihr Name ist Mia.

An einem anderen Abend ist sie auch wieder im Prag mit ihrer Freundin. Plötzlich geht es ihr nicht gut. Wir setzen uns in den Nebenraum, neben der Tanzfläche, wo auch der Kickertisch ist.

Sie meint irgendwer hat ihr was in den Drink getan. Vielleicht sogar LSD oder Ecstasy. Sie nimmt ja keine Drogen, und wenn man das nicht will kann man einen Horrortrip haben. Wie sie gerade. Ich bleibe den ganzen Abend neben ihr sitzen. Am Ende des Abends lässt sie sich abholen. Ein Typ kommt vorbei, wahrscheinlich ein Freund von ihr. Draußen umarmt sie ihn freundschaftlich. Als ob eine Last von ihr fällt.

Ihre Freundin, die auch an dem Abend da war, ist auch sehr hübsch. Mia schreibt mir dann: „Meine Freundin will dich gerne kennenlernen, weil sie mitbekommen hat, wie du dich so gut um mich gekümmert hast."

„Ich will doch nur dich!", schreibe ich zurück.

Ich treffe mich trotzdem mit ihrer Freundin. Wir gehen in eine Bar, dann ins Kino und zuletzt in einen Club. Am Ende sagt sie, dass ich mit zu ihr kommen kann. Doch irgendwie will ich nicht. Ich weiß auch nicht wieso. Vielleicht weil ich Mia will.

Seitdem reden wir immer wenn wir uns Club sehen. Die beiden sind richtige Fans von mir geworden.

Noah und die Nutten

Ich lerne ein bildhübsches Mädchen im Studium kennen.

153

Sie ist blond und sieht echt heftig gut aus. Wir gehen zusammen weg ins Prag. „Bitte bagger das Mädchen nicht an. Ich mag die", bitte ich Noah. Der ja alles ficken will, was nicht bei drei auf dem Baum ist.

Im Prag warte ich auf sie und Noah. Ich sitze alleine im Hof auf einer der Bänke. Ein Typ, kommt zu mir und fragt, ob ich Ecstasy habe. „Natürlich!", sage ich. Er bekommt seine Pillen. Dann sagt er: „Ich wusste das du was hast. Die Netten und Harmlosen sind meistens die Schlimmsten"

Dann kommen das Mädchen und Noah. Wir sitzen auf einer anderen Bank weiter links. Der Typ kommt zu uns und legt seinen Geldbeutel auf den Tisch. Ich registriere das aber nicht so richtig. Wir unterhalten uns. Plötzlich ist er weg und die Ecstasy-Pille, die ich genommen hab knallt voll heftig bei mir rein. „Wem gehört der Geldbeutel?", frage ich das Mädchen. Sie sitzt neben mir und weiß es nicht. Ich frage ein paar Typen, die weiter links am Tisch sitzen. Ein sagt: „Ja, das ist meiner." Er grinst dabei verdächtig. Ich gebe ihm, den Geldbeutel. Ein paar Minuten später wird mir klar, dass der Typ von vorhin doch seinen Geldbeutel auf den Tisch gelegt hatte. „Gehörte der Geldbeutel nicht dem Typen von gerade eben?", meine ich zu dem Mädchen. Sie wird sauer und brüllt zu dem, der den Geldbeutel genommen hat: „Hey, das ist nicht deiner! Gib den wieder!" Doch er will nicht. Ich will in dem Moment auch keinen Stress und bin zurzeit so wieso viel zu heftig geflasht von der Ecstasy-Pille. Deshalb mische ich mich nicht ein.

Das Mädchen ist mit ihrem Kumpel da. Wir gehen nach dem Prag um 6 Uhr morgens zu mir Afterhour machen. Noah ist auch dabei. Der Kumpel von ihr erzählt, er macht elektronische Musik und veröffentlicht diese auch auf Portalen im Internet. „Normalerweise halten DJs, das ja immer geheim", meint er. Ich sage, dass ich auch gerne am PC Beats und elektronische Musik bastele. Weiterhin erzählt er, dass er noch nie Sex hatte, obwohl er so alt ist wie ich. Das schockiert mich. Ich glaube er ist insgeheim in das Mädchen verliebt.

Bei mir im Esszimmer der WG von Paul und mir mache ich voll viel Essen. Ich backe Brezel und Croissants auf. Doch keiner isst was. Ich sowieso nicht, weil man wenn man drauf ist keinen Hunger hat.

So um 8 Uhr morgens gehen wir in den Park. Dort auf einer Decke, schlafen wir alle ein.

Ich werde von einem Schrei geweckt. „Lass mich!", schreit das Mädchen. Noah hatte sie betatscht und belästigt. Sie wollte das nicht. Ich bin dann auch richtig sauer auf ihn. Hatte ihm das doch extra gesagt, dass er das lassen sollte.

Sie erzählt mir dann in der Uni noch, dass Noah sie über ICQ angeschrieben hat. Sie findet es scheiße. Sie will nichts von ihm und er belästigt sie.

Ich sehe sie dann noch einmal im Prag. Sie sitzt als ich frische Luft schnappen will auf der Treppe. Ganz alleine. Ich traue mich irgendwie nicht zu ihr zu gehen.

Noah wird immer verrückter. Wir sind am Wochenende abends in der Stadt unterwegs. Mike und Jonas sind auch dabei. Plötzlich sagt Noah: „Ich will rennen." „Was?", meine ich, weil ich es nicht richtig verstehe. „Ja, lass uns rennen", wiederholt er sich. „Hier sind überall Leute", sage ich abweisend. Die Stadt ist voll von Menschen. Doch er lässt nicht locker. Und dann rennt er los. Und wir hinterher. Quer durch die Leute.

Ein paar Wochen später kommt Noah in die Psychiatrie. Ich sehe seinen Kollegen in der U-Bahn. Der der mal zu der Uni-Party gefahren ist und Psychologie studiert. „Was machen die mit Noah. Warum ist er in der Psychiatrie? Er hat doch gar nichts", meine ich. Er ist sauer: „Noah ist absolut schizophren durch die Drogen geworden. Er ist mit Recht da!" Aus dem Gespräch hört man auch raus, das er was gegen Drogen hat.

Was mir auch noch in Erinnerung geblieben ist, war auch noch am Nordbahnhof, wo ich noch bei Paul wohnte. Ich komme von Jonas und habe meinen Basketball noch in der Hand. Noah hat mich angerufen. Er braucht Ecstasy. Noah ist zur Zeit ziemlich verrückt geworden. Er sagt, er ist Polytoxikomane. Er nimmt sogar unter der Woche Ecstasy. Ich könnte das nicht. Zuhause chillen und Ecstasy nehmen ist nicht mein Ding. Ich muss mich dann immer bewegen und tanzen. Einmal sagt er, dass er krank war, weil er vier Ecstasy-Pillen auf einmal genommen hat. Er meinte dann: „In Ecstasy ist auch oft Rattengift. Das hat auch eine berauschende Wirkung. Ich hab dann durch die Pillen ein Gramm Rattengift in mir gehabt. Das war ein Überdosis. Ich war krank. Als ob ich eine starke Grippe hatte."

Auch geht er zur Zeit immer zu einem Platz, wo Junkies und Penner abhängen. Ich finde das ziemlich Gefährlich, obwohl ich ja eigentlich auch vor nichts Angst habe. Er hat zu wenig Geld, um seine Süchte und Partys zu finanzieren. Dort am Platz macht er Geschäfte mit den Junkies. Er geht mit der Kreditkarte seiner Mutter zur Tankstelle und kauft Stangen von Zigaretten. Die tauscht er gegen Drogen ein.

Als ich mit dem Basketball von Jonas den Gehweg zu meiner Wohnung am Nordbahnhof laufe, kommt er mir mit zwei Frauen entgegen. Ich hatte mit Jonas ein paar Körbe geworfen. Kurz vorher hat er angerufen und ich habe ihm gesagt, dass er mir entgegenlaufen kann. Die zwei Frauen sind schon etwas älter. So um die 30 oder Richtung 40. Die Haut der Frauen glänzt. Wahrscheinlich von einer Creme. Und von dem Klamottenstil zu urteilen sind sie Prostituierte. Sie wollen Ecstasy. „Sie können dir auch einen dafür blasen", meint Noah und grinst. „Nein,

brauche das Geld", erwidere ich. Die Frauen wollen 4
Pillen. Sie wollen noch den Preis runter handeln, aber ich
lasse nicht mit mir reden. „Ich bin auch nur ein armer
Student und brauche das Geld", meine ich abweisend.
Sie willigen ein und geben mir das Geld.
Noah wird dann am Drogenplatz zusammen geschlagen.
Er ruft mich an. Er ist schon wieder in der Psychiatrie,
dort war er vor kurzem schon mal. Ich soll ihm dort Gras
vorbeibringen. „Werde ich dort nicht durchsucht?", meine
ich. „Nein, das geht", sagt er beruhigend. Ich mache mich
auf den Weg. Die Psychiatrie ist nah der Innenstadt.
Unten an der Rezeption frage ich, ob ich richtig bin. Es
ist ein klassizistisches Gebäude. Linkst geht eine große
Wendeltreppe hoch. Rechts ist ein Saal. Ich frage noch,
wo die Toilette ist. Ich muss durch den Saal. Der Saal hat
irgendwas heiliges oder so. Ich komme mir hier vor als
hätte ich ein Déjà-vu. Auf der Toilette stecke ich zur
Sicherheit das Tütchen mit Gras in meine Socke.
Dann gehe ich die breite Wendeltreppe ganz nach oben.
Die Schwestern wissen angeblich, was abgeht. Ich klingel
an der Tür zur Station. Das erste was die Schwester zu
mir sagt ist: „Aber keine Drogen reinbringen!" Ich gehe
auf das Zimmer von Noah. „Wie siehst du den aus?",
frage ich geschockt. Er antwortet: „Ich wurde am Platz
überfallen. 30 Schläge ins Gesicht habe ich bekommen.
Ein dickes Mädchen ist mit ihm im Zimmer. Dort will er
schnell das Gras haben. Schon 2 Minuten nachdem ich
im Zimmer bin kommt eine Pflegekraft rein und schaut
nach dem rechten. Zum Glück hab ich ihm das Gras
schon gegeben. Er umarmt später das dicke Mädchen.
Anscheinend hatte er schon was mit ihr. Ich mache ein
Foto davon.
Dann musste er zum Essen und ich gehe.

Umzug zum Marienplatz

Ich muss dann aus der Wohnung in der Innenstadt raus.
Mein Vater hilft wieder nicht, beim Umzug. Er ist selber
beschäftigt. Ich fahre zu ihm und seine Wohnung ist fast
komplett leer. Was ist los? Er erzählt, dass er nach
Spanien auswandert. Warum gerade jetzt, wo ich
hergezogen bin? Er sollte mir doch hier helfen. Er lässt
mich einfach im Stich.
Der Umzug zum Marienplatz ist wieder mal sehr
problematisch. Meine Kunden wollen nicht helfen. Sie
wollen einfach ihr Dope und dann schnell wieder los.
Doch ich gebe ihnen erst das Zeug, wenn sie geholfen
haben. Ein Mitstudent kommt zum Marienplatz und will
die ganze Zeit schnell wieder gehen. Ich kann mit dem
Transporter nicht direkt am Haus parken. Es ist dort ein
Hof und beim Eingang eine Treppe. Alles die Treppe
hoch zu transportieren ist schwierig. Also parke ich vor
dem Eingang zum Hof. Wir befördern die Sachen durch
die Fenster des Zimmers in die Wohnung.
Die Wohnung ist im Keller eines Einfamilienhauses. Es
ist keine Küche drinnen. Deshalb sind es sozusagen zwei
Zimmer. Die Vermieterin hat mich sofort genommen. Bei
dem Bewerbungsgespräch sagte sie, dass sie immer viele
Bewerber haben. Ich meinte beim Gespräch, dass ich
Student bin und nur mal zur Ruhe kommen will, in einer
schönen Wohnung. Weiterhin machte sie eine Andeutung,
dass die Wohnung extra so teuer ist, dass Arbeitslose sich
die Wohnung nicht leisten können. Solche wollte sie
wohl nicht in der Wohnung haben. Wir trafen uns zu dem
Bewerbungsgespräch in einem Haus, das auch am Hof
liegt. Beim Gespräch war auch ihre Mutter dabei. Sie
wohnt hier wohl in dem zweiten Haus der Familie.
Als ich mich dort eingerichtet habe, musste ich noch eine

Waschmaschine haben. Dachte meine Großeltern oder mein Vater helfen mir dabei. Sie sagen aber immer nur den gleichen Satz: „Du musst lernen alleine klar zu kommen." Ich fahre deshalb in ein großes Geschäft mit gebrauchten Sachen. Hier kaufe ich mir eine Waschmaschine, die mir geliefert wird. Wir müssen sie die ganze, lange Treppe hoch zum Haus tragen.

Nach ein paar Wochen stehen plötzlich vier Mülltonnen direkt vor meinem Fenster des Wohnzimmers. Die Mülltonnen stehen circa eineinhalb Meter vom Fenster entfernt. Kein toller Ausblick. Immer gehen da Leute hin und machen Lärm. Ich kann gar nicht richtig meine Bong kiffen und das Fenster auf haben, oder meine Geschäfte machen. Wenn ich das Fenster auf kipp habe, bekommen die draußen mit was ich hier treibe. Auch stinkt es bestimmt nach Gras vor dem Fenster, wo die Mülltonnen stehen. Es ist gefährlich. Was noch dazu kommt ist, dass immer Kinder im Hof Fußball spielen. Sie schießen gegen die Garagen. Das ist ist immer total laut. Und auch sie und deren Eltern bekommen meine Dealer-Aktivitäten mit.

Ich gehe dann wieder zum Mieterschutzbund. Die schreiben einen Brief an die Vermieterin. Doch die scheißen einfach drauf. Auch stelle ich die Mülltonnen im Hof an eine andere Stelle. Am nächsten Tag stehen die Mülltonnen aber wieder vor meinem Fenster.

Wie im Film

Die Abfucker wollen was haben. Als ich am Handy sage, dass wir uns am Marienplatz draußen treffen, ist der Junge sehr verwundert.

Ich habe mir vorgenommen, dass dies das letzte mal ist, dass ich mich mit den Typen treffe. Es sind Abzieher, das kann auf Dauer nicht gut werden. Irgendwann ziehen die mich ab. Ich hab Angst, dass sie mit mehreren in meine Wohnung kommen und mir mein ganzes Weed wegnehmen.

Als ich mich also mit dem Abzieher treffe, ist ein kleiner Chinese dabei. Er hat Handschuhe an. Das verwundert mich. Normalerweise wollen Leute, die Handschuhe haben sich ja schlagen. Damit man die Wunden an der Hand nicht sieht, haben sie Handschuhe an. Das ist dann sicherer vor der Polizei. Doch ich realisiere das in dem Moment noch gar nicht.

Ich will das Geld haben, aber sie sagen sie möchten das Gras erst abwiegen. Dazu gehen wir zu einem kleinen Platz ein Stück weiter. Mittlerweile kommt es mir komisch vor. Ich rede mit denen, dass es doch immer korrekt bei mir ist. Doch sie wollen das Päckchen für 25 Euro unbedingt abwiegen. Dazu haben sie eine kleine Digitalwaage mitgebracht. Auf dem Platz, sage ich: „Ok, jetzt möchte ich das Geld haben." Plötzlich sagt der Chinese: „Nein!" Dann realisiere ich was hier abgeht. Ich will ihm das kleine Tütchen mit den 3 Gramm aus der Hand nehmen. Doch er hält es fest in der Hand. Ich bin viel stärker als die beiden kleinen Typen und werfe den Chinesen auf den Boden. Die Digitalwaage fällt auf den Boden. Der Abzieher bekommt schiss, dass sie kaputt geht. Er sagt dann: „Ok, ok, wir reden kurz da vorn miteinander, dann bekommst du dein Geld." Sie stellen sich circa 10 Meter von mir entfernt hin und reden leise miteinander. Wir es jetzt eine Schlägerei geben? Ich bin zwar stärker als die Zwei, aber sie sind in der Überzahl. Dann sehe ich wie sie beide weg rennen. Ich bleibe verwundert stehen und schaue ihnen nach. Es kommt mir vor wie im Film.

Denise

Denise aus der kleinen Heimatstadt von meinem Vater
ruft an. Sie ist im Krankenhaus, ganz in meiner Nähe. Ich
soll sie da besuchen. Als ich hingehe finde ich erst keinen
Eingang. Es ist 21 Uhr und alles ist dort tot. Als ich eine
Tür weiter hinten finde, laufe ich durch das Krankenhaus.
Es ist keine Menschenseele hier. Alles ist ruhig und
dunkel. Sie ruft mich dann zum Glück an. Ich gehe
zurück zum Eingang, wo sie mich abholt. Wir gehen in
den großen Saal des Krankenhauses. Dort rauchen wir
einen Joint. Voll auffällig. Leider kann ich ihr nichts
verkaufen, weil ich gerade nichts mehr da habe.
Es ist aber sehr romantisch dort mit ihr zu sitzen.
Ich mache dann öfter was mit Denise und ihrem Freund.
Sie kommen nach Stuttgart und wir machen Party.
Andreas ist auch dabei. Er hat ja das Pärchen, durch mich
kennengelernt. Jetzt hängt er da immer ab. Ich tanze im
M1 mit Andreas. Er kann überhaupt nicht gut tanzen. Am
Ende fahre ich noch bei denen mit dem Auto mit. Ihr
Freund fährt die lange Strecke zu der Heimatstadt von
meinem Vater. Ich falle bei denen nach ein paar
Bongköpfen todmüde auf die Schlafgelegenheit, die
neben deren Sofa ist.
Denise und ihr Freund meinen, sie kennen meinen
Dealer. Ich bin so blöd und nehme sie mal mit. Zuerst
hatte ich ihn natürlich gefragt. Er will ja strikt nicht, dass
ich jemanden mitbringe. Er hat genügend Kunden. Als
ich mit Denise und ihrem Freund bei ihm ankomme, sagt
er: „Ich kenne die nicht!" Voll bescheuert, dass ich sie
mitgenommen haben. Aber wenn man so stark auf Droge
ist, handelt man nicht mehr rational.
Sie meldet sich ein paar Wochen später bei mir, weil sie
Streit mit ihrem Freund hat. Sie will was haben. Beim

Marienplatz treffen wir uns. Als ich sie sehe lasse ich das Tütchen mit den 3 Gramm in ihre Tasche fallen. Doch plötzlich sagt sie, dass sie keine Geld hat und den Stoff auf Pump haben will. Ich bin sauer und würde gerne den Stoff wieder zurück. Ich mache doch nichts mehr auf Combi. Ich hasse das wenn die Leute kein Geld haben und trotzdem was von mir haben wollen. Sie hat gar nicht gemerkt, dass ich das Tütchen in ihre Handtasche fallen lassen habe. Als ich es ihr sage ist sie sehr verwundert. Ich bekomme leider niemals das Geld von ihr wieder.

Sascha

Sascha kommt zur Zeit jeden Tag vorbei. Wir machen jedes Wochenende Party. Er bekommt immer Gras von mir. Irgendwann fragt er, ob er bei mir schlafen kann. Er hat keine Wohnung mehr. Sein WG-Partner hat ihn rausgeschmissen. Ich willige ein, doch hab keine gute Gelegenheit für ihn zum schlafen. Wir legen ein paar Decken übereinander, so dass er auf dem Boden schläft. Ich besorge ihm eine Wohnung. Mein Plan ist, dass er dort in dem Haus für Bedürftige ein Zimmer bekommt. Das alte Zimmer von Michael meinem Dealer müsste frei sein. Ich gehe mit Sascha zu dem Haus und zeige es ihm. Er geht dann rein, zu dem Büro im Haus, und fragt den Betreuer, ob er hier einziehen könnte. Es klappt. Das Zimmer ist sehr klein. Sascha hat nur ein Bett und einen Stuhl, sowie einen Fernseher-Tisch mit dem Röhrenfernseher.
Ein paar Wochen später ruft er mich an. Er ist verzweifelt, denn die Polizei hat ihn mitgenommen. Er ist im Gefängnis und fragt, ob ich ihm Geld schicken kann, damit er raus kommt. Ich sage, dass ich kein Geld habe. Ein paar hundert Euro wollte er haben.

Doch alles halb so wild. Ein paar Tage später schickt ihm eine alte Freundin von ihm was. Er kommt dann ganz schnell wieder raus und steht bei mir vor der Tür.

Er würde gerne Speed haben. Ich erzähle ihm davon, dass mein Dealer noch 30 Gramm Speed hat, was er die ganze Zeit bei mir los werden will. Ich soll das unbedingt kaufen. Aber hatte ewig lange keinen Käufer dafür. Sascha kommt dann mit und wartet ein paar Straßen vor dem Haus von Michael. Ein Kollege von Michael kommt mit der großen Tüte raus. Wir gehen ein Stück in eine Siedlung mit Häusern. Bei einem Carport checkt Sascha, die Tüte mit Speed. Er macht sie auf und riecht daran. Dann gibt er dem Typen das Geld. Zum Glück wollte Michael nicht, dass ich Sascha mit rein nehme. Ich brauche ihn als Kunden und er hat mich ja auch noch nie mit zu einem Dealer genommen.

Bei Sascha zuhause gebe ich ihm Tütchen. Die kaufe ich ja immer im Laden für Kifferzubehör. Er packt ein Gramm in jedes Tütchen.

Ein paar Tage später kommt Sascha zu mir und erzählt: „Ich war dieses Wochenende Party machen. War so dumm, dass ich noch ein Speed-Tütchen in der Tasche hatte. Die Türsteher von einem Club hat es gefunden. Die haben mich dann festgehalten und die Polizei gerufen. Ich musste da voll lang warten. Dachte die ganz Zeit, dass ich abhauen sollte. Dann kam die Polizei und nahm mich mit. Die haben auch mit einer Taschenlampe in meinen Arsch geschaut. Als ich die Hose runter gezogen hatte, hat mich der Polizist voll verblüfft angeschaut. Ich hatte ja in der Unterhose ein paar Tütchen. Eines klebte noch an meinem Sack."

Lisa

Henrik ruft mich an. Sein Bruder kommt ja immer vorbei und ich verkaufe ihm immer 25 Gramm. Ich bekomme es ja für 150 Euro und er dann für 200 von mir. So habe ich in kürzester Zeit 50 Euro Gewinn gemacht. Es sind mehrere Leute unter meinen Kunden, die immer ne größere Menge brauchen. Der Preis von 200 Euro ist für die aber auch gut. So bekommen sie das Weed für genau 8 Euro. Also etwas billiger als sonst.

Als Henrik anruft meint er eine Freundin von ihm will was haben. Ich treffe mich mit ihr am Marienplatz genau dort wo die Treppe zur U-Bahn-Haltestelle ist. Sie hat einen Kumpel dabei. Ich laufe mit beiden zu mir. „Ich lass normalerweise keine Fremden zu mir", sage ich. Als ich dann sage, dass nur sie mit zu mir kommen kann, wird der Typ sauer. Ich lasse mich dann überreden und beide können zu mir. Sie sagt, dass sie normalerweise auch dealt, aber zu Zeit hat sie nichts bekommen.

Wir werden alle gute Freunde. Wenn ich nichts habe fahr ich die weite Strecke nach Cannstatt zu ihr und bekomme was von ihr. Wir machen auch viel Party zusammen. Freundinnen von ihr sind dann auch immer dabei. Genau wie ihr Kumpel, der auch zusammen mit ihr dealt. Er ist auch Student und ich treffe ihn dann sogar mal in der Uni im Café. Er hat eine Glatze und eine Brille auf und sieht sehr unattraktiv aus. Denn sein Gesicht zieren viele Pickel. Das Mädchen heißt Lisa und hat lange Haare. Ihr Freund heißt Torsten. Sie sieht echt ganz hübsch aus, aber ist auf einer Skala von 1 bis 10, eher nur eine 8. Dies wegen ihrer großen Nase. Sie erzählt, dass ihre beiden Eltern blind sind und sie sich immer viel um die kümmern musste. Wenn ich zu ihr gehe wirft sie immer den Schlüsselbund aus dem Fenster runter, weil das Tor bei ihrer Wohnung meistens geschlossen ist. Auch erzählt sie, dass sie mal in der Psychiatrie war. Dies während des Abis. Ihre Lehrer haben sie wohl eingewiesen, weil sie

wohl sehr neben der Spur war.
Pilze

Sebastian kommt wie immer vorbei. Fast jeden zweiten Tag ist er bei mir. Wir gehen dann auch ab und zu ein paar Basketball-Körbe werfen. Diesmal hat er einen Haufen Pilze dabei. Durch Glück hat er einen Dealer im Zug getroffen, der sie dabei hatten. Circa 50 Gramm Pilze hat der Dealer dabei gehabt. Ich tausche mit Sebastian etwas Weed gegen 5 Gramm Pilze. Abends gehe ich zu Lisa. Ich erzähle, dass ich Pilze habe. Wir gehen zu Torstens Wohnung. Dann hängen wir den ganzen Abend bei Torsten herum und nehmen die Pilze. Ich hab ihr ein Gramm geschenkt. Für Torsten hatte ich keine mit. Er war wohl eingeschnappt, aber das war mir egal. Lisa war so nett und gab ihm was ab. Etwas schiss hatte ich schon. „Man kann ja bei Pilzen auch einen Horror-Flash haben, oder hängenbleiben. Hab von Halluzinationen gehört, die Leute auf Pilzen hatten. Zum Beispiel dachten sie der Raum verkleinert sich und erdrückt sie. Andere berichteten mir von einem LSD-Flash bei dem sie plötzlich mit Mickey Mouse redeten. Und das in der Sprache von Donald", erzählte ich. Ich erinnere mich noch gut an die Story von Mike, dem Mitbewohner von Jonas. Ich erzähle: „Mir erzählte mal ein Kollege er war auf LSD. Dies auf einem Festival. Irgendwie ist er im Zug aufgewacht und wusste nicht wie er dahin gekommen ist. Er stieg aus und war immer noch voll auf LSD. Und ihr wisst ja, dass LSD so ähnlich ist wie Pilze. Ein Halluzinogen. Er ging dann völlig weggetreten immer die Bahngleise entlang. Wie ein Zombie. Die ganze Zeit ging er immer die Bahngleise entlang. So erzählte er es mir. Doch zum Glück kam dann ein Typ an und riss ihn da dann weg. Der Typ schrie ihn an was das soll, und ob er verrückt sei. Mein Kollege hat

auf jeden Fall viel Glück gehabt, dass kein Zug kam."
Auch erzähle ich: „Es gibt auch Leute, die sind auf Pilzen aus dem Fenster gesprungen. Deshalb ist es wichtig, dass man Pilze mit den richtigen Leuten nimmt. Sonst kann es zum Beispiel sein, dass die sogenannten Freunde einem erzählen, dass das Fenster die Tür ist."
Im laufe des Abends reden wir viel. Lisa surfte dabei am Computer von Torsten. Natürlich kiffen wir auch die ganze Zeit, wie immer. Und wir witzelten herum und lachen ausgiebig. Irgendwas war dann so witzig, dass wir nicht mehr aufhörten zu lachen. Wir lachten die ganze Zeit. So lange hab ich noch nie gelacht. Es war dann schon krank. Mir tat die Brust fast weh vom lachen und ich hatte Angst keine Luft mehr zu bekommen.
Bestimmt 15 Minuten am Stück lachten wir. Es hörte nicht mehr auf. Es tränten mir die Augen und wir steckten uns immer wieder erneut an weiter zu lachen. Weil die anderen lachten, musste ich auch weiter lachen. Kam das von den Pilzen?
Ich schlief dann bei Torsten. Doch so richtig gut schlafen konnte ich nicht. Lisa und Torsten schliefen auf dem Sofa. Komisch, dass ich ihnen so sympathisch war. Lisa und Torsten hatten viele Kunden, doch mit mir hingen sie gerne ab.
Das gleiche machte ich mit dem Pärchen Tim und Martina, die ja immer bei mir kaufen. Ich wollte sie mal besuchen. Weil sie ja normalerweise immer zu mir kommen. Sie sind meine Stammkunden und kommen auch so oft wie Sebastian vorbei. Fast jeden zweiten Tag sind sie bei mir und nehmen meistens zwei Päckchen für 50 Euro mit. Ich bringe ihnen Weed und Pilze vorbei. Es kommen später noch Bekannte von denen vorbei. Wir kiffen die ganze Nacht durch. Die Pilze bringen nicht sehr viel, da es viel zu wenige sind. Gerade mal ein halbes Gramm für jeden von uns. Als wir am nächsten

Tag nichts mehr zu Rauchen haben, fahren wir mit den Bekannten sogar noch in das kleine Dorf von meinem Vater. Die Bekannten fahren uns mit ihrem Auto dort hin. Dort holen wir voll teures Hasch von dem Dealer von Denise und ihrem Freund. Als Tim und Martina Tage später zu mir kommen sind sie nicht so gut gelaunt: „Unsere Bekannten wurden voll sauer und wollten von uns voll viel Spritgeld haben. Die können uns mal! Die wollten schließlich auch was haben und haben ja auch was bekommen!"

Elektroschock

Ich bin bei meinem Dealer Michael. Es läuft sehr gut bei ihm. Er hat immer volles Haus und viele kaufen bei ihm. Das kommt wahrscheinlich auch davon, weil ich immer so viel bei ihm kaufe. So macht er viel Gewinn. Es war noch zu der Zeit, als er ja in genau so einem Haus, wie das von Jonas wohnte. Das Haus für Bedürftige und Obdachlose Jugendliche. Nur in einem anderen Stadtteil nah der Innenstadt. Dort hatte er ja sein kleines Zimmer bevor er umgezogen ist. Später ist da ja Sascha eingezogen. Ich und ein paar anderen saßen dort herum und schlugen die Zeit tot. Alle mussten ja immer eine Stunde bei ihm bleiben, weil es sonst zu auffällig war, wenn alle dort immer rein und raus rennen.
Michael sagt zu mir: „Gestern sind wir übereinander hergefallen."
Ich verstehe das nicht so ganz und schaue ihn verdutzt an. Er holt einen kleinen, viereckigen, schwarzen Gegenstand hervor. Zwei Kontakte hat das Gerät an einer Seite. Und es gibt einen Knopf zum Einschalten.
„Ein Elektroschocker. Willst du den auch mal ausprobieren." Ich verstehe wieder nicht was er von mir

will. „Soll ich jetzt jemanden einen Elektroschock verpassen?" „Nein, ich versetze dir eine Schock." Ich lehne ab: „Nein danke, dann falle ich bestimmt in Ohnmacht oder bekomme Herzrhythmusstörungen." Doch er lässt nicht locker: „Das ist nicht so schlimm. Wir haben es gestern auch die ganze Zeit gemacht." Ich wollte kein Weichei sein und sage schlussendlich zu. „Wo möchtest du ihn haben?", fragte Michael. Ich überlegte und antwortete dann: „Auf die Hand." Ich streckte meine Hand vor und er drückte das Gerät drauf. Sofort zog ich die Hand reflexartig weg, als der Schlag mich dort traf. „Ah, das tut weh!", schrie ich kurz. „Boah, das ist ja heftig", meine ich geschockt. „Stehen mir jetzt die Haare zu berge?"
Ich schaue meine Hand an und sehe dort zwei rote Stellen von den Kontakten. Sie sehen aus wie kleine Verbrennungen.
Ich bin während der Semesterferien wieder in der Heimatstadt. Bei Sören und Doris sind einige von ihren Kunden. Ich erzähle allen davon und die finden das total witzig.

Streit mit den Nachbarn

Vor meinem Fenster im Marienplatz stehen vier Mülltonnen. Nachdem ich eingezogen bin, hat die Vermieterin die dahin gestellt. Ich fragte sie, ob sie die nicht woanders hinstellen könnte, doch sie macht es irgendwie extra nicht. Wenn jetzt mein Fenster auf Kipp ist, können die Nachbarn meine Gespräche mithören. Ich denke sie will mich belauschen. Auch der Gras-Geruch strömt ja nach draußen und die riechen was hier abgeht. Die hören bestimmt auch meine Bong blubbern. Ich fühle mich beobachtet. Die machen das doch extra mit den

Mülltonnen.

Ich gehe sogar wieder zum Mieterschutzbund, bei dem ich ja schon wegen Paul war. Die schreiben, den Vermietern einen Brief mit der Bitte, doch die Mülltonnen wegzustellen. Doch die wollen unbedingt, die Mülltonnen da stehen lassen. Im Hof, vor dem Haus ist doch genug platz. Dort sind vier Garagen, ein Blumenbeet und das Haus ihrer alten Mutter. Doch die Vermieterin will mich wohl überwachen. Und letztendlich bei den Bullen anscheißen.

Ich komme mir belauscht und beobachtet vor. Die lassen die Mülltonnen extra da stehen. Einmal erwischte ich die Nachbarin, wie sie neben meinem Fenster stehen bleibt. Dies um mitzukriegen, was wir in meiner Wohnung reden. Ich strecke den Kopf aus dem Fenster und sage: „Aha!"

Kinder

Wenn ich in meiner kleinen Ein-Zimmer-Wohnung aus dem Fenster schaue sehe ich vier Mülltonnen. Dahinter sind 4 Garagen. An der Garage, die nah an meiner Wohnung ist, spielen in letzter Zeit immer Kinder Fußball dagegen. Sie schießen auf das Garagentor. Das ist laut und stört mich. Ich öffne das Fenster und sage zu den Kindern, dass sie zum Spielplatz in der Nähe gehen sollen. „Das ist mir zu laut!", erkläre ich denen. „Mein Papa hat gesagt, wir dürfen nur gegen diese Garage spielen", erwidert ein Kind. Der Vater von denen ist ein ziemlich bulliger Mann, der auf der Seite der Vermieterin steht. Er scheint ein Freund von ihr zu sein.

Ich ermahne die Kinder noch öfter, aber jetzt steht der Vater immer bei denen links vom Fenster, so dass ich ihn nicht sehen kann. Er beobachtet das Geschehen. So dass

169

die Kinder auch schön laut sind, um mich zu stören. Einmal als der Vater nicht da ist, öffne ich das Fenster und lasse Rap für Erwachsene nach draußen schallen. Die Gangster-Hip-Hopper brüllen laut ihre versauten Texte über Drogen, Gangbang und andere schlimme Sachen. „Geht besser zum Spielplatz, die Musik ist nicht für Kinder geeignet", sage ich zu den Kindern. Mir kam es dann vor, als ob etwas später der Vater die Polizei gerufen hat. Links vom Fenster war einiges los, aber ich konnte es vom Fenster aus nicht sehen. Die stellen sich immer so hin, dass ich schon den Kopf aus dem Fenster strecken muss, um was zu sehen.

Die Mutter der Vermieterin macht auch immer gerne Gartenarbeit im Beet vor meiner Wohnung. Die alte Dame wühlt dazu direkt neben den Mülltonnen in einem Beet. Machen die das alles mit Absicht? Extra, um mich zu belauschen? Ich lege das wieder so aus, dass sie mich extra reizen wollen. Die haben herausbekommen, dass ich kiffe und deale und wollen Informationen sammeln, die sie gegen mich verwenden können. Kiffer wurden zu der Zeit ja immer schlecht behandelt. Das habe ich ja auch schon in der Schule erlebt. Dort wusste eine Klassenlehrerin anhand meiner langen Haare und meinem Klamottenstil, dass ich kiffe. Mit meiner schwarzen Lederjacke, sah ich einfach aus wie ein Kiffer. Sie hat mich extrem schlecht behandelt und hat mir schlechte Noten gegeben. Das war auch das Jahr in dem ich von meinen Ex-Kumpels und Klassenkameraden immer gemobbt wurde. Es war ein schlimmes Jahr. Kiffer werden gejagt und diskriminiert. In einem Land in dem Alkohol einen hohen Stellenwert hat, haben es Kiffer schwer. Zum Glück habe ich das Abitur dann geschafft. Hier auf dem Gymnasium waren die Lehrer schon netter.

Du musst es alleine schaffen!

Ich berichte meinem Vater vom Stress mit meinen Nachbarn. Doch er ist nicht verständnisvoll. Er sagt: „Du machst nur scheiße seit du hier bist!" „Ich brauche eure Hilfe. Ihr helft mir gar nicht", kritisiere ich ihn. „Deine Großeltern sind alt und können dir nicht mehr helfen", antwortet er. „Du musst alleine klar kommen." Das sagt er immer. „Ich bin doch extra her gekommen, damit ihr mir helft." Doch seine Antwort ist immer die gleiche. „Du musst es alleine schaffen."

Als ich wieder einmal mit dem Zug zu meinem Vater fahre ist seine Wohnung leergeräumt. Es liegt lediglich eine Decke im Wohnzimmer auf dem Boden, zum Sitzen und Kiffen. Nur meine Matratze zum schlafen ist noch im Computerraum. „Ich ziehe nach Spanien", erzählt mein Vater. Gerade als ich nach Baden-Württemberg ziehe, um meinem Vater nah zu sein und ihn noch besser kennenzulernen, da haut er einfach ab. Ich setze mich auf die Decke im Wohnzimmer und rauche einen Joint nach dem anderen. Ich höre Stimmen ins Wohnzimmer dröhnen. Ich kann nicht verstehen, worüber sie reden, doch mein Vater debattiert lauthals mit meinem Opa im Büro über dem Wohnzimmer in dem ich sitze.

Viel redet mein Vater nicht mit mir über seine Flucht ins Ausland. Ich muss ihm alles aus der Nase ziehen. Er hatte es mir, wie bei einer Überraschung, nicht mal vorher erzählt. Es war schon ein Schock. Plötzlich kommt er mit dieser Nachricht an. Als ich ihn zur Rede stelle, erklärt er passend als Langzeitarbeitsloser: „In Spanien ist das Leben billiger. In vielen Städten gibt es einige deutsche Auswanderer. Hier muss man nicht viel Spanisch können und kann mit wenig Geld gut leben." Ich dagegen dachte mir, dass dort einfach das Hasch billiger ist, und dass der

Grund ist, warum er dorthin zieht.

Heimatliebe

Ich hänge bei Lisa in Cannstatt herum. Sie schaut mir in die Augen und fragt: „Was ist los? Du siehst traurig aus." Man konnte es mir bestimmt genau ansehen. Ich hatte eine kleines Liebesabenteuer in der Heimatstadt in letzter Zeit von dem ich ihr gar nichts erzählt hatte.

Ich erinnere mich gerne daran. Biene fragte ich bei einem Treffen in einer Kneipe während den Semesterferien: „Was war das schönste was du in den letzten Jahren so erlebt hast?" Sie konnte mir keine genaue Antwort geben. Doch, was für mich das Schönste in den letzten Jahren war, wusste ich ganz genau.

Ich war bei einer großen Disco in der Heimatstadt und da kamen zwei Mädchen zu mir und fragten mich, ob ich mit ihnen raus gehen könnte, um einen Joint zu bauen. Ich kannte sie aus dem Jugendzentrum. Sie wussten wohl, dass das meine Masche war. Wir gingen raus, etwas abseits von der Party bei den Parkplätzen. Es war erst ziemlich peinlich, denn der Joint wurde nicht richtig was. Ich hatte ihn nicht gut gebaut. Frida, die Rothaarige von den beiden sagte belustigt: „Das war der schlechteste Joint den ich jemals geraucht habe."

Doch so schlecht dieser Moment auch war, so schön wurde er dann. Denn beide fragten mich plötzlich: „Dürfen wir dich küssen?" Nicht nur eine, sondern beide wollten mich küssen. Was ein wahnsinniges Kompliment für mich war. Ich willigte ein Frida zu küssen, doch zu der Braunhaarigen sagte ich: „Mit dir nicht, du hast einen Freund!" Dann küsste ich Frida. Ich konnte gut küssen und der Kuß ging lange. Sie lächelte danach so süß. Die Braunhaarige fing dann leider an zu weinen.

Ich hing dann den ganzen Abend mit beiden herum. Die Braunhaarige verstand es später wohl, dass ich sie nicht küssen wollte. Mit Frida tanzte ich. Sie konnte gar nicht gut tanzen. Sie bewegte sich fast gar nicht. Man merkte, dass sie noch nie getanzt hatte. Vielleicht war das sogar das erste mal für sie auf einer Tanzfläche mit einem Jungen zu tanzen. Ich nahm sie an die Hand, drehte sie und machte meine Hip-Hop-Moves vor ihr, so dass sie wieder so süß lächelte.

Wir saßen dann unten vor der Kleiderabgabe im Schneidersitz und redeten den ganzen Abend. Gerd, ein alter Kollege kam auch vorbei. Ich brüllte dreist: „Gerd, du siehst ja aus wie Jesus!" Er hatte ganz lange Haare bekommen und sich einen Bart wachsen lassen.

Am nächsten Tag rief mich Frida an. Wir trafen uns und waren zusammen. Wir verbrachten in der nächsten Zeit schöne Stunden. Ich hatte immer meine 10 Gramm gutes Gras aus Stuttgart in der Tasche und wir liebten es uns zu küssen. Wenn ich wieder in Stuttgart war, schrieben wir uns hunderte Liebes-SMS. Ich schrieb ihr immer Komplimente und beteuerte ihr meine Liebe. Wenn ich bei ihr war unternahmen wir immer was. Wir gingen zum Beispiel in die Dorfdisco, in die große Nachbarstadt ins Kino, ins Restaurant, zu meinen alten Freunden und ihrer Schwester. Es war alles sehr schön. Mit ihr konnte ich es mir vorstellen länger zusammen zu sein. Auch optisch gefiel sie mir sehr. Sie sah sehr hübsch aus. Ich mochte ihre langen roten Haare und ihre Sommersprossen. Auch ihre weiße Haut mochte ich. Komischerweise stehe ich auf eine weiße Haut bei Frauen. Wenn ich mit ihr unterwegs war baggerten sie manchmal auch Typen an, aber sie ließ die alle abblitzen.

In der Dorfdisco war einmal sehr wenig los. Zwei Typen aus meiner alten Klasse auf dem Gymnasium waren alleine auf der Tanzfläche. Mit denen hab ich auch in der Basketball-Gruppe zusammen Sport gemacht. Der eine Typ heißt Anton und hatte auf der Tanzfläche sogar sein

T-Shirt ausgezogen. Er kommt dann plötzlich zu mir uns sagt: „Es ist schlimm was mit Biene passiert ist. Das sie in die Psychiatrie gekommen ist. Hab das auch mitbekommen." Aber er wusste nicht warum. Die wahre Geschichte dahinter kannte nur ich. Dass er überhaupt bei uns an kam, lag auch nur an Frida. Er hat gesehen, dass ein hübsches Mädchen bei mir war. Wahrscheinlich hat er nur wegen ihr sein T-Shirt ausgezogen.

Mit Liane waren wir dann in der Disco in der nächst größeren Stadt. Ich saß danach mit Frida in einer großen Kneipe mit vielen Sitzgelegenheiten. Die Kneipe war neben der Disco. Man konnte dort auch was zu Essen bestellen. Der Bereich war dekoriert als ob man in einem Garten saß. Liane war noch in der Disco. Sie kam dann zu uns und wollte, dass ich einen Joint baue. Es war bescheuert, denn hier konnte das jeder riechen. Ich baute dann die ganze Zeit Joints unter dem Tisch, und um uns war eine riesige Rauchwolke.

Ich ging, während meinem Aufenthalt in der Heimatstadt in den Semesterferien, noch mit Frida zu zwei alten Freunden. Das waren meine fiesen Kumpels Christian und Psycho. Es waren eher falsche Freunde und auch hier ließen sie mich bestimmt nur rein, weil ein attraktives Mädchen an meiner Seite war.

Auch in der Dorfkneipe kam Ben zu uns an den Tisch. Ebenso kam auch er nur aus dem Grund zu mir, um Frida kennenzulernen. Dies obwohl er seine Freundin dabei hatte, die Frida nicht mal annähernd das Wasser reichen konnte.

Sie fuhr dann mal alleine zu ihrer Schwester. Ich sollte sie am nächsten Tag abholen. Mein Handy ging aber plötzlich nicht. Irgendwas mit meinem Vertrag stimmte nicht. Und wie bei einer Verkettung von Problemen, stritt ich mich auch noch mit meiner Mutter. Die wollte mir nicht mehr den Wagen geben. Was sollte ich jetzt machen? Ich ging erst zu Gerd und dann zur nah gelegenen Bushaltestelle und wartete dort ganz lange. Aber es kam kein Bus. Als ich wieder zuhause war, sah ich das Frida mich 20 mal angerufen hatte. Ich hatte meine Handy nicht mitgenommen, obwohl ich es doch immer bei mir trug, und es doch so wichtig für mich war. Dann ging ich wieder zu Frida. Die Mutter ließ mich rein, aber ihre Zimmertür war verschlossen. Sie machte auf mein Klopfen auch nicht auf. Ich bollerte regelrecht an der Tür. Und das war es auch dann. Es war ihre Art Schluss zu machen. Die nächsten Tage übernachtete ich bei Gerd. Der Streit mit meiner Mutter wurde ziemlich heftig. Ich wartete die ganze Zeit auf eine Nachricht von Frida. Aber sie schrieb nicht. Ich schrieb ihr eine letzte SMS: „Du warst die Größte für mich." Doch auch daraufhin kam keine Antwort mehr. Ich konnte ihr nicht mal richtig erklären, warum ich sie nicht abholen konnte.

Arbeiten lernen

Bevor ich studieren gegangen war, bin ich in den Ferien immer zu meinem Vater gefahren. Er besorgte mir dort einen Job. In einer Gas-Wasser-Firma kümmerte er sich um die PCs. Er richtete dort ein Band-Speichergerät ein, mit dem Sicherungskopien gemacht wurden. Dies von den wichtigen Firmen-Daten. Ich sollte dort auf dem Bau mithelfen.
Morgens schmiss mich mein Vater aus dem Bett und legte sich wieder hin. Er schlief meistens bis 12 Uhr. Alleine aß ich ein Brot in der Wohnung oben bei meinen Großeltern.
Wir fuhren mit einem Transporter zu der Baustelle. Vorher musste ich lange Rohre in den Transporter packen. Es fiel mir noch etwas schwer, denn ich war noch

sehr müde. Kam wahrscheinlich auch von dem guten Stoff, den ich mit meinem Vater abends rauchte.

Bei meinem ersten Tag drückten, die anderen Mitarbeiter mir schon eine riesige Bohrmaschine in die Hand und ich sollte einen Kanal in die Wand bohren. Ich sollte etwas die Wand aufreißen, damit dort Rohre verlegt werden konnten. Ich konnte kaum die Hilti-Bohrmaschine halten, so groß und schwer war die. Und ich hatte die ganze Zeit Angst, dass ich durch die Wand bohre, weil ich nicht einschätzen konnte, wie dick die war. Diese Arbeit musste ich noch öfter machen. Löcher durch die Wände bohren. Dabei auf einer Leiter stehen, so dass der Staub einem in die Augen fiel. Ich musste Rohre tragen, isolieren und Schellen anbringen, so dass hier Rohre verlegt werden konnten. Schwere Heizungsanlagen tragen war auch an der Tagesordnung. Oder Dachböden von Glaswolle befreien, die so kratzig ist auf der Haut. Am Ende drückte der Chef mir 2000 DM in die Hand. Bei meinem Heimweg mit dem Fahrrad, den Berg hoch pochte mein Herz stark, so Glücklich und aufgeregt war ich. Denn so viel Geld hatte ich noch nie besessen.

Ich musste als junger Bursche Schritt für Schritt arbeiten lernen. Erst gab mir mein Opa als Hausmeister Aufgaben in der Siedlung. Kästen mit einem Schlüssel in den Kellerräumen an die Wand bohren. Dann arbeitete ich für denjenigen in meiner Heimatstadt, der in unserer Siedlung alle Häuser gebaut hatte und noch baute. Als nächstes ging ich auf die Insel und verdiente mir dort mein Führerscheingeld in einem Restaurant.

Und während des Abiturs räumte ich Regale ein, abends an zwei Tagen in der Woche. Danach ging es zur Bundeswehr. Kurz davor und danach war ich ja beim VW-Werk als Bandarbeiter und Gabelstaplerfahrer.

Wingdings

Während meiner Schulzeit fand ich was heraus. Und zwar, dass Biene im Computerraum auf dem gleichen Platz sitzt wie ich immer, wenn sie dort Unterricht hat. Das war noch zu der Zeit, als wir nicht in der selben Klasse waren.

Wir schrieben uns also Nachrichten. Hierbei wendeten wir eine außergewöhnliche Methode an. Ich erstellte ein Textdokument, in dem Windows-Ordner. Hier schrieb ich ihr eine Nachricht. Damit niemand lesen konnte was ich ihr schrieb, markierte ich den Text und wählte die Schriftform Wingdings aus. Wingdings bestand ja nur aus Symbolen. Es musste noch im Schreibprogramm, der Verlauf gelöscht werden. Und so schrieb sie mir was wenn sie Unterricht hatte und ich konnte es lesen, wenn ich ein paar Tage später im Raum war.

Einmal hatte sie mir nicht viel geschrieben. Ich markierte den Text und drückte anschließend auf die Schriftform Times New Roman. Plötzlich stand da: Ich liebe dich. Mein Puls ging hoch. War das wirklich von ihr?

Ich weiß nicht mehr, ob wir darüber geredet haben. Wenn wir darüber Geredet hätten, wäre es wahrscheinlich so gewesen, dass sie ihre Gefühle nicht zugegeben hätte. Am Ende hätte sie wahrscheinlich gesagt, dass es nur Spaß war. Egal, wir kamen ja sowieso zusammen.

Etwas ähnliches passierte während meines Abiturs, aber ohne Biene. Ich war wieder im Computerraum mit der ganzen Klasse. Im laufe der Jahre haben sich die Programme ja verbessert. Ein Chatfenster ploppte auf. Dort stand: Ich liebe dich. Verwirrt schaute ich mich um. Wer hatte dies geschrieben? Es konnte ja auch ein Scherz, eines der Jungs hier sein. Es musste ja gar nicht ein

Mädchen sein, die in mich verliebt war. Ich konnte irgendwie nicht zurückschreiben, weil ich nicht wusste, wie dieser Chat hier funktionierte. Leider erfuhr ich nie, wer das war.

Wahrheit

Ich sitze bei meinen Großeltern am Esstisch. Mein Onkel schaufelt sich das gute Fleisch rein und schnaubte genüsslich dabei. Er schwitzt dabei sehr, was seiner dicken Statur einen unsympathischen Beigeschmack gibt. Ich bin sauer. Gedanken von früher verfolgen mich. Irgendwie bin ich in Stuttgart so beschäftigt mit der Dealerei, meinen neuen Freunden und dem Party-Machen, dass wenig Gedanken von früher durchkommen. Manchmal kommt mir ein Gedankenblitz und ich sehe Biene, vor meinem geistigen Auge, mit irgendeinem ekligen Typen ins Bett steigen.
Es platz dann einfach so während dem Essen aus mir heraus. „Andreas und seine Kumpels haben meine Freundin vergewaltigt. Ich bin hier, um mehr darüber herauszufinden!" Mein Onkel ist sofort richtig sauer: „Ich werde ihn fragen, ob das stimmt!" „Der wird das niemals zugeben! Die haben das auch gefilmt. Es gibt also auch einen Beweis dafür. Es war früher als du in den Urlaub gefahren bist. Dass so was in eurem Haus stattfindet! Oma und Opa hatten die Aufsichtspflicht!"
Ein paar Tage später ruft mich Andreas an. Er fragt, ob ich ihm was zu rauchen verkaufen kann. Ich wohne noch am Nordbahnhof in Stuttgart.
Als ich ihn, als er ankommt, zur Tür hereinlasse ist noch alles gut. In meinem Zimmer steht er dann völlig wütend da und sagt in einem lauten Ton: „Was hast du da Opa und Oma erzählt!?! Komm her! Mach den ersten

Schlag!" „Ich will mich nicht mit dir Prügeln! Wegen irgendeiner Schlampe mache ich meine Finger nicht dreckig", sage ich überrascht und abweisend. „Warum erzählst du den anderen nicht davon?" frage ich ihn dann noch. Doch er sagt nur: „Ja klar."

Beleidigung

Ich bin wieder zu Besuch bei meinem Vater noch bevor er nach Spanien gezogen ist. Es sind Semesterferien. Mit meinem Cousin spiele ich Computer im zweiten Zimmer meines Vaters. Meine Schwester ist auch da. Sie ist den weiten Weg aus Niedersachsen her gekommen. Ich mache mir eine Pizza. Vergesse das aber total. Wir kiffen genüsslich einen Joint nach dem anderen. Als ich ins Wohnzimmer gehe chillt mein Vater auf dem Sofa. Es riecht verkohlt im Wohnzimmer. Ich gehe in die Küchennische und bemerke die total schwarze Pizza im Ofen. „Warum sagst du mir nicht Bescheid, dass die Pizza im Ofen verkohlt. Du sitzt hier im Wohnzimmer. Der Raum ist voller Rauch und es stinkt verbrannt. Du musst das doch bemerkt haben!", sage ich ihm vorwurfsvoll. Doch mein Vater sitzt nur voll benebelt von dem Gras dort und rafft gar nichts.
Am nächste Tag beim Frühstück in seinem Wohnzimmer sagt er zu meiner Schwester: „Mein Sohn ist auch ein Arschloch! Er vergisst gestern seine Pizza und gibt mir die Schuld." Dass er mich Arschloch genannt hat, macht mich in dem Moment total wütend. Mich so zu beleidigen, fand ich nicht in Ordnung. Er hätte es auch normal formulieren können, doch er beleidigte mich mit einem Schimpfwort. Und das war meiner Meinung nach unter der Gürtellinie.

Mike ruft mich an. Er sagt, dass er im Krankenhaus ist,
und ob ich ihm was zu Kiffen mitbringen kann. Zu
verkaufen habe ich gerade nichts. Ich muss erst wie
immer heute Abend um 21 Uhr neues holen. Aber ich
habe noch ein Gramm da. Ich mache mich auf den weiten
Weg ins Krankenhaus. Dazu gehe ich erst einmal vom
Hauptbahnhof aus zu Fuß zum Krankenhaus. Dann
bemerke ich, der Krankenhauskomplex ist riesig. Ich
laufe in viele Eingänge, erkundige mich an den
Rezeptionen und denke ich finde es nicht. Wo ist Mike
stationiert? Nach einer Stunde finde ich das richtige
Gebäude. Sein Zimmer ist ziemlich weit oben. Als ich ihn
treffe bin ich geschockt. Sein Auge ist total rot. Das Auge
wurde auch operiert. Er erzählt: „Ich sollte für einen
neuen Mitbewohner bei uns im Haus Weed klar machen.
Er gab mir 700 Euro. Wir haben ihn abgezogen. Dann ist
er mit einer Eisenstange auf mich los gegangen." „Dann
musst du doch eine Anzeige machen", gab ich ihn den
Rat. „Was soll ich denen denn sagen? Es ging doch um
Drogen", meint er dann.
Mike hat im Krankenhaus wieder angefangen zu malen.
Stolz zeigt er mir die Bleistift-Zeichnungen von Frauen.
Wir gehen auf den Balkon und rauchen einen Joint.
Dann erzählt er, dass er wieder aus Stuttgart weg geht. Er
will wieder in seine Heimat, zu seiner Mutter. Sein
Traum ist es in einem Wohnwagen zu leben. Dann sagt er
noch: „Ich hab heute viele angerufen, aber keiner ist
gekommen."
Ich erzähle meinen Dealer Michael davon. „Er ist also im
Krankenhaus. Das ist gut zu wissen." „Warum?", frage
ich. „Dort ist er ungeschützt und man kann einfach da
rein." Michael ist wohl irgendwie sauer auf Mike. Das

wusste ich nicht. Ich hab mich nur immer gewundert,
warum Mike in letzter Zeit immer bei mir kauft und nicht
mehr bei Michael. Schließlich hat Mike mich doch
damals mit zu Michael genommen. Dann war er nach
einer Zeit nicht mehr dort anzutreffen. Michael steht auf
der Seite der Angreifer. Anscheinend hat Mike Schulden
bei Michael oder ihn auch abgezogen.
Ich treffe sogar die Angreifer im Club M1. Und ich
spreche den Typen darauf an. Der Typ wird dann sehr
sauer und wütend: „Wer auf der Seite vom Mike steht, ist
auch mein Feind. Das war auch noch nicht alles! Er wird
noch mehr Ärger bekommen!"

Dummbeutel

Wenn man zur Eingangstür nach unten läuft ist rechts ein
Raum mit den Waschmaschinen. Dann kommt meine
kleine Wohnung mit den zwei Zimmern. Wobei ein
Zimmer so eine Art Lagerraum und Küche ist. Notdürftig
lebe ich hier. Hier ist nur ein Waschbecken und ein
Kühlschrank, sowie die Doppelkochplatte mit den zwei
elektrischen Herdplatten. Ich habe gar keine richtige
Küche. Mein Geschirr liegt auf einem Schrank und auf
dem Boden.
Wenn man die Treppe runter läuft kommt links der
Keller, der Vermieterin. Weiter gerade aus sind noch
mehr Kellerräume.
Ich treffe den Freund der Vermieterin unten an. Sie gehen
oft hier in den Keller. Um ihre Getränke zu holen, die
hier lagern. Aber wahrscheinlich auch um mehr Indizien
über mich herauszufinden. Und um mich zu überwachen.
Dort können sie hören, worüber wir bei mir reden.
Ich mache meine Eingangstür auf. Dort ist der Freund der
Vermieterin. Er ist richtig überrumpelt. Plötzlich beleidigt

er mich mit Schimpfwörtern: „Du Dummbeutel! Versager! Loser! Schwachkopf! Holzkopf!" Die Schimpfwörter prasseln nur auf mich ein. Es geht ewig lange so. Ich bin total verdutzt. Was ist mit diesen Leuten? Ich bin bei einem Haufen von aggressiven Irren gelandet.

Auf Party

Ich hatte immer genügend Geld für Party. Und auch immer jemanden, der mit mir mitging. Es gibt ja den Grundsatz nicht alleine wegzugehen, damit man einen Zeugen hat wenn was passiert.

So hab ich viele Stars gesehen. In den Clubs waren oft berühmte DJs, so dass ich Marusha im M1 erlebt habe. Sie hat dort richtig harten Schranz aufgelegt und hatte mittlerweile eine Glatze. Auch Lexy & K-Paul waren mal da und ich fand es richtig gut. Im Zollamt auf der Bühne war ja mal Gentleman. Er brachte mit seinem Reggea die Masse zum eskalieren.

Aber auch Hip-Hop-Auftritte schaute ich mir an. In einem anderen Club war sogar Bushido und hatte einen Auftritt. Ich fragte ihn nach einem Autogramm. Dazu musste ich mich in einer Schlange anstellen. Ich fragte ihn, ob er später einen Joint mitrauchen möchte. Doch er meinte, dass er gar nicht kifft.

Und ich war auch oft auf Hip-Hop-Konzerten. Wie zum Beispiel ja bei Azad und Jonesmann am Anfang, als ich noch neu in Stuttgart war. Dort war ich ja sehr früh und fragte seine Crew, ob sie mir war zu Kiffen klarmachen könnten. „Weißt du überhaupt wer wir sind?", meinte ja dann einer.

Koks interessierte mich nicht, doch ich bekam es ein paar mal gelegt. Ich wusste, dass es sehr süchtig macht. Doch

mir war es auch zu teuer. Und ich hatte keine Ahnung davon. Ganz zu schweigen von einem guten Dealer, von dem ich was bekommen könnte. Mit Koks könnte man mich so abziehen, und mir einfach Speed dafür geben. Ich würde wahrscheinlich nicht mal den Unterschied erkennen. Erst beim Konsum und dem Geschmack, würde es mir auffallen. Wenn es dann nach Speed schmecken würde. Noah brachte ja mal was mit. Am Nordbahnhof hatte ein Nachbar mal was und legte mir ja mal eine Line. Er kaufte normalerweise immer Gras bei mir. Doch ich merkte nie so groß etwas besonderes. Im Club auf Party unterhielt ich mich dann mal mit einem darüber. Er warnte mich. Er erzählte: „Der Punkt an dem ich aufgehört habe Koks zu nehmen war, dass ich realisiert habe, dass die Dealer dich nur Süchtig machen wollen. Dann können sie Gewinn an dir machen. Ich hatte einen richtig guten Koksdealer. Doch meine Freundin verbot mir immer zugekokst bei ihr anzutanzen. Ich wollte mir also was holen. Dann sagte der Dealer, dass ich nur was bekomme, wenn ich mir jetzt sofort eine riesige Line ziehe. Er wollte mich süchtig machen. Pass auf mit Koks. Die Leute sind gefährlich."
Bei mir persönlich war es so, dass ich bei den Kokslines nie viel gemerkt habe. Wahrscheinlich auch durch den Mischkonsum. Für mich waren Ecstasy und Weed schon eine gute Kombination. Und zum Glück hatte mein Dealer nie gutes Koks da, so dass ich davon verschont geblieben bin.

Sebastians Geheimnis

Sebastian kaufte sehr gerne bei mir. Doch in letzter Zeit wollte er immer schnell los. Ich wollte dann, dass er eine Stunde bleibt, damit es nicht so ein rein- und raus

Gerenne bei mir gibt. Genau wie Michael es macht. Ich wollte auch etwas mit den Leuten abhängen. Zumal ich echt gute Kunden und Kollegen hatte. Ich zwang ihn noch mitzukommen zum Basketballfeld oder etwas länger bei mir zu bleiben. Ich nahm dabei gar keine Rücksicht auf ihn. Denn heute verstehe ich ihn. Er war nur immer kaputt von der Arbeit.

Doch einmal war es verdächtig. Er wollte wieder so schnell los. Ich sagte: „Ich komme mit. Ich will noch einkaufen gehen." Er willigte ein. Dann wurde er richtig ungeduldig und wollte trotzdem schnell los. „Ich will die nächste U-Bahn erwischen", meinte er. „Dann nehme doch einfach die danach. Hier fahren alle 15 Minuten U-Bahnen", antwortete ich frech. Er hörte trotzdem nicht auf: „Ein Kollege wartet." Jetzt wurde ich stutzig. War das dieser langhaarige Abzieher, der mir noch Geld schuldete? Ich sagte jetzt extra: „Ich komme noch mit." Er wollte den Stoff haben und schnell gehen. „Ich muss das Weed noch holen", antwortete ich dann, wobei ich geflunkert hatte. Dann wurde er ruhig. Wir liefen zusammen zum Marienplatz. Und welche Überraschung. Dort war Filip. Ich hatte ihn bestimmt ein Jahr nicht gesehen. Er versteckte sein Gesicht mit einem Schal, doch ich erkannte ihn sofort. Er schuldete mir eigentlich noch 10 Euro, aber ich scheiß mittlerweile auf das Geld. „Hi Filip!", sagte ich. „Wenn du das Geld bezahlt hättest, müsstest du jetzt nicht draußen warten!", fügte ich frech hinzu. Ich weiß auch nicht mehr, warum ich damals so mutig war. Sebastian war ein gutes Stück größer als ich, aber er hatte Respekt vor mir. Das habe ich mir in der ganzen Zeit auch redlich verdient. Ich ließ mir nicht auf der Nase herumtanzen. Ich wollte herausfinden was Sebastian zu verbergen hatte und es hatte geklappt.

Ich mache oft Party mit Sascha. Sowieso hänge ich viel mit ihm herum. Er kommt jeden Tag vorbei. Ich hab ihn sogar mit zu Lisa genommen. Genau wie Tim und Martina. Sie sollen bei Lisa kaufen, wenn ich in den Semesterferien bei meinem Vater oder in der Heimat bin. Sascha kommt jeden Tag vorbei, genau wie meine Stammkunden. Sascha hat mich leider nie zu einem Dealer mit hingenommen und ich habe bis auf ein paar Typen nie jemanden Relevanten durch ihn kennengelernt. Jemanden bei dem man kaufen könnte.

Im Gegenteil er kommt immer mit irgendwelchen Leuten an, die bei mir kaufen wollen. Ich sagte ihm dann ausdrücklich, dass er das lassen soll. Kunden habe ich genügend und sie sind alle korrekt. Das reicht mir dann auch. Die Leute, die er anschleppt sind nicht so dolle. Sebastian kommt jeden Tag vorbei, Anton aus dem Wohnheim, einige Studenten, Leute die ich durch Noah kennengelernt habe, Tim und Martina und noch ein paar Typen, die ich durch die Ecstasy-Dealerin kennengelernt habe. Alle holen sie regelmäßig bei mir. Daran schlossen sich noch weitere Leute, die ich durch Party und durch die anderen Kunden kennengelernt habe.

Doch es kommt immer wieder vor, dass Sascha mir Leute aufschwatzen will. So ruft mich ein Typ aus seinem Wohnheim an und will was zu kiffen, doch hat kein Geld. Er ist voll hartnäckig und fragt, ob er was auf Combi haben könnte. Doch ich bleibe eisern und sage ihm, dass ich nur Geld gegen Ware mache. Zum Glück ist der nicht bei mir reingekommen und ich konnte ihn am Handy abwimmeln.

Ein anderer Typ, den Sascha angeschleppt hat, will eine große Menge haben. Ich treffe mich zur Sicherheit mit ihm an der nächsten Bushaltestelle. Er will etwas weiter unter zwei Augen mit mir reden. Ziemlich gefährlich. Der will mich doch abziehen! Meine Päckchen, die ich dabei habe will er nicht. Er will eine große Menge zu meinem Einkaufpreis. Woher weiß der den? Ich sage, dass ich das nicht machen kann, ich muss auch etwas verdienen. Er wird sauer, sagt ich solle ihm einen Gefallen tun. „Ich kann dir nur den Preis von 200 für 25 Gramm machen", sage ich. Doch das will der Ausländer nicht. Er will die 25 Gramm für 150 Euro haben. Auch will er mit zu dem Dealer rein. Das ist ganz schön dreist. „Das kann ich leider nicht machen. Ich habe immer die Gefahr erwischt zu werden von der Polizei. Und deshalb muss ich auch etwas Gewinn haben. Mit zu dem Dealer nehmen kann ich dich nicht. Der will das nicht. Ich kenne den jetzt schon lange und er lässt keine fremden Leute rein", sage ich genervt. Das sind alles Sachen die selbstverständlich sind in der Drogenszene. Man nimmt niemanden mit zu dem Dealer und man verrät seinen Einkaufpreis nicht. Doch die Leute versuchen es immer wieder. Ich kenne den Typen gar nicht und der will mir gleich meinen Dealer wegnehmen. Alle wollen einen ausnutzen. Das kenne ich ja noch von meiner Heimatstadt. Zum Beispiel von Christian. Nach einer anstrengenden Diskussion will der Typ nichts mehr. „Man sieht sich immer zwei mal im Leben", meint er richtig sauer. Er wollte mich abziehen. Vielleicht wollte er auch so eine große Menge, um sie mir dann abzuziehen. Also ohne mir das Geld zu geben, mit der Ware durchzubrennen. Auf jeden Fall wollte er mich ausnutzen.

Sascha entschuldigte sich dann dafür.

Doch ein Türke schaffte es durch ihn zu mir. Ich weiß auch nicht wie, aber Sascha hat ihn mitgebracht und ich hab ihn reingelassen. Der Türke will mich aber auch nur ausnutzen. Er will auch Ecstasy-Dealer werden wie ich und fragt, wie das wohl geht. Ich solle ihm dazu die

Pillen klar machen.

Einmal kommt er an und will das ich ihm eine SMS für ein Girl schreiben soll, auf die er steht. „Du bist doch Student und intelligent. Du kannst dich besser ausdrücken", meint der Türke. Ich bin auch noch so doof und helfe ihm. Ich sammle Sprüche auf meinem PC. Liebessprüche und auch andere Weisheiten. Eine anständige SMS ist schnell formuliert.

Dem Türken rutscht es einmal heraus, dass er immer Leute auffliegen lässt. Dealer auffliegen lässt. Indem er bei den Leuten die Musik aufdreht und so die Polizei anlockt. Er ist ein Anscheißer. Ich muss ihn dringend loswerden.

Sascha baut ständig scheiße. An einem Tag hat Sascha nicht mehr genug Geld für eine Pille. Ich gehe mit ihm in den Club und wir wollen dort Pillen verkaufen. Doch ich habe nicht mehr so viele. Ich gebe ihm diesmal keine in die Hand zum verkaufen. Auch schenke ich ihm keine, die er sich selber werfen kann. Während ich auf der Tanzfläche gerade abgehe, kommt er dann plötzlich an. Er sagt: „Ich hab einen Kunden gefunden." „Ok, gehen wir hin." „Nein, er will das ich ihm die gebe", antwortet er plötzlich. Das war verdächtig. Warum will er nicht, dass ich ihm die gebe? Sascha hat immer noch keine Ecstasy geschmissen, was am Wochenende eigentlich dazu gehört. Was ist wenn er sich das ausgedacht hat und sie selber einfach nimmt? Doch ich vertraue ihm. Ich gebe ihm eine Pille. Nach einer Zeit kommt er an: „Der Typ ist abgehauen und hat mir kein Geld gegeben." Doch mir ist schon klar, dass das ganze vom ihm geplant war und er lügt. Ich nehme mir vor, das Geld wieder von ihm zu holen.

Durch Sascha ist auch der kleine, notgeile Dealer im Club. Der mit der Aldi-Tüte voll. Sogar Lisa und ihre Freundin kommen dann dahin. Der kleine Dealer wird sofort auf Lisa aufmerksam. Durch Sascha lernt er sie kennen. Er sagt zu Lisa, dass er Koks zuhause hat und sie mitkommen könne. Das war wohl seine Masche. Und Lisa geht sogar drauf ein. Ich habe einen Stein ins rollen gebracht. Durch mich geschehen immer krasse Sachen. Durch mich verbinden sich die Leute. Kommen zueinander, obwohl sie sich nie kennengelernt hätten. Die Menschen wollen mich ausnutzen. Lisa sagt: „Der Typ sagt er hat Koks zuhause. Wir gehen da mal mit hin. Nicht sauer sein", sagt sie.

Doch ich fand das nicht so toll. Am nächsten Tag erzählt Lisa: „Das war voll scheiße. Der hatte gar kein richtiges Koks. Wir haben zu ihm gesagt, er soll uns doch eine Line auf der Toilette legen. Weil wir auch noch im Club bleiben wollten. Doch der wollte immer, das wir zu ihm mitgehen. Das war nur alles gelogen mit dem Koks, um uns zu ihm zu locken."

Die Leute in der Drogenszene sind sehr falsch. Man muss ganz schön aufpassen.

Gottesdienst

Ich mache oft mit Lisa Party. Es ist immer ihr Kumpel, der Student dabei. Er ist ja nicht der hübscheste Typ. Sein Gesicht ist übersät mit Pickeln, er hat eine Brille und immer eine Cappy auf. Im Club gehen Lisa und ich immer auf die Tanzfläche. Er steht dann nur außen rum und beobachtet uns. Ich habe seinen Blick direkt in meinem Rücken.

Wir gehen auch oft mit der Freundin von Lisa in einen Club. Hier arbeitet die Freundin normalerweise. Sie hat eine Idee, während wir an der Schlange anstehen. Sie könnte den Türsteher fragen, ob wir alle umsonst reinkommen. Schon etwas dreist, aber ich war nicht abgeneigt. Sie geht also einfach vor. An allen, die in der Schlange stehen vorbei und fragt den Türsteher. Mit der hübschen Lisa an der Seite wird ihre Chance noch höher. Lisa ist blond und hat eine tolle Figur, da sagt normalerweise kein Typ nein.

Und ja es klappt. Sie sagt, ich und der Student gehören zu ihr. Wir kommen alle umsonst rein. Drinnen angekommen fragt sie mich, was ich trinken will. Ich sage ein Rigo oder Smirnoff Eis. Diese Alkohol-Getränke gab es nur früher. Sie schmeckten ähnlich wie Sprite und man schmeckte den Alkoholgeschmack nicht. Das war ziemlich gefährlich. Denn sie hauten auch echt rein. Aber sie schmeckten wenigstens. Kurzerhand ist sie hinter der Theke verschwunden und kommt bald mit dem Getränk wieder.

An einem anderen mal Party, in einem After-hour-Club ziemlich früh am morgen ging Lisa zu einem richtig hübschen Mädchen. Sie war das hübscheste Mädchen des ganzen Clubs. Blonde, lockige Haare und dazu ein knallrotes Kleid. Sie war groß wie ein Topmodel und hatte ein echt hübsches Gesicht. Was jedoch komisch war. Als ich zu Lisa gehen wollte, brüllte sie mich an: „Du brauchst jetzt gar nicht ankommen!" So einen aggressiven Ton habe ich noch nie von ihr erlebt. Warum reagierte sie so? Klar kam ich auch wegen dem hübschen Mädchen an. Erkannte sie gerade dies? Und wenn, was hat sie dagegen? Sie wollte verhindern, dass ich sie kennen lerne. Denn ich als gutaussehender, junger Typ würde perfekt zu so einer passen.

Als ich sie darauf ansprach, meinte sie: „Das war doch voll die Schlampe. Die steigt nur wegen Koks mit einem ins Bett."

Ich begleitete Lisa mal zu einem Dealer. Sie traf sich draußen mit dem. Er verschwand in einem Haus und wir warteten draußen. Dann kam er mit der Tüte voll Gras

189

wieder.

Als wir zurück zur U-Bahn-Haltestelle gingen, war es schon dunkel. Sie sagte an einer Stelle. Lass mal hier kurz stehen bleiben und die Aussicht genießen. Und wirklich hier war ein Zaun, am Rande des Berges und man konnte einen ganzen Stadtteil überschauen. Wollte sie, dass ich sie hier küsse oder warum wollte sie hier stehen bleiben? Es war auf jeden Fall sehr romantisch. Doch ich machte nichts und wir gingen nach einer Zeit weiter. Ich rallte es irgendwie in dem Moment nicht. Ihre beste Freundin, die mir auch das Getränk geholt hatte und durch die wir umsonst in einen Club gekommen sind, nimmt keine Drogen. Doch sie war auch oft dabei wenn wir Party machten.

Am Ende einer heftigen Nacht wurde es hell in der Stadt. Sie wollte uns dann was zeigen. Wir willigten ein. Wir gingen erst zu einem Zeitungsstand. Hier arbeitete ihr Vater. Wir machten Party und er war so früh schon am arbeiten. Doch das war nicht alles. Wir fuhren total drauf und übermüdet zu einem großen Gebäude. Drinnen war ein großer Saal. Noch größer als die Vorlesungssäle der Uni. Es waren nicht viele Leute auf der Tribüne. Unten stand ein Mann und redete sehr euphorisch. Es war wie bei einer Sekte oder einem Gottesdienst. Ich weiß nicht mal, ob es sogar bei einer Sekte war. Ich kannte die Stände von Scientology in der Innenstadt. Und ich hab mal ein Referat über diese Sekte geschrieben und gehalten. Doch so eine Veranstaltung kannte ich nur aus dem Fernsehen.

Total übermüdet gingen wir noch zu mir. Es war ein Kollege von Sascha dabei, der sich wohl offensichtlich in sie verliebt hatte. Wie das halt so ist. Alle stehen auf meine Mädels. Das war so und wird wohl immer so bleiben. Er erzählte mir dann später, dass sie sich noch ewig bei der U-Bahn-Haltestelle unterhalten haben und eine U-Bahn nach der anderen vorbei fuhr.

Das Mädchen war ja auch attraktiv. Doch sie hatte einen Freund und war für mich deshalb tabu. Ich war eh nicht so der Typ, der sich an alle Frauen ran macht und sofort die Initiative ergriff, sobald sich die Möglichkeit ergab. Doch sie übte eine Faszination auf dich aus. Sie war immer komplett schwarz gekleidet und hatte lange schwarze Haare. So war es auch nicht verwunderlich, dass ich und Sascha um 4 Uhr nachts so durch Stuttgart gingen. Voll drauf, wie jedes Wochenende und er sie anrufen wollte. Bei einer Telefonzelle, schmiss er Geld rein und wählte ihre Nummer. Er wollte sie treffen. Doch sie hatte schon was vor. Ich ging auch ans Telefon, um kurz mit ihr zu reden. Sie sagte nur: „Es wird alles gut."

Arbeitskollege

Gegenwart. Bei meiner Arbeit habe ich einen Kumpel. Wir gehen in der Pause immer zusammen raus und er trinkt einen Cappuccino während ich meine E-Zigarette dampfe und ein Brot esse. Ich hole ihn immer ab. Doch er ist komisch. Ich denke er ist ein Narzisst. Wenn er was bei der Arbeit macht ist es immer voll schwer. Wenn ich mal überfordert bin und sage, die Arbeit war gerade schwer, meint er, dass das doch total leicht ist. Er will auch immer gelobt werden. Viel erzählt er nicht. Meistens nur, dass er „Sport" gemacht hat. Obwohl er nur immer 10 Minuten lang ein paar Übungen zuhause macht. Klimmzüge oder Kniebeugen zum Beispiel. Er hat ein Hörgerät und hört auf einem Ohr nichts. Wenn es mal Stressig war, dann sagt er: „Ich bleibe immer ruhig. Habe eine Stressvermeidungsstrategie."

Auch weiß er immer alles besser. Wenn er sich mal irren könnte, dann schaut er abends zu Feierabend, den

Sachverhalt im Internet nach. Es geht zum Beispiel um politische Sachen. Er prahlt auch immer damit, dass er viel Geld hat. So durch die Blume. Er erwähnt dabei, dass er viel Geld in Fonts angelegt hat und alle paar Monate mal ein paar hundert Euro zurück bekommt. Dies als Gewinn.

Er macht an einem Tag mal drei Fehler bei der Arbeit. Dabei stellt er sich doch immer als so perfekt dar. Als ich ihn zur Pause abhole, spreche ich ihn bei der Umkleidekabine daraufhin an. „Das waren keine Fehler!", sagt er laut und wütend. „Ausreden!", erwidere ich.

Als wir wieder zurück an unseren Arbeitsplätzen sind gehe ich zu ihm. „Du kannst anscheinend keine Kritik ab. Vielleicht solltest du mal lernen damit umzugehen." Plötzlich schreit er mich an. Richtig laut, so dass andere es bestimmt mitbekommen haben. „Warum kritisierst du mich überhaupt" Du Spacken! Welches Recht nimmst du dir raus mich zu kritisieren!", brüllt er. Er ist wie verwandelt. Der der sich immer so ruhig und besonnen gibt, fährt richtig aus der Haut. Diese Seite kannte ich noch nicht von ihm. Ich weiß nicht mehr was ich dann gesagt habe. Ich gehe auf jeden Fall wieder arbeiten. Nach kurzer Zeit gehe ich wieder zu ihm zurück. Zu meinem guten Kumpel auf meiner Arbeit. „Ich kann auch dem Chef sagen, dass du mich beleidigt hast", meine ich. Daraufhin erpresst er mich und will mich Mundtot machen: „Dann erzähle ich mal dem Chef was du hier alles machst."

Ich gehe nicht zum Chef. Habe mir nie was zu schulde kommen lassen. Keine Ahnung was er dem Chef sagen würde. Aber die gute Freundschaft ist dahin. Habe mal in einem Buch gelesen, dass man mit Leuten die einen beleidigen nicht mehr kommunizieren sollte. Das bringt nichts. Ich hole ihn nicht mehr zur Pause ab. Ein halbes

Jahr später treffe ich ihn wieder. Wir haben beide einen neuen Job gefunden und unterhalten uns sogar darüber.

Das Haus

Gegenwart. Ich habe mir ein Haus gekauft. Seit 11 Jahren kommt immer mein bester Kollege vorbei. Sein Name ist Gerold. Immer Samstags um 14 Uhr. Wir trinken dann Kaffee oder Tee und reden ganz viel. Reden kann er gut. Wir sind ziemlich unterschiedlich. Er ist der Zweitgeborene und ich bin ja der Erstgeborene. Dann schreibe ich ihm, dass ich umziehe, und ob er dann beim Umzug helfen kann. Er hat sich in letzter Zeit nicht mehr gemeldet. Seit ich mit Arne befreundet bin ist Gerold komisch geworden. Er meldet sich nicht mehr so oft. Wir haben, sonst auch mal was unternommen. Haben eine Fahrradtour gemacht, einen Filmabend, sind zusammen weggegangen und noch viele andere Sachen, die man so macht wenn man einen Kumpel hat.
Als ich ihn frage, ob er beim Umzug helfen kann schreibt er: „Ja klar." Seit einem Jahr ist er dabei auch einen Umzug zu planen. Diesen aber in eine nicht so weit entfernte Großstadt. Hier will er eine berufliche Reha machen. Die medizinische Reha hat er schon gemacht. Er musste diese Reha machen um aus der Sozialhilfe zu kommen. Viele Jahre hat er gar nicht gearbeitet und muss seine Fähigkeiten erst wieder zurück bekommen.
Er erkundigt sich dann per Whatsapp bei mir, wo ich hinziehe.
Ich schreibe: „Ich habe mir ein kleines Reihenhaus gekauft, wenn alles gut geht."
„Achso cool", antwortet er.
Dann schreibe ich, bestimmt überraschend für ihn, die Adresse und frage: „Kennst du die Ecke? Ist bei dir

193

gegenüber."

„Das sind doch die neuen Reihenhäuser, oder nicht?",
antwortet er.

„Ja genau, wo ich hinziehe ist das Haus. Es ist von
1992."

Es ist dann schwer den Kredit von der Bank zu
bekommen. Die Firma, bei der ich arbeite ist insolvent
gegangen. Ich habe zwar Zeit alles zu erledigen mit den
alten Eigentümern, dem Rechtsanwalt, dem Notar, dem
Immobilienbüro und der Bank. Aber einen Kredit zu
bekommen, wenn man arbeitslos ist, ist schon schwer.
Doch ich finde schnell eine neue Arbeit.
Am Ende geht alles gut und ich bekomme den Kredit.

Als ich ihm dann nochmal Bescheid gebe, schreibt er
plötzlich: „Muss leider absagen."

„Schade warum das denn?"
Er schreibt: „Hab eigene Probleme."

„Oha, was ist denn los? Wir machen den Umzug Samstag
um 9 Uhr. In einer Stunde müssten wir das geschafft
haben."
Dann schreibt er plötzlich nicht mehr zurück.
Auch als alles erledigt ist schreibe ich ihm, ob er sich
mein neues Haus mal anschauen will. Doch er schreibt
plötzlich nicht mehr zurück.
Dafür geht er zu Arne ist lästert anscheinend heftig über
mich. Arne und sein Kumpel erzählen es mir das dann
danach. Gerold hat wohl gesagt, er hätte keinen Bock
mehr auf mich. Dies weil ich persönliche Sachen nicht
sofort erzähle. Das stimmt wohl. Ich habe ihm erst sehr
spät erzählt von den ganzen Veränderungen bei mir in
letzter Zeit. Das waren die Insolvenz meiner alten
Arbeitsstelle, die Sache mit dem One-Night-Stand mit
Nadja und dem Hauskauf.

Ich mochte meinen Kumpel Gerold sehr gerne. Er war mein bester Kumpel und nicht so seltsam wie Arne. Aber ich denke immer an den Spruch: „Reisende soll man nicht aufhalten." Ich kann nichts machen. Eine gute langjährige Freundschaft geht zu ende.

Etwa ein halbes Jahr später, treffen wir uns im Supermarkt. Er ruft meinen Namen und kommt zu mir. Dann stehen wir da so mitten im Supermarkt, die Leute ziehen an uns vorbei und wir reden ganz viel. Er meint, er hat Depression und wollte einen neuen Job mithilfe eines Reha-Beraters bekommen. Das hat alles dann nicht so richtig geklappt. Der Reha-Berater hat ihm nicht geholfen. Ich frage ihn, ob er nicht mal zu mir kommen will, und sich das Haus anschauen will. Er willigt ein und wir verbringen einen typischen Nachmittag mit Cappuccino, Keksen und ganz viel Unterhaltung. Wie früher. Ganz schön abgemagert ist er und er hat sich einen Dreitagebart wachsen lassen. Er erzählt dort unter anderem, dass er letztendlich zu einer Ärztin gegangen ist, die ihm geholfen hat. Er steht kurz davor in die Großstadt zu ziehen und eine berufliche Reha zu machen. Die Stadt in die er ziehen will, will er nicht verraten. Arne soll dann seine Wohnung übernehmen, was ja ganz gut ist. Dann wohnen wir nah beieinander. Das ist jedenfalls sein Plan.

Er hat nach vielen Jahren endlich sein Ziel erreicht. Immer wieder in den letzten Jahren sagte er ja den Satz: „Ich will hier weg."

Die Nachbarn

Immer noch Gegenwart. Ich habe sehr nette Nachbarn in meinem neuen Haus. Beide sind schon über 70 und ich rede oft mit denen. Wir haben schnell eine richtig gute

Gemeinschaft. Zusammen stellen wir die Mülltonnen jeden Montag raus. Und wir unterhalten uns sehr oft. Wenn ich aus meinem Wintergarten raus gehe, in den sehr kleinen Garten kann ich die Nachbarin sehen. Ein Mauer trennt unsere beiden Grundstücke. Sie hat sich eine richtiges Paradies geschaffen. Ihr Garten blüht sehr schön. Ist aber auch viel Arbeit. Doch sie als Rentnerin hat ja auch viel Zeit.

Mein anderer Nachbar hat COPD. Es ist eine Lungenkrankheit. Durch die Krankheit kann er sich nicht lange bewegen und auch nicht lange reden. Er muss sich nach kurzer Zeit ausruhen.

Beide wollen, dass ich ihnen ab und zu helfe. Die Nachbarin baut zum Beispiel einen Schrank. Sie sagt, sie bekommt das alleine hin. „Auch die Türen dann?", frage ich sie. Ich stehe mal wieder im Garten bei der einen Meter hohen Mauer. „Ja, das müsste ich hinkriegen, sonst frage ich dich noch einmal." Später frage ich sie: „Hat alles gut geklappt?" Sie sitzt im Garten und häkelt. Ihr Gartentisch ist voll mit bunter Wolle und Häkel-Utensilien.

„Ich bräuchte dann doch deine Hilfe", meint sie. „OK", erwidere ich. Konnte ich mir schon denken. „Die Türen macht man besser zu zweit. Einer hält fest und der andere schraubt", sage ich.

Ich gehe zu ihr und ich sehe, dass die Halterung der Tür zusammengeschraubt ist mit den Scharnieren die an der Tür befestigt sind. Ich sage: „Ich kenne das eigentlich so, dass die Halterung an den Schrank kommt und die Scharniere an die Tür. Dann schiebt man die Scharniere auf die Halterung und schraubt alles zusammen." „Ja, das kenne ich auch so, aber hier ist alles zusammen. Das bekommt man auch nicht auseinander", erwidert sie. Ich nehme mir den Schraubenzieher und löse eine Schraube. Dann ziehe ich die Halterung ab und trenne beide Teile.

Sie ist total überrascht. Es klappt dann auch alles ganz gut. Sie merkt am Ende an: „Da ist aber noch ein Spalt zwischen beiden Türen. Muss mal auf dem Bild schauen, ob das so gehört." Worauf ich ihr anbiete: „Wenn du das noch ändern willst komme ich nochmal vorbei.
Gesagt getan. Am nächsten Tag meint sie ich soll nochmal kommen. Die Feinjustierung klappt auch gut. Ich löse die Schrauben nochmal und richte die Türen nochmal aus. Der Spalt ist am Ende nur noch ganz klein. „Ich wusste gar nicht, dass du so was so gut kannst", lobt sie mich sogar. „Ja, im Schränke zusammenbauen oder Schrauben allgemein bin ich ein Spezialist", lobe ich mich selber. „Ich musste ja immer für meine Mutter viele Schränke zusammenbauen."

Der andere Nachbar hat ein größeres Projekt mit mir vor. Er will zwei Gartenhäuser mit mir bauen. Auch soll ich mich um seinen Garten kümmern. Das mache ich auch. Unkraut jäten steht an, sowie Rasenmähen. Es ist zwar nicht meine Lieblingsarbeit, aber ich mache es.
Das alte Gartenhaus hat er im laufe der Zeit abreißen lassen. Sein neues Gartenhaus ist aus Kunststoff, stelle ich fest als es geliefert wurde. Wir tragen alle Teile zu ihm in den Hof.
In meinem Urlaub bauen wir es. Aber erst um 16 Uhr, wenn in seinem Hof Schatten ist. Zur Zeit drückt die Hitze sehr und macht ihm zu schaffen. Ich bekomme die langen Schrauben mit dem Akkuschrauber unten nicht rein. Sie müssen sich in den Kunststoff schneiden. „Du musst den Akkuschrauber auf die höchste Stufe stellen. Und die musst mit viel Druck arbeiten", rät er mir. Ich bekomme es nach einer kurzen Zeit dann hin, die langen Schrauben unten bei dem Boden an den Seiten rein zu schrauben.
Wir installieren dann die Seitenteile. Sie rasten nicht

richtig ineinander. „Wir brauchen einen Gummihammer und müssen dann oben draufhauen," sage ich verzweifelt. Das war ein guter Ratschlag, aber zwei Seitenteile wollen trotzdem nicht rein. Wie verrückt hauen wir oben mit dem Gummihammer auf das Seitenteil. Mein Nachbar will dann aufgeben. Doch ich sage: „Lass mich nochmal versuchen." Die eine Seite ist in das untere Seitenteil eingerastet, doch die rechte Seite nicht. Ich haue mit dem Hammer ganz rechts einmal drauf. Und schwupps, das Seitenteil sitzt perfekt.

Wir machen uns an die anderen Seitenteile. Das von der Front bekommen wir nach kurzer Zeit rein. Es ist die zweite Reihe von Seitenteilen. Doch ich stocke und sage: „Stopp. Wir müssen das nochmal machen. Es ist falsch herum." Ihm fällt das plötzlich auch auf. Zum Glück hatten wir es noch nicht festgeschraubt.

Alle Schrauben ziehe ich mit dem Akkuschrauber fest. Dies auch, weil mein Nachbar sich nicht so gut bücken kann. Nach zwei Stunden haben wir das Haus weitestgehend fertig. Nur das Dach fehlt noch. Das verschieben wir auf den nächsten Tag.

Es verlief alles erfolgreich.

Frauen

Das Frauen nicht immer benachteiligt werden erfuhrt ich in Stuttgart während meines Studiums.

Carina war ja mit einem Typen aus einem höheren Semester zusammen. Sie saßen immer im Computer-Pool der Uni und er erklärte ihr die Sachverhalte.

Auch mein Mitstudent Tim war sehr beliebt bei den Frauen. Er hatte ja eine eigene Computerfirma und sein Vater war ja Mathelehrer. So war einer der besten des Jahrgangs. Er brauchte nie zu den Vorlesungen gehen.

Alles konnte er so. Die schwersten Aufgaben, egal welchen Faches, konnte er immer ohne Probleme lösen. Mir brachte er am Anfang auch viel bei. Die binären Zahlen oder wie man Programmiert. Später wiederholte ich zwei Semester. So hing er mich ab. Wenn ich dann in den Computer-Pool ging, saß er da umringt von Frauen. Bestimmt vier Frauen saßen um ihm herum, während er in Windeseile den Code in den PC eingab.

Patrick brachte ja auch einem Mädchen was bei und traf sich mit ihr. Es war eine Studentin aus einem höheren Semester. Ihr fehlte wohl noch eine Prüfung, des unteren Semesters. Patrick war ja auch so gut wie unser Mitstudent Tim was den Uni-Stoff anging. So konnte er ihr gut helfen. Um es auf deutsch zu sagen. Beiden waren einfach unfassbar intelligent. Natürlich traf er sich nur mit ihr weil sie ein Mädchen war. Zur Belohnung trieb sie es mit ihm in ihrem Auto, obwohl sie einen Freund hatte. Später dann war er total scharf auf Carinas Nummer. Klar die Frau war bildhübsch.

Das blonde Mädchen mit der ich öfter mal weggegangen bin und die von Noah belästigt wurde ergaunerte sich auch ein paar Zusatzpunkte durch ihren Charme. Sie ging ins Büro zu den Typen in der Uni, der die Klausuren korrigiert. Dort fragte sie nach ein paar Punkten, die sie bekommen hätte sollen. Und sie bekam sie im Nachhinein noch, so dass sie die Klausur doch noch bestanden hatte.

In Stuttgart war der Wohnraum knapp. Paul hingegen ließ ein Mädchen bei sich wohnen. Die mit der ich ja das Date hatte und bei der ich geschlafen hatte, ohne was zu machen. Ich erzählte oft, dass Leute die eine WG gründen dann bestimmt eher ein hübsches Mädchen bei sich wohnen lassen wollen. Also dass Frauen bei der Wohnungssuche manchmal bevorzugt werden.

„Tittenbonus", sagte mein Dealer Michael dazu.

Der Streit eskaliert

In Stuttgart während meines Studiums sind ständig Leute vor meinem Fenster. Dies auch weil die Vermieterin dort 4 Mülltonnen hingestellt hat. Jetzt habe ich voll den beschissenen Ausblick auf vier Mülltonnen. Ein ziemlich breit gebauter, älterer Erwachsener hängt da ständig rum. Die haben die Mülltonnen extra da hingestellt, um mich zu überwachen. Ich bin deswegen zum Mieterschutzbund gegangen. Die haben der Vermieterin Briefe geschickt, das mit den Mülltonnen zu unterlassen und diese woanders hinzustellen. Bei dem Haus der Mutter der Vermieterin wäre viel Platz und auch auf dem Hof, der sich daneben befindet, und der meinem Zimmer gegenüber liegt. Auch spielen immer Kinder bei der Garage, die meinem Zimmer gegenüber liegt. Sie haben die Anweisung bekommen nicht zum Spielplatz zu gehen und bei genau dieser Garage zu spielen. Es wären noch weitere Garagen daneben auf dem Hof die nicht so dicht bei mir sind. Hier hat der breite Typ, dessen Kinder das sind, ihnen aber verboten zu spielen. Sie sollen nur bei der Garage bei mir spielen. Der breite Typ und meine Vermieterin sind miteinander befreundet. Sie hängen ständig im Hof herum, wahrscheinlich um mich zu beobachten. Und durch mein Fenster das immer auf Kipp steht Sachen zu erhaschen. Ich habe mein Fenster ja immer auf Kipp, damit der Gras-Geruch aus der Wohnung kommt. Sonst stinkt nachher noch das ganze Treppenhaus.
Mehrmals habe ich Streitgespräche mit der Vermieterin und dem breiten Typen. Sie sollen merken das mich das mit den Mülltonnen stört. Aber es ist ihnen egal. Sie machen es extra. Sie sind stur und wollen mich

diskriminieren.

Ich raste dann irgendwann aus und schreie durch das Fenster, das auf Kipp steht. Viele Erwachsene stehen draußen und suchen Streit mit mir. Die Vermieterin hat einige mobilisiert, die mich fertig machen wollen. Es liegt wahrscheinlich daran, dass ich kiffe und deale. Kiffer werden in der Gesellschaft fertig gemacht. Alkoholiker hassen ja oft Kiffer. Wie ich sie so anschreie, hab ich mein Handy in der Hand. Kurze Zeit später kommt die Polizei. Sie klingelt bei mir. Ich möchte unter vier Augen mit dem Polizisten reden. Ich sage zu dem Polizisten unter vier Augen im Hausflur: „Sie müssen mir helfen die ganzen, älteren Erwachsenen dort wollen mich fertig machen." Der Polizist versteht mich. Draußen stehen bestimmt sieben Leute, die alle Streit mit mir suchen. Ich zeige dem Polizisten das mit den Mülltonnen. Er sagt: „Das verstehe ich." Dann sagt er zu der Vermieterin: „Das ist wirklich nicht schön." Aber die Vermieterin bleibt stur. Sie stellt die Mülltonnen trotzdem nicht weg, weil es mich stört und sie mich sauer machen kann. „Was ist mit den Beleidigungen. Er hat aus dem Fenster geschrien", sagt die Vermieterin. Der Polizist antwortet: „Er sagt, er hat telefoniert. Das Fenster war ja zu, oder nicht?" Dann geht der Polizist und die Vermieterin und ihre Truppe sind jetzt bestimmt enttäuscht.

Ein anderes mal, spielen die Kinder wieder lautstark vor meinem Fenster. Ständig knallt der Ball gegen das Garagentor.

Ich brülle aus dem Fenster: „Geht jetzt endlich zum Spielplatz. Ich habe auch eine Waffe!"

Kurze Zeit später steht wieder die Polizei vor meiner Tür. Sie versuchen es immer wieder! „Ich habe keine Waffe. Das stimmt nicht was die sagen. Für eine Waffe bräuchte ich ja einen Waffenschein." Dann gehen die Polizisten wieder.

Ein anderes mal höre ich voll den Lärm vom Hauseingang her. Das geht voll lange. So eine Art klimpern von Metall. Nach einer Zeit gehe ich hoch und sagt laut: „Was ist hier los?" Die Vermieterin hat sich bei den Briefkästen zu schaffen gemacht. Was hat sie hier so lange herum geklimpert? „10 Meter Abstand!", schreit sie. Wie aus einem Reflex heraus gehe ich schnell ganz nah an sie ran und mache genau das Gegenteil. Sie denkt jetzt bestimmt ich würde sie schlagen. Dann schnipse ich mit dem Finger gegen ihre Stirn.

Ein paar Tage später habe ich eine Anzeige im Briefkasten, wegen Körperverletzung. Ich muss zum Polizeirevier. Es ist nicht weit entfernt. Ich habe eine Text geschrieben in dem ich verfasst habe, das die mich fertig machen wollen. Die Polizistin ist sehr genervt. Sie darf den Zettel nicht annehmen. Ich will ihr den vorlesen, so dass sie ihn in die Aussage aufnimmt. Nach der Hälfte sagt sie total genervt: „Sagen sie einfach ob das stimmt mit der Körperverletzung oder nicht. Es ist Aussage gegen Aussage und wird sowieso fallen gelassen."

Ich sage dann, dass ich das nicht gemacht haben. Und so wie sie es prophezeite, wurde die Anzeige fallen gelassen.

Die Vermieterin versucht immer wieder die Polizei zu holen und mich in den Knast zu bringen. Dabei schreckt sie bestimmt auch nicht davor zurück mich anzuscheißen, wegen dem Gras was ich verkaufe und konsumiere. Genügen Leute kommen ja täglich zu mir.

Es klingelt einmal etwas früher bei mir. Ich erwarte eigentlich keinen Kunden. Es hat sich keiner per Handy angemeldet. Ich drücke bei der Tür auf das Mikrofon von der Haustür. Durch den Lautsprecher sagt eine männliche Stimme: „Ich bin Psychologe und würde gerne mit ihnen sprechen." „Ich brauche keinen Psychologen!", sage ich wütend und lege auf. Ich mache auch nicht auf. Es fühlte sich unwirklich an. War das gerade real? Wollen die mich jetzt auch noch in die Psychiatrie bringen? Ich will nicht in die Psychiatrie, wie es bei meiner Ex der Fall war.

Wir gehen Party machen in der Stadt. Diesmal in einen neuen Club in der Stadt, in dem wir noch nicht waren. Sascha ist auch dabei und ein paar Bekannte von ihm. Ich nehme vier Ecstasy-Pillen, die ich von seinem Bekanntem bekomme. Wir tanzen alle wie wild. Es ist auch der Dealer mit der großen Aldi-Tüte dort. Und Mia ist zufällig da. Natürlich spricht der Dealer sie an. Ich finde es scheiße. Doch sie lässt ihn wohl abblitzen. Im Treppenhaus vor dem Club sitzt sie und ein anderer Typ baggert sie an. Sie unterhält sich lange mit ihm. Ich gehe raus eine rauchen. Hoffe sie kommt zu mir, aber dem ist nicht so. Dann gehe ich wieder rein. Auf der Tanzfläche bildet sich ein Kreis bei mir. Alles Kerle die da tanzen. Dann spreche ich endlich mit Mia. Sie kommt zu mir. Wir beschließen morgen zusammen mal schwimmen zu gehen. Dazu tauschen wir nochmal unsere aktuellen Nummern aus. Sie hat wohl eine Neue. Ich frage dazu an der Bar nach einem Zettel und einem Stift.

Am nächsten Tag klingelt es bei mir. Ich wollte gleich los, mich mit Mia und ihrer Freundin, mit der ich das Date hatte, im Freibad zu treffen.

Ich drücke auf den Türöffner. Voll schnell steht die Polizei unten beim mir vor der Tür. Es sind zwei Beamten. Die haben sich wohl ordentlich beeilt.

„Ihre Mutter macht sich Sorgen", meint der Polizist. Ich bin sehr verwundert und habe Angst. Nicht dass ich eine Hausdurchsuchung bekommen. Es riecht hier bestimmt nach Gras. Ich sage beruhigend: „Bei mir ist alles in Ordnung. Ich fahre gleich schwimmen." Nach kurzer Zeit gehen die Polizisten wieder. Ich höre noch wie der anderer sagt: „Was ist mit dem Gras-Geruch?" Doch sie gehen zum Glück wieder.

Zwei tragische Schicksale

Gegenwart. Als ich mal in meiner Heimatstadt in der Stadt Party mache. Treffe ich Daisys Vater. Er erzählt, dass er leider mit seiner Frau nicht mehr zusammen ist. Seine Tochter ist mit einem Kiffer zusammen. Das findet er nicht so gut. Ich adde ihn bei Facebook und erzähle meiner Mutter davon. Sie nehmen beide auch Kontakt zueinander auf. Er hilft meiner Mutter dann ein paar mal bei Sachen, die in ihrem Haus repariert werden müssen. Bei meinem Umzug hilft er mir dann auch. Er fährt seinen Bulli mit einem Anhänger.
Er hatte einen Schlaganfall und konnte nicht mehr laufen. Durch einen eisernen Willen trainierte er viel das Laufen. Die Fähigkeiten kamen wieder vollständig zurück. Jetzt genießt er sein Rentnerdasein und geht noch nebenbei als Handwerker arbeiten. Sogar ins Fitnessstudio geht er regelmäßig,
Er erzählt dann mal bei einem Tee bei mir in der Küche: „Die Ex-Freundin von meinem Sohn hat mich angezeigt. Ich hätte sie sexuell belästigt. Die Polizei kam und hat mich in die Psychiatrie gebracht. Als ich erfahren habe, dass ich da bleiben muss, flog so der Stuhl durchs Fenster!"

Durch mich hat meine Mutter mit Margret Kontakt bekommen. Sie werden gute Freunde und auch Arbeitskollegen.
Irgendwie kam Margret dann in die Psychiatrie. Dies wahrscheinlich durch ihren Alkoholkonsum, dem Stress auf der Arbeit und einem heftigen Streit mit ihrem Mann. Wir versuchen ein paar mal sie zu besuchen. Doch der

Mann an der Tür lässt uns nicht rein. Er sagt, sie schläft nur den ganzen Tag und will keinen Besuch.

Das war vor sechs Jahren.

Bei dem jährlichen Stadtfest bin ich mit Arne unterwegs. Wir drehen eine Runde durch die Stadt. Uns kommt ganz einsam und alleine die Tochter von Margret entgegen. Ich grüße sie und sage ihr, dass wir zum Marktplatz gehen. „Du kannst dich ja dann uns anschließen", schlage ich ihr vor. Arne findet das gut. Er will ja immer, dass Frauen dabei sind wenn wir feiern gehen. Blöderweise muss ich ausschließlich dafür sorgen, dass Frauen mitkommen. Er kennt irgendwie keine Frauen. Durch mich lernt er circa sieben Frauen kennen in der ganzen Zeit, in der wir miteinander rumhängen. Ich durch ihn lerne ich leider keine Frauen kenne. Er kennt nur Typen, die meistens Hardcore-Alkis sind.

Als wir zu zweit dann beim Marktplatz sitzen, zeigt Arne plötzlich auf Margrets Tochter. Sie steht bei der Menge, die dort tanzt und macht Fotos mit ihrem Handy. Ich gehe zu ihr und hole sie ab. Wir hängen dann zu dritt den ganzen Abend miteinander herum. Eine sehr fette Tussi, die wir beim feiern kennengelernt haben kommt zu uns, und will dass wir uns einen Tisch weiter zu ihr setzen. Später wollen wir wieder weiter gehen und noch eine Runde drehen. Doch der Rucksack von Arne ist weg. Ich sehe, dass ein Typ rechts von mir auf der Bank den Rucksack hat. Ich gehe hin uns zeige darauf. Arne redet wütend von der anderen Seite des Tisches mit dem Typen. Doch der will den Rucksack nicht rausgeben. Ich stehe mit Margrets Tochter neben dem Tisch und beobachte den Streit geduldig. Nach einer Zeit gibt der Typ den Rucksack zurück. Es fehlt jedoch der Inhalt. Die Alkohol-Flaschen und sein Deo, sowie sein Parfum. Arne nimmt einen Becher mit Bier vom Tisch und schüttet es dem Typen ins Gesicht. Wir gehen dann eine Pizza essen.

Zwei Leute kommen zu uns und sagen: „Der Typ will Arne jetzt aufs Maul hauen." Doch wir sehen ihn nicht wieder.

Ich frage Margrets Tochter, ob ich am nächsten Tag Margret mal besuchen kann. Sie willigt ein. Meine Mutter kommt auch mit.

Als wir beim Haus ankommen macht Margrets Tochter uns auf.

Margret sitzt im Rollstuhl. Was ist passiert? „Meine Muskeln haben sich abgebaut. Weil ich so viel gelegen hab. Das kam wohl von den Medikamenten", erzählt Margret am Esstisch. „Das kommt bestimmt alles wieder", will ich sie aufbauen. „Das glaube ich nicht. Es ist jetzt seit sechs Jahren so. Ich bin jetzt über sechzig, am besten ich sterbe bald", meint sie.

Sie fühlt sich in der Wohnung nicht wohl. Mit dem Typen dort war sie zusammen. Er hat angeblich ihre Katze getötet, erzählt sie. „Vier mal war ich in der Psychiatrie. Ich habe eine Betreuerin. Ich komme nur mal raus, wenn wir zum Psychiater gehen, um Medikamente zu bestellen. Die zwingen mich die Medikamente zu nehmen. Ich will die nicht nehmen. Aber es kommen jeden Tag zwei mal Leute vom Pflegedienst und zwingen mich die zu nehmen. Ich weiß auch gar nicht wie die Medikamente heißen. Nehme die dann einfach", erzählt sie weiterhin. Ich sage, dass ich noch öfter vorbeikommen werde. Sie sagt, dass ich das gerne machen kann. Kurze Zeit später soll ich ihr auch zu ihr kommen und ihr Handy einrichten. Was ich auch mache. Ich installiere ihr Whatsapp und richte ihr eine Email-Adresse ein. Ob sie jemals wieder laufen lernen wird ist ungewiss, doch ich gebe die Hoffnung nicht auf.

Die Drogenparty

Ich schaue irgendwie mal in Stuttgart in so einen Plattenladen rein. Hier gibt es hauptsächlich Techno-Platten bemerke ich. Eigentlich ziemlich cool, aber ich hab keinen Plattenspieler. Ich mache ja immer elektronische Musik mit einem Computerprogramm. Dort treffe ich einen Typen, den ich öfter auf Party getroffen hab. Wir unterhalten uns. Er erzählt, dass er jedes Jahr eine Techno-Party gibt. Dieses Jahr in einem Kindergarten. Ich dürfte auch gerne dorthin kommen meinte er. Mich wundert es, dass die Party in einem Kindergarten stattfindet. Es muss ja eigentlich ein alter Kindergarten sein, der schon geschlossen ist. Aber ich finde es nicht heraus, ob er aktuell noch als Kindergarten dient.

Gesagt getan. Als ich an dem Tag dort ankomme, bin ich viel zu früh. Vorne an der Tür muss ich Eintritt bezahlen. Ich habe ein paar Ecstasy-Pillen dabei. Leider nur 10 Stück, was sich später als etwas wenig herausstellt. Dabei weiß ich nicht, ob ich es geheim halten soll. Vielleicht sehe die es hier nicht gerne, wenn hier einer dealt. Ich unterhalte mich dann mit einem Jungen am Eingang über die Techno-Szene und natürlich über Ecstasy. Ich sag ihm, dass ich ihm auch was verkaufen kann. „Wenn ich auflege nehme ich nichts", meint er eisern und ich wundere mich, dass er hier ein DJ ist. Etwas später kommt er doch bei mir an und kauft drei Stück für 25 Euro. Er wirft sich auch direkt eine ein.

Ich treffe dann schnell einen Stammkunden. Der der mir ja etwas behindert vorkommt. Es ist Henrik. Er hatte ja immer seinen Bruder zu mir gebracht, der ständig 50 Gramm bei mir kauft. Heute ist er alleine da. Er ist auch viel zu früh da. Es ist noch nicht viel los. Er kommt zu mir und fragt mich nach meiner Hilfe. Denn er möchte

die Lokation etwas schmücken. „Alles so kahl hier",
meint er. Ich weiß nicht wie er das hier schmücken will.
Sollen wir jetzt was basteln?

Wir gehen raus. Dort ist ein Wäldchen. Er sucht größere
Äste mit Blättern und auch ohne. Diese bringen wir in
den Kindergarten. Wir schmücken so die ganzen Ecken.
Es ist immer noch nicht viel los. Ich hab auf die Aktion
eigentlich nicht viel Bock, doch mache einfach mit. Wie
wir draußen so nach Ästen suche, sehe ich drei
Jugendliche. Einen davon kenne ich. Ich habe mal bei
ihm gekauft. Müssten damals 50 oder 25 Gramm
gewesen sein. Er hat weit entfernt auf einem Dorf
gewohnt und ich musste mit dem Bus zu ihm. Hatte ihm
eine selbst gebrannte CD mit guter elektronischer Musik
gebracht. Die CD, die ich allen gebracht hatte und die
jeder gut fand. Er geht einen Weg beim Wäldchen hoch.
Die machen dann irgendwas etwas abseits des Weges.
Einer steht schmiere am Weg. Wahrscheinlich verstecken,
die hier irgendeine Droge, vermute ich. Warum nehmen,
die die nicht einfach mit rein? Ist doch eine Drogenparty
hier. Mir wäre das zu gefährlich. Ich zum Beispiel könnte
das Zeug jetzt klauen. Wahrscheinlich haben die Angst
vor einer Razzia.

Die Leute kommen dann nach und nach rein. Ich treffe
noch zwei Stammkunden von mir. Das Pärchen Tim und
Martina. Ich verkaufe ihnen noch Ecstasy. Dann habe ich
keine mehr. Treffe aber noch einen Dealer, den ich aus
dem Club M1 kenne. Er verkauft mir wieder welche. Mit
Martina muss ich ganz lange auf einer Bank im Flur
warten, bis er damit rüber rückt. Ich gehe dann voll ab
auf der Tanzfläche. Zu mir kommt einer der auch tanzt.
Wir sind nur drei Leute auf der Tanzfläche. „Du tanzt
ziemlich gut, aber es ist noch etwas steif", sagt er zu mir.
Ich bin deshalb etwas angepisst. Weiß auch nicht warum.
Tim und Martina rufen von oben. Dort ist einer Art

Balkon, von dem aus man auf die Tanzfläche schauen kann. Er hält einen Joint in die Luft. Ich gehe zu ihm. Wir rauchen den Joint.

Ich treffe dort noch zwei andere Bekannte. Sie haben mal bei mir gekauft, aber sind keine Stammkunden. Wir unterhalten uns. Ein bekannter von denen erzählt: „Gerade wollte ich LSD von einem kaufen. Hab ihm 20 Euro gegeben und der ist abgehauen." „Das habe ich hier in Stuttgart total selten erlebt. Scheiß Abzieher!", meine ich. Und tatsächlich wurde ich gerade mal einmal abgezogen hier in Stuttgart. Eine Tussi bei Michael wollte mir LSD verkaufen. Ich hatte total das mulmige Gefühl. Wusste schon, dass da was nicht stimmte. Hab ihr dann aber doch die 10 Euro gegeben. Die LSD-Pappe war aber fake. Sie landete im Kühlschrank von meinem Vater. Er meinte dann, dass die gar nichts gebracht hatte. Ich kam auf dem Weg zum Balkon an einem Raum vorbei, wo viele an einem Tisch saßen. Sie alle zogen wie besessen Speed. Ich ging dann dahin, zu dem Dealer aus dem Dorf. Der der draußen im Wäldchen, was gebunkert hat. Der ganze Tisch war total weiß voller Speed-Staub. Ich setze mich neben dem Dealer. Er legt mir eine Line. Speed mag ich ja nicht so gerne. Hab es aber immer wieder mal gekauft und dann wieder verkauft. Uns gegenüber sitzt ein Mädchen mit Sonnenbrille. Das verwirrt mich. Trägt sie die wegen dem Techno-Lied: Sunglasses at Night?

„Das war übrigens gerade Koks", meinte er plötzlich. Ich fühle mich komischerweise geehrt. Koks ist ja was besonderes. Aber eine überragende Wirkung hab ich nicht festgestellt. War ja total drauf, auf circa drei Pillen mittlerweile.

Er erzählt: „Wir haben total Glück gehabt. Weil hier zur Zeit ein Hip-Hop-Festival stattfindet, hat uns die Polizei angehalten. Die haben unser Auto durchsucht. Haben auch, in unseren Hosentaschen, ein paar Tüten Weed gefunden. Aber die Tüte mit 50 Gramm Speed, verpackt in kleine Tütchen, lag unter einem Pullover auf den Rücksitzen. Die Tüte haben sie nicht gefunden." Es hörte sich total unrealistisch an und ich habe ihm die Story nicht so richtig geglaubt. Aber es erklärt, warum die so ängstlich waren und das Zeug im Wald versteckt haben. Speed an sich gab es wohl reichlich hier, dafür sorgte er wohl. Man sah es an dem Tisch und den Leute, die hier permanent zogen.

Irgendwann beschließe ich loszugehen. Es ist schon hell draußen und ich bin auf mindestens vier Ecstasy-Pillen. Ich bin dann total knülle und es ist schon hell draußen. Die zwei Typen, die mal bei gekauft haben kommen mit. Der der abgezogen wurde ist nicht dabei. Einer sagt, er hätte noch Durst. Ich gehe nochmal zurück und hole ihm einen Charly. Er bedankt sich glücklich.

Am Montag in der Uni, bin ich immer noch irgendwie drauf. Das bestätigen mir auch meine Uni-Kunden. „Was hast du denn am Wochenende gemacht? Du bist ja immer noch drauf. Deine Pupillen sind voll groß!", sagt einer zu mir.

Ende

Eine Prüfung des Vordiploms habe ich mündlich geschafft. Es war die Prüfung für das Fach Informatik. Es ging um Speicherung von Daten in sogenannten Bäumen, und nicht wie man es üblicherweise macht in Arrays. Für die anderen Prüfungen habe ich mich erst mal abgemeldet, zum Beispiel von der Mathe-Prüfung. Ich hatte Angst vor der Prüfung. Denn der Stoff war so schwer. Die höhere Mathematik hatte es total in sich. Und es war auch noch so viel Stoff, was wir durchgenommen haben. Außerdem verschlief ich die Vorlesung immer. Die meisten Scheine für alle Fächer hatte ich wohl. für Für die Prüfungen aber habe ich mich meistens krank gemeldet. Das zugehörige Attest habe ich immer dafür eingereicht.

Doch irgendwas ist dabei schief gelaufen. Ich bekomme eine Nachricht, dass ich mich bei der Elektrotechnik-Prüfung nicht ordnungsgemäß Abgemeldet habe. Es zählte also drei mal als nicht-bestanden. Mein Studium ging zu ende.

Erwischt

Sascha brachte einen Türken mit zu mir. Ich bin ziemlich skeptisch. Warum bringt der ständig Typen mit? Das gefiel mir gar nicht. Ich billigte es erst. Er kam mit dem Typen dann ja mal an und er wollte, dass ich ihm helfe eine SMS an ein Mädchen zu formulieren. „Du bist doch Student und intelligent und kannst dich besser ausdrücken", meinte er. Da ich ein kleines Büchlein habe in das ich Liebessprüche schreibe und auch am PC Liebessprüche sammle, konnte ich ihm gut helfen.

Als nächstes wollte er auch so Ecstasy-Verkaufen, wie ich und Sascha. Dazu machte ich ihm 50 Stück klar. Verkaufte ihm die aber zu einem Preis, so dass ich noch gut Gewinn machte. Für 200 Euro bekam er die 50 Stück. So hatte ich 50 Euro Gewinn, da ich die für 150 bekam.

Im Club Prag verkauften wir die Teile. Ein Mädchen kam bei ihm an und wollte welche kaufen. Er setzte sich auf ein Sofa und meinte: „Hüpf mal ein bisschen auf mir rum, ich muss die erst aus meine Tasche holen." Sie war so peinlich und machte es sogar.

Irgendwann rief er mitten in der Nacht an und wollte was zu rauchen kaufen. Es war bestimmt 3 Uhr Nachts. Ich war selber auf Party-Tour, aber ging mit einem Kollegen zu mir. Dort warteten wir. Der Typ kam, wieder mal mit einer Neuen. Der Türke hatte Glück mit den Frauen. Die standen alle auf ihn.

Die Tussi war ziemlich neben der Spur. Sie sagte nicht viel und sah voll zugedröhnt aus. Neben meinem kleinen, wackeligen Glastisch saß sie auf dem Boden.

Sie hätten wohl Ecstasy-Pillen bekommen können, hatte noch 25 Stück in einer Socke unter dem Bett. Doch die wollten gar nicht viel. Nur etwas Gras. Ich verkaufte denen dann ein Päckchen mit 3 Gramm.

Der Türke ging zur Anlage und drehte sie auf. Er tanzte dann mitten in meinem Zimmer und stoß sich dabei unaufhörlich den Kopf an meiner Lampe.

Als er weg war, saßen meine Kollege und ich noch in meinem Wohnzimmer. Ich ging auf Toilette. Als Stille eingekehrt war, hörte ich leise ein Funkgerät. Ich sagte zu meinem Kollegen: „Ich glaube die Polizei ist da wegen Ruhestörung. Ich hab da gerade was gehört." „Mach die Tür nicht auf und lass uns ganz leise sein!", sagte mein Kollege ängstlich." „Ich mach das schon." Es klingelte dann wirklich. Ich wollte die Polizei abwimmeln. Ich muss die ja nicht rein lassen. Also ging ich zur Sprechanlage bei meiner Tür. Doch ich drückte aus Versehen, statt auf dem Kopf für die Sprechanlage, auf den Knopf für die Türöffnung. Ich wollte es noch retten und schnell nach oben die Treppe rauf. Dort könnte ich mit denen reden. Doch die stürmten sofort runter und standen gleich vor meiner Tür. Es waren die gleichen Polizisten, die schon mal hier waren und ja meinten, dass meine Mutter sich Sorgen macht. Die kannten sich also schon aus hier.

Es ging dann alles ganz schnell. Mein Kollege stürmte auf die Toilette. „Es riecht hier nach Gras", meint der Polizist. „Das sind meine Räucherstäbchen." „Das

werden wir gleich kontrollieren." „Sind sie alleine? Sind
Frauen anwesend?" „Ja es sind Frauen hier", lüge ich.
Doch das hätte ich nicht sagen sollen. Die wurden dann
extra heiß auf mich. „Wir werden jetzt eine
Hausdurchsuchung anordnen. Das wird sehr teuer für sie.
Sie können uns auch so rein lassen, dann können wir das
so klären." Ich bekam Angst. Wenn die hier eine
Hausdurchsuchung anordnen kommen viele Kosten auf
mich zu? Also ließ ich sie rein. Sie schauten sich um,
sahen die Bong und die Grasreste auf dem Tisch.
„Gleich wird ein Hund kommen, besser sie geben den
Stoff direkt heraus." Ich erinnerte mich an das was mein
Vater gesagt hat. Einer von seinen Bekannten hatte eine
Hausdurchsuchung und er hat den Polizisten eine große
Menge Stoff in die Hand gedrückt. Die waren dann so
geflasht, dass sie abzogen. Dass er noch ein halbes Kilo
da hatte, hat sie dann nicht mehr interessiert. Ich gab
ihnen mein Gras. Es waren 30 Gramm. Doch sie gaben
sich damit nicht zufrieden.
Es kamen viele Polizisten. Ein Hund wurde in die Bude
gebracht. Der Polizist maulte meinen Kollegen an, der
auf Toilette war: „Was haben sie da gemacht? Haben sie
Drogen vernichtet? Das Klo runter gespült?" „Nein, war
nur auf Toilette", meinte er nur.
Schnell fanden die Polizisten unter einer Mütze auf
einem Lautsprecher meine leeren Tütchen. Die kaufte ich
ja immer im Kiffer-Shop, und packte dort pro kleinem
Päckchen immer 3 Gramm rein. Es müssten noch
bestimmt 30 Tütchen gewesen sein. Somit war klar, dass
ich ein Dealer bin. Sie fanden 6 Ecstasy-Pillen in einer
Schublade. Und weitere Päckchen mit Gras.
Die Polizisten gaben sich nicht damit zufrieden. „Wo
haben sie die Kilos versteckt?"
Ein Polizist irritierte, dass in meinem teuren Lautsprecher
von meiner Musikanlage etwas raschelte. Ich sagte

verzweifelt, dass da nichts drinnen ist. Es fehlte noch, dass sie die Box mitnehmen. Das wäre echt scheiße. Am Ende machten sie es nicht. „Wir können ja verstehen, dass man dealt, bei der derzeitigen Arbeitsmarktsituation", sagte ein Polizist sogar verständnisvoll. Aber er wollte bestimmt nur von mir direkt wissen, ob ich aktiv deale.

Dann wurde wir mitgenommen. Draußen lungerte meine Vermieterin rum und hat wohl alles belauscht. Was macht die um 5 Uhr morgens hier?

Im Polizeirevier wurde ich in einen Raum gebracht. Hier musste ich mich ausziehen. Er schaute mit einer Taschenlampe in meinen Hintern.

Jetzt komme ich wahrscheinlich in den Knast, dachte ich die ganze Zeit. Die Menge an Ecstasy unter meinem Bett war einfach zu groß. 30 Gramm und 25 Ecstasy-Pillen sind einfach zu viel.

Wieder angezogen, musste ich in das Büro vom Polizisten. Er wollte wissen woher ich das Gras hatte. Eine Polizistin war auch dabei. „Von einem der heißt Ali. Hat immer so einen Jogginganzug an", log ich. Die Polizistin ging dann weg. Sie kam kurze Zeit wieder: „Es gibt in ganz Stuttgart keinen der Ali heißt."

Dann ging es weiter mit dem Verhör: „Wo wohnt der?" „Ich weiß es nicht, wir treffen uns immer draußen." Dann hörte dass Thema aus. Die Polizistin kam wieder und fragte, wie die Pillen heißen. Ich sagte: „Die heißen Mitsubishis." Das entsprach auch der Wahrheit.

Dann nahm der Polizist meine Geldbeutel in die Hand und nahm meinen Führerschein heraus. „Den behalte ich!", meinte er und hielt ihn hoch. Ich sprang auf und riss ihm den aus der Hand. „Das dürfen sie nicht. Ich bin nicht gefahren!" Er akzeptierte das wohl überraschender Weise. Vielleicht hatte er doch etwas Mitleid mit mir. Das wäre ja echt hart gewesen.

Dann wurde ich entlassen. Mittlerweile war es hell geworden. Bei der Ausgangstür auf einem Stuhl, saß mein Kollege und hat geduldig gewartet.

Ich war völlig durch den Wind. Ich brauchte jetzt unbedingt etwas zum runterkommen. Deswegen rief ich Lisa an. Wir gingen hin. Sie hatte auch Party gemacht und war noch wach. Ein Typ war bei ihr. Derjenigen von dem ich öfter Ecstasy auf Party im Club M1 bekam. Der auch bei der Drogenparty war. Bei ihr bekam ich ein Päckchen. Mit meinem Kollegen vereinbarte ich erst mal nichts zu sagen. Auf dem Nachhauseweg sagte er. „Weißt du was ich da auf dem Klo gemacht habe. Ich habe mir meine vier Pillen alle auf ein mal geschmissen. Was meinst du wie dermaßen drauf ich bin."

Zuhause bei mir ist ein totales Chaos. Ich schaue auf meinen Schreibtisch und da liegt noch ein Päckchen direkt vor mir mit circa zwei Gramm. Das haben die Polizisten wohl vergessen. Mir fallen dann die 25 Pillen ein, die ich unter dem Bett hatte. Schnell bücke ich mich und suche die Socke. Sie liegt weit unten. Ich nehme mir ein Lineal zur Verlängerung. Damit kam ich an die Socke. Und siehe da alle Pillen waren noch da. Ich hatte so ein Glück! Oder haben die Polizisten das mit Absicht gemacht. Der Hund hätte doch darauf anspringen müssen. Ich erzählte meinem Dealer Michael davon und auch Lisa. Zu Michael sagte ich: „Ich will ehrlich zu dir sein. Die Kunden halten so was meistens geheim, weil sie Angst haben dann nichts mehr zu bekommen. Aber ich hatte am Wochenende eine Hausdurchsuchung." Michael wollte wissen, ob sie seine Nummer hatten. „Nein, mein Handy haben sie mir nicht abgenommen. Ich kann jetzt aber nicht mehr dealen. Die wissen, wo ich wohne. Was ist wenn ich noch observiert werde?" Michael war nicht sauer: „Wir brauchen dich als Kunden. Verlege das Geschäft doch nach draußen." „Erstmal nicht."

Ich kaufte noch 25 Gramm Hasch, da er an dem Tag kein Gras da hatte. Doch der Pollen war ja auch ganz gut. Mich riefen dann einige an und wollten was haben. Ich sagte denen, dass ich erst mal nichts mehr mache. Auch der Türke rief an. Er fing an zu lachen, als er hörte, dass ich erwischt wurde. „Kommst du jetzt in den Knast?", fragte er frech. „Wahrscheinlich schon", meinte ich. Ich dachte ich verkrafte das alles nicht. Stellte mir die Gerichtsverhandlung total schlimm vor.

Doch es kam anders. Anstatt ins Gefängnis zu kommen bekam ich einen Brief von der Staatsanwaltschaft. Da stand drinnen, dass ich eine Strafe von 600 Euro bezahlen musste für den Handel mit Betäubungsmittel.

Körbe

Gegenwart. Ich bin in der Dorfkneipe. Ich war eine Zeit lang immer mit Margret und ihrer Tochter dort. Margret meinte ja dass ihre Tochter und ich gut zusammen passen würden. Sie wollte mich mit ihr verkuppeln. Doch ich sagte, dass sie zu jung für mich sei. In Wirklichkeit entsprach sie nicht meinen Ansprüchen was das Aussehen betraf. Außerdem war ihre Art sehr seltsam. Sie redete nicht. War immer nur ruhig und stumm. Das lag wohl daran, dass sie einerseits Einzelkind ist und andererseits in der Schule gemobbt wurde.

Ich unterhielt mich dann mit einem Typen, der was mit Margret hatte. Es war sehr kurios. Margret ist sehr alt. Schon über fünfzig. Und der Typ Anfang dreißig. Er meinte zuerst er sei mit einem „Mädchen" zusammen. Aber er war mit Margret zusammen und wollte es verschleiern. So richtig hundert Prozentig zusammen waren sie aber wohl noch nicht. Aber es war wohl auf jeden Fall so etwas wie ein Abenteuer. Margret erzählte mir, er stand darauf sie beim Sex zu würgen. Es hielt nicht so lange. Sie sollte auch ziemlich klammern und ihn immer anrufen. Warum ist er hier alleine in der Dorfkneipe, wenn er sozusagen mit einer Frau zusammen ist?

Wie ich so an der Bar saß und mich mit dem Typen unterhielt, kam ein etwas pummeliges Mädchen zu mir an die Bar. Ich hatte sie einmal durch die Leute in der Drogenszene kennengelernt.

Sie lehnte sich über den Stuhl und unterhielt sich mit mir und Margrets Typen. Ich traf sie dann öfter in der Dorfkneipe. Durch sie lernte ich viele Frauen kennen. Die aber leider alle etwas zu dick für mich waren. Ich traf mich dann trotzdem mit denen. Immer in der Dorfkneipe. Einmal kam eine alte, besoffene Frau zu uns an den Tisch. Sie sagte etwas zu mir, dass ich nicht verstand. „Was hat sie gesagt?", fragte ich das pummelige Mädchen. „Das sagen wir ihm lieber nicht", meinte sie dann zu mir und der Frau. Später erzählte die alte Frau mir, was sie gesagt hatte: „Du siehst echt gut aus", sagte sie zu meiner Freude.

Ich erlebte viele tolle Abende mit den dicken Mädchen. Wir tanzten und unterhielten uns und lernten viele Leute kennen. Manchmal trafen wir uns jeden Samstag dort. Einmal war ein schwuler Typ dabei. Er unterhielt sich mit mir, weil ich kein Problem mit Schwulen habe. Gerold dagegen war sauer. „Der soll sich verpissen!", sagte er verärgert zu mir. Gerold ging dann ganz schnell. Wie ich mich so mit ihm so unterhalte sagte der Schwule: „Du bist der bestaussehendste Mann hier im ganzen Laden." Das machte mich sehr stolz. Als wir alle tanzten ging er mir plötzlich an den Arsch. Ich wurde sauer: „Das geht zu weit!" Ich war wütend und ging weg.

Eine andere Tussi war dann mal dabei. Sie hatte so schöne Ketten am Handgelenk und um den Hals. Wir unterhielten uns nett. Ich feierte dann sogar Silvester bei ihr. Gerold kam auch mit. Aber Gerold war wieder so negativ drauf und fand es nicht gut bei ihr. Die Leute gefielen ihm nicht. Er wollte mit gutaussehenden Frauen rumhängen, tut aber gar nichts dafür. Auch die dicken Mädchen mochte er nicht. Er unterhielt sich zwar mit denen. Aber wenn wir uns alleine in der Dorfkneipe unterhielten, dann sagte er abfällige Sachen über sie. Zum Beispiel wenn sie tanzten, dann sah er eine von denen an und sagte: „Was für ein Walross!" Vielleicht kam dies auch vom Alkohol bei ihm.

Jahre später war nochmal die Frau mit den schönen Ketten da. Wir saßen mit einigen Leuten am Tisch und ich unterhielt mich den ganzen Abend mit ihrer Freundin. Als ich mit der Frau, mit den schönen Ketten, tanzen ging redete sie mit mir: „Wäre meine Freundin was für dich? Sie wäre nicht abgeneigt." „Freundschaftlich ja. Aber für eine Beziehung leider nicht", versuchte ich es nett zu formulieren. Die Freundin von ihr gefiel mir optisch nicht so.

Ich lernte dann wieder ein paar Jahre später ein Mädchen kennen. Wir trafen uns öfter. Wir grillten, gingen weg oder fuhren zu McDonalds. Als wir dann so bei mir an einem Abend mit einigen Leuten im Haus zusammen saßen, schrieb sie mir eine Whatsapp-Nachricht: „Hallo ich möchte sagen, dass ich meinen Kollegen gefragt habe wie du mich findest. Bin etwas schüchtern, aber er sagte du findest mich nett. Also ich finde dich auch nett. Aber mehr als nett. Irgendwie ist da etwas mehr was ich für dich empfinde, aber keine Ahnung wie du es siehst."

Ich gebe ihr aber einen Korb und sage, dass ich sie sehr sympathisch finde, doch es leidet nicht reicht für eine Beziehung.

Schwimmen

In Stuttgart, während meiner Studienzeit verabrede ich
mich mit einem wunderschönen Mädchen zum
Schwimmen. Sie ist so schön, dass man zu nichts nein
sagen kann. Sie ist perfekt. Ich würde ewig mit ihr
zusammen sein, wenn es mit ihr klappen könnte. Es ist
Mia, die ich immer treffe wenn ich Party mache.
Leider hatte ich dieses Wochenende eine
Hausdurchsuchung. Mein Weed wurde mir
weggenommen. Ich hätte es verkaufen müssen, um
wieder Geld zu haben. Auch mein Konto habe ich mit
600 Euro überzogen. So habe ich kein Geld mehr. Und so
schnell kann mir mein Opa auch nichts schicken. Was
soll ich nur machen? Ich würde mich so gerne mit ihr
treffen. An dem Morgen, an dem ich mich fertig mache
klingelt es auch noch an der Tür und zwei Polizisten
standen ja da und meinten: „Ihre Mutter macht sich
Sorgen." Das hatte mich zusätzlich verwirrt.
Ich versuche Mia zu erreichen und zu fragen, ob sie mir
den Eintritt fürs Schwimmbad ausleihen könnte. Echt
peinlich, was denken die jetzt von mir? Doch ich erreiche
sie nicht. Ich beschließe ohne Geld zum Schwimmbad zu
gehen und sie dort am Eingang zu treffen. Dann würde
ich sie nach dem Eintrittsgeld fragen. Ich erzähle ihr
dann einfach von meiner Hausdurchsuchung.
Also mache ich mich auf dem Weg.
Ich fahre mit der U-Bahn bis in den Stadtteil wo das
Freibad sein soll. Dort ist ein riesiger Park. Ich hab keine
Ahnung wo das Schwimmbad ist. Also laufe ich einfach
durch den Park und hoffe, dass ich richtig bin. Und ich
habe Glück. Nach circa 20 Minuten erreiche ich es. Ein
Zaun umgibt das Schwimmbad. An einer Stelle kann ich
durch den Zaun schauen. Es ist viel los. Kein Wunder, die
Sonne scheint schön. Dann kommt etwas über mich. Ich

könnte doch über den Zaun steigen. Doch dazu sind so viele Leute da. Der Bademeister würde mich sehen und wieder rausschmeißen. Dann könnte ich Mia nicht sehen. Vielleicht würde ich sogar eine Anzeige bekommen, wenn die die Polizei holen. Doch ich überlege nicht lange. In meiner Verzweiflung nehme ich Schwung und Anlauf. Ich stemme mich den circa zwei Meter hohen Zaun hoch. Und bin schnell über den Zaun gesprungen. Mich haben bestimmt Leute gesehen. Mir ist auch so, als ob ich einen Mann brüllen gehört habe, dass das nicht erlaubt ist. Doch ich laufe einfach weiter. An den liegenden Schwimmbadbesuchern vorbei. Nach der Umkleide sehe ich das Becken und die Cafeteria. Ich treffe sogar einen Kunden von mir. Er war am Nordbahnhof ja mein Kunde und hat in dem gleichen Haus unten gewohnt. Er liegt hier gemütlich auf seinem Handtuch und lächelt mich nett an, als er mich sieht. Mia ist dann mit ihrer Freundin da. Doch leider, wie es halt so bei mega hübschen Mädchen ist, sind die Typen nicht weit. Sie haben drei Männer im Schlepptau. Alles studierte. Einer studiert sogar Medizin.

Doch wir haben einen schönen Nachmittag. Mia findet mein Handy gut. Ich spiele Musik damit ab, die ich auf der SD-Karte gespeichert habe. Auch einige Fotos mache ich. Ich erzähle ihr sogar von meiner Hausdurchsuchung. Wir gehen auch alle schwimmen und ich finde noch ein paar Groschen in meinem Geldbeutel, so dass ich mir eine Pommes kaufen kann.

Auf der Rückfahrt in der U-Bahn fahre ich noch ein Stück mit ihrer Freundin und einem Typen. „Erzähl doch noch mal einen von deinen guten Witzen", schlägt sie vor. Das mache ich auch und bringe sogar noch die Leute um uns herum zum Lachen.

Notruf

Ich gehe zu meinem Dealer. Der Mann meiner
Vermieterin ist draußen und läuft mit einer Videokamera
hinter mir her. Ich brülle ihn an. Ich laufe die Treppen vor
dem Haus in dem ich wohne runter. Die ganze Zeit filmt
er mich dabei, wie ich weiter laufe und ihn anschreie.
Leute von einem Balkon aus, fragen mich was los ist.
Ich bin ziemlich verwirrt und durcheinander. Als ich
wieder komme, steht der bullige Kollege von den
Vermietern vor der Eingangstür. Es ist der muskulöse
Mann, den ich immer durchs Fenster beleidigt habe. Er
war ja so oft bei den Mülltonnen und hat da immer so
einen Lärm gemacht.
„Ah, da bist du ja! Endlich hab ich dich!", sagt er in
einem aggressiven Ton. Ich laufe schnell an ihm vorbei.
„10 Meter Abstand!" rufe ich. Dann kommt er plötzlich
voll schnell auf mich zugerannt. Ich will die Treppe
runter laufen. Die Tür ist auf. Auf der Treppe drehe ich
mich um. Er kickt mir mit dem Fuß gegen die Brust und
will mich die Treppe runter kicken. Doch er schafft es
nicht. Ich renne schnell in meine Wohnung. Hoffentlich
verfolgt er mich nicht. Doch ich schaffe es in die
Wohnung.
In der Wohnung stehe ich unter Schock. Ich rufe die
Polizei an. Besser gesagt den Notruf. Doch die wollen
mir nicht helfen. Ich wollte, dass sie mir die Polizei
schicken. Aber der vom Notruf reagiert nicht sehr
kooperativ. Die wollen mir nicht helfen. Sie sagen, ich
würde an die falsche Stelle anrufen. Ich solle zur Polizei
gehen. „Ich kann nicht raus gehen, da ist der Typ!",
versuche ich es ihnen zu erklären. Der Notruf ist nicht für
solche Sachen zuständig, sagt der Mann dort. Ich solle
die Polizei in meiner Gegend kontaktieren. Vier mal rufe
ich wütend den Notruf an, in der Hoffnung dass die mir

die Polizei schicken. Doch sie machen es nicht.

Ich habe Angst. Angst rauszugehen. Die sind in der Übermacht. Der Mann der Vermieterin und der muskulöse, breite Typ, der mich die Treppe runter kicken wollte.

Irgendwann überwinde ich mich und will zur Polizei. Ich nehme zur Sicherheit mein Weed-Messer mit. Mit dem kleinen Taschenmesser schneide ich ja immer die Hasch-Stücke. Lasse es aber eingeklappt.

Draußen ist da wie erwartet der Mann der Vermieterin. Was lungert der jetzt plötzlich hier rum? Die wollen mich absolut fertig machen. Sind wahrscheinlich gefrustet, dass sie mich nach langen bemühen nicht schaffen in den Knast zu bringen. So oft haben sie die Polizei geholt. Ich hatte ja nie die Nummer der Polizei. Das war leider in diesem Moment das Problem, weshalb ich den Notruf ja angerufen hatte. Ich kannte mich ja auch nicht aus und wusste nicht, dass man bei solch einer Situation, die Polizei direkt anrufen musste.

Draußen ist wie gesagt, der Mann der Vermieterin.

Ich rufe wieder: „Zehn Meter Abstand!" Der Typ kommt dann auf mich zugerannt. Er kommt ganz nah an mich ran. Ich bekomme Angst. Als er direkt vor mir steht, denke ich er will mich schlagen. Davon bin ich in dem Moment fest überzeugt. Bin total überrumpelt. Ich schlage zu. Mit dem Knauf des eingeklappten Messers. Er währt den Schlag mit dem Arm ab. Er ist viel größer und stärker als ich. Dann höre ich ein Sirene. Unten beim Anfang der Treppen steht ein Polizeiwagen. In ihm sitzt die Nachbarin und erzählt denen wahrscheinlich schon alles über meine Dealer-Tätigkeit und alles was so vorgefallen ist. Die will mich um alles in der Welt in hinter Gitter bringen.

Ein Polizist kommt und will mit mir reden. „Haben sie das gesehen, der ist total auf mich zugerannt

gekommen!", sage ich. „Haben sie ein Messer?", fragt er.
Die Vermieterin schreit: „Ja, er hat ein Messer." Sie geht
zur Treppe. Ich hatte es fallen gelassen aus Schreck.
Ich will nicht mit der Vermieterin reden und frage, ob wir
getrennt werden können. Um die Ecke rede ich mit dem
Polizisten. Natürlich bin ich sehr aufbrausend und
aufgeregt. Ein Mann schraubt etwas weiter an seinem
Motorrad rum. Ich schreie die ganze Zeit rum: „Die
Vermieterin gehört in die Psychiatrie!" „Nehmen sie
Drogen?", fragt der Polizist. „Ich hatte letzte Woche eine
Hausdurchsuchung. Das wissen sie doch bestimmt", sage
ich in meinem lauten Ton. Der Polizist wusste es nicht.
„Sie reden ziemlich viel", meint er. Ich brülle weiterhin
die ganze Zeit aufgeregt herum. Und später sagt der
Polizist dann: „So kann ich nicht mit ihnen reden." Dies
dadurch, dass ich mich immer noch nicht beruhigt hatte.
„Haben sie Tiere?", fragt er dann. Das verwirrt mich.
„Ich kann sie nicht mehr in ihre Wohnung lassen", sagt er
dann im weiteren Verlauf des Gespräches.
Ich muss mit in den Streifenwagen.
Ich werde zu einer Psychologin gebracht. Zuerst gehen
die Polizisten rein. Ich warte draußen im Vorraum auf
einem Stuhl.
Die Psychologin sagt: „Die Polizei hat gesagt, sie
nehmen Drogen. Sind sie zur Zeit auf einer Droge?"
„Nein", meine ich. „Was soll ich hier in der Psychiatrie?
Ich bin kein Vergewaltiger. Die haben mich geschlagen."
„Die Polizei hat gesagt, sie hätten ein Messer?", meint sie
im weiteren Verlauf des Gespräches. „Es war
eingeklappt, der Typ ist volle Kanne auf mich zugerannt
gekommen", sage ich zu meiner Verteidigung.
Am Ende geht sie mit mir durch eine Tür in ihrem Büro.
Durch einen langen Gang gehe ich mit ihr irgendwo hin.
Ich weiß nicht wo. Die können mich nicht einweisen.
Habe nichts gemacht. Dachte sie führt mich zum

Ausgang des Krankenhauses in dem ich wohl bin.
Doch dem ist nicht so. Bald bin in auf der Station, in der
Noah auch schon war.
Ich bin in der Psychiatrie. Ich bin plötzlich total
verzweifelt. In die Psychiatrie zu kommen war immer
mein schlimmster Albtraum. Hier sind zwei Schwestern,
die sich wohl freuen hier wieder jemanden neues zu
haben. Anrufe darf ich noch machen. Ich rufe Mia an:
„Die haben mich eingewiesen. Das sind total die Hexen
hier!" Lisas Freundin rufe ich in meiner Verzweiflung
auch an. Sie sagt am Telefon: „Das machen die immer
mir Jugendlichen die Drogen nehmen."
Ich muss irgendein Medikament trinken. Dann komme
ich auf ein Zimmer in dem schon ein Mann schläft. Es ist
ein ziemlich kleines Zimmer. Nur zwei Betten stehen dort
drinnen. Es gibt noch einen Nachttisch für jeden. Mehr ist
dort nicht.

Am nächsten Tag muss ich in das Büro von der
Psychologin. Ich sagte ihr, dass ich doch angegriffen
wurde, der Typ wollte mich die Treppe runter kicken.
Auch sagte ich, dass mein Messer eingeklappt war und
der Mann, der Vermieterin auf mich zugerannt kam. Das
müsste die Polizei in dem Streifenwagen, doch gesehen
haben. Die Leute von meiner Vermieterin waren bereit
Gewalt anzuwenden, um mich fertig zu machen und sind
eine Gefährdung für andere Menschen. Sie sagte dazu,
dass ich unter Wahnvorstellungen leide und mir alles
eingebildet habe. Auch meint sie, dass ich jetzt mit einem
Richter reden muss. Ich dachte, es gibt jetzt auch noch
eine Gerichtsverhandlung und bin wieder total fertig.
„Sie können entscheiden, ob sie mit dem Richter reden
wollen", meinte dann die Psychologin. „Das brauch
nicht. Das bringt doch alles gar nichts", jaule ich. Mich
verwunderte es, dass ich entscheiden kann, doch hatte

dafür in dem Moment keinen Kopf mehr. Hauptsache keine Gerichtsverhandlung. Das überstehe ich in meinem jetzigen Zustand nicht. Ich wollte einfach nur raus da. Die können mich doch nicht einfach einweisen. Ich war das Opfer. Doch egal was ich der Psychologin erzähle, sie glaubt mir nicht. Die wollen mich unbedingt da haben. Wie alle Menschen. Alle wollen mich. Egal in welchem Bereich.

Mein Opa und mein Vater kommen dann vorbei. Ich bin in einem Büro mit denen. Es ist das erste mal, dass mein Opa mich besucht. Ich flehe sie an: „Ihr müsst mich hier raus holen. Ich wurde zu unrecht hier eingewiesen!"

Doch mein Opa und mein Vater schauen mich nur emotionslos an. Die Psychologin fragt beide: „Haben sie schon gemerkt, dass er psychisch krank ist?" Mein Opa sagt: „Ja."

Am Ende sage ich wütend: „Andreas und seine Kumpels haben damals meine Freundin vergewaltigt!"

„Ich kann es nicht mehr hören", meint mein Vater nur dazu.

Ich bekomme dann Haldol. Das macht mich total fertig. Es ist einer der stärksten Psychopharmaka und die Wirkung ist dementsprechend. Ich kann plötzlich nicht mehr reden, bin immer total müde und hab immer unruhige Beine. Weil ich so starke Nebenwirkungen habe, geben sie mir dann noch ein Psychopharmaka namens Tawor. Doch das macht es auch nicht besser. Ich sitze immer total stumm da. Mir läuft fast der Sabber aus dem Mund. Ich war wie ein Zombie.

Als ich erfahre, dass ich sechs Wochen da bleiben muss kriege ich nochmal einen Schock. Es kommt mir vor, wie eine endlos lange Zeit.

Ich liege nur noch im Bett. Den ganzen Tag und die Nacht. In meinem Discman habe ich immer Hasch versteckt. Es liegt im Batteriefach. Davon drehe ich mir immer in der Toilette kleine Zigaretten mit etwas Hasch drinnen. Ich gehe dann auf die Terrasse oder dem Garten nach unten und kiffe etwas. Nur dazu stehe ich auf.

Auf der Terrasse sagt einmal eine Mitinsassin, dass sie das riecht. Das macht mir Angst. Angst davor erwischt zu werden. Nachher durchsuchen sie mein Zimmer und nehmen mir mein Hasch weg.

In meiner Wohnung habe ich noch 20 Gramm. Das müsste hoffentlich für die Zeit hier reichen. Ab und zu kann ich dahin laufen und Nachschub holen.

Mich vor den Fernseher im Fernsehraum setzen kann ich nicht. Ich kann mich blöderweise nicht mehr auf den Fernseher konzentrieren und bekomme so eine Unruhe. Ich fühle mich die ganze Zeit unruhig in mir drinnen. Ich glaube ich habe ein Trauma bekommen, davon dass ich hier plötzlich eingesperrt wurde. Für die Polizei ist es natürlich eine gute Möglichkeit Dealer schnell ohne Verhandlung aus dem Verkehr zu ziehen.

Ein Mädchen ist hier im Rollstuhl. Sie ist vor einer U-Bahn gefallen und wurde verletzt. Sie hat viel Geld. Für sie soll ich immer zur Tankstelle und Süßigkeiten holen. Wir sehen uns immer im Fernsehraum. Ich bin dann bei ihr im Zimmer. Sie liegt im Bett und ich bringe ihr die Süßigkeiten. „Bleibst du noch kurz?", meint sie. Ich setze mich auf den Stuhl vor ihrem Bett. Sie sagt dann plötzlich: „Ich bin ein Krüppel. Mit mir will bestimmt kein Mann mehr was anfangen." Doch ich hab so eine Leer in mir und kann nicht richtig traurig sein. Das Medikament macht mich total gefühlskalt. Später sagt sie sogar einmal: „Ich hab mich in dich verliebt." Aber ich bin gerade nicht in der Lage eine Beziehung einzugehen. Ich rede mit einer Pflegerin. Seit ich hier bin dusche ich voll selten. Und ich habe keinen Drang mehr auf Sex oder jedenfalls zu Masturbieren. „Das Haldol macht impotent. Können sie es weglassen?", sage ich verzweifelt. „Wie merken sie es denn, das es impotent macht?" „Ich kann auch nicht mehr richtig reden. Es sediert mich total", meine ich weiterhin. Doch sie wehrt alles einfach ab. „Sie reden doch gerade mit mir", sagt sie als ob man gegen eine Mauer redet.

Ich liege die ganzen sechs Wochen dann nur im Bett. Aufstehen tue ich nur, um einen kleinen Joint zu rauchen. Manchmal gehe ich in die Küche und mache mir einen Tee. Doch dann kommt schnell wieder so eine Müdigkeit über mich, so dass ich mich wieder in mein Bett lege. Von meinem Zimmernachbarn bekomme ich nicht viel mit. Er liegt auch viel und ist sonst immer weg.

Die Tante von der Malgruppe kommt öfter vorbei. Doch ich will meistens nicht. Zwei mal habe ich wohl daran Teil genommen. Doch ich habe so eine Blockade in mir. Mir geht es einfach nicht gut. Ich spüre stark die Wirkung vom Haldol. Habe auch immer wieder mit der Ärztin darüber geredet. Die schmettert aber alles immer wieder ab. Sie sagt, dass kommt nicht vom Haldol, sondern von ihrer Krankheit.

Sascha kommt auch mal vorbei mit dem Typen, mit dem wir immer Party gemacht haben. Der der bei der Hausdurchsuchung dabei war. Sie erzählen von ihrer Clubnacht. Ich bin auch später, als Ausgang bekomme, immer bei ihm. Fast jeden Tag gehe ich dann zu ihm. Die Psychiatrie ist in der Innenstadt und es ist nicht weit zu mir oder zu Sascha. Doch er hat nie was zu rauchen, und so muss ich immer ihm was abgeben. Das ist ziemlich lästig. Ich bin dann auch öfter bei einem Mädchen, die auch bei ihm im Haus wohnt. Mit ihr hatte ich auch ein paar mal Kontakt, bevor ich in die Psychiatrie gekommen bin. Sie wohnt ganz oben. Über dem Stockwerk, wo Michael gewohnt hatte. Mit ihr Kiffe ich auch immer. Auch sie hat nie was da und ich muss ihr immer was abgeben. Leider ist sie nicht die hübscheste und leider gehts mir nicht gut und ich kann nicht richtig reden. Mir fällt einfach nichts ein, was ich erzählen kann. Ich hab keinen Drang mehr mich mitzuteilen. Das kann nur vom Haldol und den anderen Medikamenten kommen. Ich massiere sie sogar einmal und überlege, ob ich was mit ihr anfangen soll. Doch verwerfe den Gedenken dann schnell wieder. In dem jetzigen Zustand habe ich keinen Kopf für Liebeskram. Es kommt auch hinzu, dass ich sie nicht attraktiv finde. Sie erzählt, dass sie auch bald freiwillig eine Therapie machen will. Ich verstehe das nicht. Wie kann man freiwillig in die Psychiatrie gehen? Ich schäme mich dafür dort gelandet zu sein.

Lisa besucht mich dann auch. Sie hat plötzlich einen Knutschfleck am Hals. Sascha hat mir es schon erzählt. Sie ist jetzt mit ihrem hässlichen Kumpel zusammen. Ihr Dealer-Kumpane Torsten. „Jetzt wo ich in der Psychiatrie war, will bestimmt kein Mädchen mehr was mit mir anfangen", sage ich traurig zu ihr. „Daran kann man richtige Freunde erkennen. Die die sagen, dass man verrückt ist, sind keine richtigen Freunde", erwidert sie aufmunternd. Ich frage sie, ob sie mir mal was zu Kiffen mitbringen kann. Was sie dann auch prompt macht. Ist aber nur ziemlich wenig.

Ich liege die Zeit dann immer nur im Bett. Die Frau von der Kunstgruppe kommt ab und zu in mein Zimmer und will mich überreden zu malen. Ich stehe dann auf und sage: „Ich kann das gerade nicht." „Das kann ich verstehen, wenn es einfach nicht geht", meint sie dann tröstend.

Manchmal haben wir einen Stuhlkreis. Sie sagt dort, dass sie es unfreundlich findet wenn man hier nichts sagt und immer wieder gähnt. Das war auf mich bezogen. Ich verstehe es aber nicht. Ich musste da einfach immer gähnen. Und reden kann ich ja sowieso bekanntlich nicht. Ziemlich kurios, dass hier das Gähnen ein Thema war und negativ ausgelegt wurde.

Einmal gehe ich den Flur entlang und dort ist eine Pflegerin. Ich laufe neben sie und unterhalte mich mit ihr. Dann lege ich kurz den Arm um sie und gebe ihr ein Kompliment, dass sie nett ist.

Kurze Zeit später werde ich ins Büro gerufen. Der Pfleger macht mich an, ich solle hier nicht die Pflegerinnen antatschen.

Wenn ich morgens Essen gehe muss ich nach unten. Neben der Kantine ist die Halle, wo die Veranstaltungen stattfinden. Hier ist die Gästetoilette, wo ich damals für Noah das Weed in meinen Schuh getan hatte. Dort wo ich so ein komisches Gefühl hatte. So als wäre alles so heilig und vertraut. Wie aus einem Déjà-vu. Hier muss ich jetzt jeden Tag lang.

Am letzten Tag spreche ich noch einmal mit der Psychologin, die mich eingewiesen hat. Sie sagt: „Finden sie es angemessen, dass sie hier eingewiesen wurden?" Ich verneinte: „Es wäre nicht nötig gewesen." „Sie waren aber sehr abgemagert", sagte sie dann und man sah es ihr an, dass sie sauer war über meine Antwort.

Kurz vorher war ich mal wieder bei Michael. Ich fahre Vormittags dorthin. Weed bekomme ich leider nicht. Doch meine Stammkunden Tim und Martina sind da. Martina nimmt mich in den Arm. „Die Polizei hat mich in die Psychiatrie eingewiesen!", heule ich rum. Der Schlägertyp, der immer bei Michael ist sagt daraufhin: „Lass dich nicht unter kriegen." „Ich gehe wieder zurück in meine Heimatstadt", erzähle ich.

Meine Mutter schickt mir ein Ticket. Ich bestand darauf mit dem ICE zu fahren. Die Tour ist einfach viel kürzer. Man kommt mit dem ICE in 5 Stunden zuhause an. Mit dem Bummelzügen müsste ich 13 Stunden fahren und 10 mal umsteigen. Dazu bin ich zur Zeit nicht in der Lage. Ich habe plötzlich große Angst vor der Fahrt. Dass irgendwas schief läuft.

Zuvor traf ich mich mit meiner Mutter und ihrem Freund bei meiner Wohnung. Sie sind mit einem Transporter gekommen. Alle meine Sachen nehmen sie mit, oder besser was davon übrig geblieben ist. So viel wie bei meiner Anreise war es nicht mehr. Mein Sofa fehlte, die Wohnwand und etliche andere Sachen fehlten. Die Sachen hatte ich durch die Umzüge in den alten Wohnungen gelassen. Zum Beispiel einfach auf dem alten Dachboden verstaut.

Die Vermieterin hat uns ein Frühstück auf dem Hof vorbereitet. Obwohl meine Mutter die Vermieterin auch nicht mochte, aßen wir die Brötchen. Es war für die Vermieterin bestimmt ein feierlicher Akt. Selber ist sie nicht dazu gekommen.

Mich verabschieden Lisa und ihre Freundin, sowie ihr hässlicher Freund Torsten. Ich treffe sie am Bahnhof. Lisas Freundin schenkt mir eine türkische Kette.

Bei der Fahrt geht alles gut. Ich bekomme ein kleines Zimmer im Haus meiner Mutter. Dort steht nur ein Bett und ein Tisch. Aber wie sich herausstellt brauche ich nicht viel in meinem jetzigen Zustand.

Still

Ein halbes Jahr nach dem Psychiatrie-Aufenthalt kann ich nicht mehr reden. Ich bin immer ganz ruhig und stumm. Ich erzähle einfach nichts. In mir ist eine Leere. Wenn mich jemand was fragt, gebe ich wohl eine kurze Antwort, aber von mir selber kommt nichts. Ich habe keine Unterhaltungen mehr mit meinen Freunden in der Heimatstadt.

Meine Tagesstruktur ist immer gleich. Ich stehe um neun oder zehn Uhr auf. Dann lege ich mich im Wohnzimmer noch mal hin. Der Fernseher läuft nebenbei. Als nächstes gehe ich zu Sören und Doris. Dort kiffe ich mit der dreckigen Bong. Um mir ist ein Gewusel aus Kunden und den Kindern. Mit der Tochter von Doris male ich wohl ab und zu. Aber hauptsächlich sitze ich nur mit auf dem Sofa und bin ganz still. Sören sagt sogar auch mal: „Was haben die mit dir gemacht? Du warst mal so lebhaft früher." „Ich habe starke Medikamente bekommen", antworte ich dann.

Wir müssen ab und zu los, etwas zu Kiffen holen und laufen dann durch die Stadt oder fahren mit dem Zug zur Nachbarstadt.

Ich besuche auch regelmäßig Gerd am Marienhof. Dort in den Blocks, wo ich groß geworden bin. Er hat pornographische Poster an der Wand und nicht sehr viel. Meistens sitzt er am Computer und ignoriert mich.

Oder ich gehe in die dreckige und vermüllte Wohnung von Matthias. Der der einst keine Zähne mehr im Mund hatte und dann plötzlich mit einem strahlenden Grinsen bei Sören auftauchte, weil er neue Zähne bekommen hat. Ich klingel auch oft am Marienhof etwas weiter hinten bei Psycho. Doch Gerd, Matthias und Psycho lassen mich auch oft nicht rein. Dann bin ich den ganzen weiten Weg umsonst gelaufen. Psycho spricht mich auch mal drau an: „Du bist so schweigsam geworden." Aber meine Antwort ist immer die gleiche.

Sören lässt mich immer rein. Hier sitze ich am meisten. Doch er ist unkorrekt. Jeden Tag sitzt er da mit seiner Cappy, den fehlenden, schwarzen Zähnen in seiner unordentlichen und auch dreckigen Wohnung, und trinkt billiges Bier.

In Matthias und Sörens Küchen stapeln sich die gelben Säcke mit Müll, den sie nicht raus bringen. Auch schreien Sören und Doris immer die Kinder an und schleppen sie dann in ihr Kinderzimmer. Bei Sören treffen sich alle

Läufer und Abzieher der Stadt. Es ist oft viel los bei ihm. Von dem aggressiven und gewalttätigen Dealer Bruno bekommt Sören immer etwas Hasch. Es ist die sehr schwache Sorte, die mit Henna gestreckt ist. Sie war früher ja immer verbreitet, bevor sich Gras durchgesetzt hatte. Das stellte ich in den nächsten Jahren ein.

Matthias nahm mich dann mit zu seinem Dealer. Ein ziemlich junger Typ mit langen Haaren. Auch Gerd ist immer da, sowie Psycho. Alle reden gar nicht mit mir, wenn ich da bin. Der Dealer hat immer eine große Tüte mit Gras da. Er wohnt noch zu Hause bei seinen Eltern oben im Haus. Hier gibt es immer Gras. Doch er hört nach kurzer Zeit auf und ich muss mir wieder was bei Sören holen. Der hat aber leider nicht immer was.

Ich liege viel wenn ich dann bei mir zuhause bin. Im Wohnzimmer meiner Mutter decke ich mich zu und der Fernseher läuft im Hintergrund.

Psychiatrische Arztpraxen waren noch nicht so verbreitet wie heutzutage. Haben wir heutzutage vier psychiatrische Arztpraxen, so waren es zu der Zeit keine. Meine Mutter fuhr mich immer sechzig Kilometer weit in eine Kleinstadt. Der große Boom der psychischen Krankheiten stand erst bevor. Depressionen und Burnout werden in den nächsten Jahren stark zunehmen und auch die Anzahl der psychiatrischen Praxen. Wie im Wahn werden Psychologen Jugendliche einweisen.

Der Arzt macht mir immer Angst. „Wenn es schlimmer mit ihnen wird, müssen wir sie wieder einweisen", droht er mir. Auch sagt er immer: „Sie dürfen nicht kiffen. Kiffen kann man. Aber nicht sie. Sie vertragen es nicht." Was nicht stimmte. Ich vertrug Marihuana sehr gut. Ich rauchte bestimmt jeden Tag ein Gramm.

Draußen als wir aus der Arztpraxis kommen, frage ich meine Mutter: „Ich will nicht wieder in die Psychiatrie. Das ist die Hölle da." „Keine Angst", sagte sie dann, „der kann dich nicht einfach einweisen." Ich hatte keine Ahnung davon wie das ablief und wie die Gesetze sind. Ich dachte der Arzt findet immer Mittel und Wege mich einzuweisen. Wenn die wirklich wollen, finden die einen Grund. Zum Beispiel könnte er ja sagen, ich komme nicht mehr klar oder bin psychisch instabil. Doch der Arzt drohte mir nur ständig. Meine Mutter sagte immer: „Wenn du ein Jahr deine Medikamente nimmst, dann brauchst du die nicht mehr nehmen." Ich hatte was gegen die Medikamente. Nahm sie aber trotzdem. Die zwangen mich auch irgendwie buchstäblich dazu.

Langsam kamen meine Fähigkeiten wieder. Einmal lief ich mit Sören durch die Stadt und wir holten die zwei Kinder vom Kindergarten ab. Zuhause bei ihm angekommen sagte er zu Doris: „Es kommt bei ihm langsam wieder. Er hat mich den ganzen Weg vollgelabert."

Beleidigungen

Mir geht es nicht gut. Ich habe nur Kontakt zu schlechte Leuten. Zum Beispiel kam einmal Sören zu mir uns sagte er könne mir was klar machen. Ich gab ihm zwanzig Euro. Doch das war nur ein Trick. Er brauchte Geld, um was für sich und Doris zu holen. Mit einer dummen Ausrede, dass er abgezogen wurde, stellte er mich ruhig. Er wollte mir dann das Geld wieder geben.

Er war ein Abzieher, beklaute seine Freunde für Drogen. Bei ihm hingen nur solche Abzieher rum, die alle sehr unfreundlich waren.

Ich ging zum Beispiel mit zwei Jungs von da abends zur Dorfkneipe. „Die Leute sagen du bist auf Ecstasy hängengeblieben", beleidigt mich einer und will mich ärgern.

An einem Abend gehen wir alle nach der Dorfkneipe noch zu Sören. Ich habe noch eine Ecstasy über und wir sitzen alle zusammen und kiffen. Das Ecksofa ist voll von Leuten. Blöderweise habe ich Sören erzählt, dass ich noch eine Pille über hab. Sie Schwester von Frida ist auch da. Ich hatte sie mitgenommen. Die ganzen Leute bearbeiten mich dann voll heftig und wollen, dass ich die Pille rausrücke. Doch ich hab mir die extra aufgehoben für das nächste Wochenende. Doch die lassen nicht locker und ich bekomme sogar Angst. Fridas Schwester sagt sogar: „Warum gibst du denen die nicht?" Sören ist auch voll aggressiv: „Wir besorgen dir morgen doch eine neue." Dann gebe ich nach und rücke sie raus. Ich bekomme nicht mal Geld dafür. Am nächsten Tag bekomme ich gar nichts.

Ein anderes mal sitze ich bei Sören und der gewalttätige Oberdealer ist da, von dem Sören sein Hasch bekommt. Es ist Bruno. Er ist oft dort bei Sören. Ich habe noch etwas Gras. Er will wissen woher ich das habe. Ich sage von dem Dealer von Matthias und Gerd. Der Langhaarige. Er kann ja zum Glück nicht zu dem hin. Ich lege es vor mir auf den Tisch und rauche die Bong. Plötzlich nimmt der Dealer mir vom Tisch mein Gras weg. Ich rede und diskutiere mit ihm. Aber es bringt nichts, mit einem zu Diskutieren, der sein halbes Leben im Knast war. Am Ende wirft er mir etwas Hasch hin, um mich zu beruhigen. Ich erzähle vielen davon, doch die meisten finden es lustig. Der Dealer aus der Nachbarstadt erzählt es sogar seinen Kunden weiter, weil es einfach so eine dreiste Geschichte ist.

Ich habe mit vielen schlechten Leuten zu tun. Und bekomme meinen Nachschub an Stoff oft nicht gut.

Doch erst ging es nach Holland. Als ich in der kleinen, holländischen Stadt aus dem Zug steige, strömen alle in Richtung Stadt. Mich fragt ein Pärchen, wo hier ein Coffeeshop sei. Ich erzähle ihnen von einem, illegalen, geheimen Shop, wo man günstig was kaufen kann. Doch der Laden ist zu. Dichtgemacht. Es ist nichts mehr dort drinnen. Vor dem eigentlichen Coffeeshop spricht mich ein Mann an. Wir wollen bei ihm kaufen. Ist bestimmt billiger. Er führt uns zu einem kleinen Laden zwei Häuser weiter. Wir sollen in einen ziemlich kleinen Raum gehen. Der Raum ist vielleicht gerade mal 1 Meter mal ein Meter groß. Der Typ schließt die Tür. Dem Mädchen kommt das komisch vor. Sie bekommt Angst. Ist ja auch verständlich. Sie geht mit ihrem Freund. Ich bekomme drinnen meinen Stoff. Sie geben mir auch 8 Gramm von dem guten Hasch. Sonst bekomme ich das Standard-Hasch. Ich kaufe 30 Gramm.
Draußen warten die beiden zu meiner Überraschung. Sie haben schmiere gestanden, falls was passiert wäre. Es hätte ja sein können, dass ich dort gefangen genommen worden wäre.
Wir gehen in den Coffeeshop der Stadt. Beide kaufen hier gutes Gras und rauchen es.
Sie erzählen, dass sie auf die Insel wollen. Urlaub machen. Davor wollten sie sich mit Gras eindecken.
Wir müssen dann später alle zusammen zurück nach Deutschland. Wir fahren dann sogar zusammen. Doch der Zug hält an einer Haltestelle und es geht erst mal nicht mehr weiter. Wir müssen mit dem Bus rüber. Doch der fährt erst in drei Stunden. Verzweifelt gehen wir durch die richtig kleine Stadt. Nicht weit weg ist eine Tankstelle. „Können wir dort nicht jemanden fragen, ob man uns mitnehmen kann? Zu einer Stadt mit Bahnhof an

der Grenze", frage ich die beiden. Ich gehe dann rein, etwas zu trinken kaufen. Als ich raus komme ruft das Mädchen. Sie hat eine altes Ehepaar gefragt und die nehmen uns mit. In Deutschland an einer Stadt an der Grenze lassen sie uns sogar am Bahnhof raus. Am Bahnhof ist die Polizei. Sie beschäftigen sich mit einem Junkie. Mein Puls geht kurz hoch. Wir steigen dann in den Zug und sind weg. „Die haben uns ja über die Grenze gefahren", meint das Mädchen glücklich. Wir hatten echt Glück. Denn dadurch, dass ein Mädchen dabei war, hat das Ehepaar uns vertraut.

Zuhause bei Sören, stellt sich heraus, das das Standard-Hasch Mist war. Es hat nicht richtig breit gemacht. Das Gute dagegen war von einer potenten Qualität. Die wollten wohl ihren schlechten Stoff bei mir loswerden. Ich erzähle Sören davon. Und der macht sich sofort lustig darüber, indem er vielen davon erzählt: „Er hat Hasch bekommen, das sieht genauso aus wie normales Hasch. Aber bringt gar nichts."

Ich verkaufe am Anfang noch etwas davon. Doch den Rest konnte man vergessen. Ich quäle mich und rauche es notgedrungen.

Doch lasse mich nicht entmutigen.

Ich fahre noch ein mal rüber. Anfang des Monats, weil ich dann genügend Geld hatte. Als ich so mit dem Zug über die Grenze fahre schaue ich aus dem Fenster. Ich sah dann die Polizei. Sie hat wohl, die Straße kontrolliert. Gut, das ich mit dem Zug fahre.

Ich hole mir 30 Gramm Gras. Diesmal im Coffeeshop. Richtig gutes.

Als ich zurück fahre ist es schon dunkel. Mit dem Bus geht es über die Grenze.

Der Bus hält an einer Haltestelle. Ich wundere mich, dachte er fährt direkt rüber.

Dann kommen zwei Polizisten rein. Sie kommen sofort

auf mich zu: „Mitkommen!"

Ich muss in einen Polizei-Bulli. „Ich rieche das schon",
sagt einer, aber irgendwie nicht gerade unfreundlich.
Ich gebe den Stoff raus.

Dann frage ich die, ob die mich beim Bahnhof absetzen
können, weil ich sonst nicht weiß wie ich nach Hause
kommen soll. Sie sagen, dass sie so was normalerweise
nicht dürfen, aber setzen mich ab.

Im Zug kommen wieder Polizisten auf mich zu. Wieder
sofort als sie mich sehen. Sie schauen in meinen
Rucksack. Doch finden nichts. „Der riecht doch nach
Gras!", sagt einer der Polizisten verzweifelt zu den
anderen. Er setzt sich hin und riecht die ganze Zeit an den
geöffneten Rucksack. Der andere untersucht das Abteil.
Es könnte ja sein, dass ich den Stoff hier irgendwo
versteckt habe.

Sie lassen einfach nicht locker. Es dauert eine Ewigkeit.
Ich will nicht aufs Revier mitgenommen werden. Aber
alles läuft darauf hinaus.

Dann gebe ich nach: „Ich wurde schon erwischt." Ich
geben denen den Zettel, den ich von den anderen
Polizisten bekommen habe. Dort stand drauf, dass ich
erwischt wurde. Daraufhin lassen sie mich in Ruhe.
Ich bekomme dann im nach hinein eine Strafe von 600
Euro für die Einfuhr von Drogen. Wieder mal 600 Euro.
Wie früher, als ich 600 Euro bezahlen musste für die
Dealerei in Stuttgart.

Sören nimmt mich dann mal mit zu dem Dealer, in der
Nachbarstadt. Bei ihm kaufen viele. Ich kenne ihn noch
von früher. Damals hat er mal bei mir gekauft. Bei ihm
lief es ganz gut. Dort holte ich auch immer 50 Gramm
und auch Ecstasy und verkaufte es bei Sören. Sogar
Bruno war dann mal da, und ich hatte Angst, dass er mir
die Hasch-Platte wegnimmt. Der aggressive Dealer
Bruno, sagte dann aber nur in einem finsteren Ton:

„Schau mal, jetzt ist er ein Dealer."

Beleidigungen von meiner Schwester

Mit geht es nicht gut. Ich streite mich oft mit meiner
Mutter.
Meine Schwester ist schwanger und ist auch da. Ich hab
jetzt mein altes Zimmer wieder. Es ist schon etwas größer
als das Gästezimmer davor. Meine Mutter macht voll den
Lärm unten, so dass ich nicht mehr schlafen kann. Wir
fetzen uns wieder. Dann rastet meine Schwester aus. Sie
schreit mich an. Sie sitzt in der Küche. Ich stehe im Flur.
Ein Beleidigung nach der anderen prasselt auf mich ein:
„Versager! Loser! " Sie hat gut reden, sie scheint ihr
Studium zu packen. Während ich in der Psychiatrie war
und froh war wenn ich was zu Kiffen für den Tag
bekomme.
„Du bist ein Schmarotzer! Ein Junkie!", beleidigt sie
mich. Meine Mutter feuert sie an: „Gut so! Gibs ihm!"
Wie wir uns so anschreien komme ich immer näher. Als
ich vor ihr stehe gebe ich ihr eine Backpfeife. „Jetzt
kommst du in die Psychiatrie!", schreit mich meine
Mutter an. Auch ihr gebe ich daraufhin eine Backpfeife.
Dann gehe ich zu Sören. Ich erzähle ihm und Doris
davon. „Jetzt komme ich bestimmt in die Psychiatrie",
sage ich verstört. Doch Doris beruhigt mich: „Das
können die nicht einfach so. Deine Mutter und Schwester
haben keine Beweise. Außerdem kommt man nicht
wegen eine Backpfeife in die Psychiatrie." „Die wollen
mich ständig einweisen!", sage ich weinerlich.
Ich habe Angst nach Hause zu gehen. Doch ich
überwinde mich. Dort gehe ich erst mal duschen. Dann
bollert es gegen die Tür im Bad. Ich stehe noch unter der
Dusche. Es ist die Polizei. Ich wusste es. Als ich weg

war, waren meine Mutter und meine Schwester beim Psychiatrischen-Dienst und habe eine Einweisung veranlasst.

Es sind voll viele Polizisten da. Bestimmt fünf. Und zwei Leute vom Psychiatrischen-Dienst. Sowie ein paar Krankenpfleger. Es ist viel los bei meiner Mutter, der ganze Flur ist voller Leute.

Ich packe meine Sachen. Fünfzehn Ecstasy-Pillen sind noch in meinem Schrank. Hoffentlich machen die keine Durchsuchung und finden diese.

Mit dem Krankenwagen werde ich in die nächste Großstadt gefahren. Dort ist eine große Psychiatrie.

Ein Arzt fragt mich komische Sachen und untersucht mich. Er fragt, ob ich kleine, grüne Männchen sehe. Ob ich Stimmen höre. Oder ob mein Fernseher mir Sachen befiehlt. Ob ich mit dem Gedanken spiele mich umzubringen. Ich bin beleidigt davon, dass er mich so was fragt. Auch streite ich ab, dass ich meine Mutter und Schwester geschlagen habe. Ich muss auf die Waage und mir Blut abnehmen lassen.

Dann später kommt ein Richter. „Wollen sie freiwillig hier in die Psychiatrie oder sollen wir einen Beschluss machen?", fragt der Richter. Ich bin wieder angepisst: „Ich gehe bestimmt nicht freiwillig in die Psychiatrie!" Ich fand, das war eine Erpressung. Doch es war die falsche Entscheidung. So wurde ich sechs Wochen eingewiesen.

In der Psychiatrie

Ein Pfleger hat es auf mich abgesehen. Er will ständig mit mir streiten. Wir gehen in der Psychiatrie schwimmen. Die Psychiatrie ist voller Jugendlicher, die alle Drogen nehmen. Die haben alle gar nichts, aber weil die Drogen nehmen wurden sie eingewiesen. Meist durch ihre Eltern.

Als der Pfleger ankündigt, dass wir schwimmen gehen, schaut er mich die ganze Zeit an.

Auch wenn ich mich zum Beispiel rasiere, kommt er sofort an und will sich darum kümmern. Er will dabei sein. Falls ich mir mit der Klinge was antue. Während ich mich rasiere streite ich mit ihm. „Du bist ein Biter!", beleidige ich ihn. Er fragt: „Was bedeutet das?" „Das bedeutet das du Leuten alles nach machst." Biten heißt in der Hip Hop Sprache etwas Kopieren oder Nachmachen. Daraufhin nimmt er mir den Einwegrasierer weg und verbietet mir mich weiter zu rasieren. Er geht daraufhin.

Ein ausländischer Typ, in der Psychiatrie sitzt immer auf dem Stuhl vor dem Büro. In das Büro müssen wir morgens immer, um Medikamente zu nehmen. Er döst da meistens vor sich hin und nickt dann immer ein. Er kommt einmal zu mir und sagt: „Du hast die gleiche Frisur wie Hitler." Das macht mir Angst. Der Typ ist ein Russe und anscheinend ist nicht mir ihm zu spaßen.

Es gibt dann mal Kuchen um 15 Uhr. Ich esse ein Stück, doch schaffe das zweite Stück nicht. Ich schmeiße es in den Mülleimer und gehe in mein Zimmer. Hier hole ich meinen Tabak aus der Schublade des kleinen Nachtschrank neben meinem Bett.

Als ich mich umdrehe erschrecke ich. Der Russe steht hinter mir. Plötzlich würgt er mich und sagt wütend: „Du hast den Kuchen weggeschmissen. In Russland haben wir nichts zu essen!"

Ich rede mit dem Pfleger darüber. Er sagt nur ich solle dem Russen immer den Rücken zuwenden und ihn ignorieren.

Wir haben eine gute Gemeinschaft dort. Meistens spielen ich und die Jugendlichen Brettspiele, Tischtennis oder Dart. Oder wir gehen raus und drehen eine Runde durchs

Gelände. Dann bauen wir immer Joints. Ein älterer Typ hat mir nämlich was klar gemacht. Eine Freundin von ihm kam uns Besuchen und ich konnte dann was kaufen. Auch kann man in ein Café gehen und dort Billard spielen. Morgens gehe ich immer zum Tanzen und Nachmittags zu der Kunstgruppe.

In der Geschlossenen gibt es aber immer viel Streit mit den Pflegern. Der Arzt sagt zu mir, er will nicht, dass es eskaliert. Er sagt zu mir, dass ich Aufstände anzetteln könne. Das sagte er wahrscheinlich deswegen, weil ich mich mit allen so gut verstehe. Und weil wir uns gegen die Pfleger zusammen getan hatten.

Es gab viele Vorkommnisse, dass die Leute hier ausgerastet sind und sich mit den Pflegern anlegten. Es war buchstäblich die Hölle los hier.

Zum Beispiel mussten wir einmal alle im Fernsehraum bleiben. Doch ich ging trotzdem raus und schaute was los war. Als ich am Esszimmer vorbeikomme, sehe ich schon voll viele Pfleger. Sie sind alle vor dem Raucherraum. Dort sitzt der Typ, der mir das Hasch klar gemacht hat. Er ist komplett nackt und raucht einen Joint. Im nächsten Moment sind fünf Pfleger auf ihm drauf und drücken ihn zu Boden. Im Nachhinein kam er dann in das Zimmer neben dem Büro. Das Zimmer ist mit Fenstern ausgestattet, so dass die im Büro immer in sein Zimmer schauen können. Er ist als ständig unter Beobachtung.

Ich werde dann in mein Zimmer gesperrt, weil ich immer Streit mit dem fiesen Pfleger habe. Eine Woche, darf ich nicht mein Zimmer verlassen. Abschließen dürfen die wohl nicht. Nur zum Rauchen darf ich klingeln. Dann kommen genervte Pflegerinnen und begleiten mich in den Raucherraum. Dort bleibe ich unter Aufsicht von denen und darf rauchen. Das ganze macht mich noch aggressiver.

Dann darf ich mich endlich wieder frei bewegen. Abends sitzen wir immer alle im Fernsehraum. Wir machen uns dann noch was zu essen. Brote schmieren wir uns. Wir haben uns die vom Abendessen aufgehoben.

Der doofe Pfleger kommt plötzlich vorbei und verbietet uns das. Ich schreie ihn an. Es ist ein Jugendlicher dabei, der das alles ruhig ansieht uns sich zurück hält. Er ist in der Psychiatrie, weil er sich von einer Brücke geschmissen hat, um seine Freundin zurück zu bekommen. Weil er hier schnell wieder raus will, bleibt er ruhig. Er ist ja auch freiwillig da.

„Sie gehen jetzt in ihr Zimmer!", sagt der aggressive Pfleger. „Ich bleibe so lange hier sitzen bis sie in ihr Zimmer gehen!" Bald ist auch eine weitere Pflegerin da. Zu zwei wollen sie mich dazu bewegen in das Zimmer zu gehen. Ich laufe den Gang entlang. Sie dürfen wohl keine Gewalt anwenden. Mit ausgestreckten Armen wollen sie mich aufhalten.

Irgendwann gehe ich dann in mein Zimmer. Es kommt ein Pfleger dazu, der wohl für Fälle da ist, wo es um Gewalt geht. Ich habe ihn schon mal gesehen. Als die Pfleger auf den Typen, von dem ich das Hasch bekommen habe, losgegangen sind. Er wurde extra gerufen, falls ich gewalttätig werde.

Er bewacht mich in meinem Zimmer. Der andere, fiese Pfleger geht weg. Er kommt mit einem kleinen Glas und wieder. „Sie nehmen jetzt diese Medikament!", sagt er. Es ist wahrscheinlich irgendwas starkes. Aber ich will das nicht nehmen. Habe ja schon schlechte Erfahrung mit dem Haldol damals gemacht. Ich verweigere es: „Ich bin doch jetzt in mein Zimmer gegangen! Warum machen sie noch weiter?" Doch die beiden bleiben dabei. Ich soll es nehmen. Da ich keine andere Wahl habe nehme ich das kleine Glas. Ich bin ziemlich sauer. Aber ich darf nicht gewalttätig werden. Was ist wenn die mich ans Bett fesseln? Das habe ich hier auch schon gesehen. Oder ich komme in die Forensik. Das ist die geschlossene Abteilung für ganz schlimme Täter.

Ich nehme das Glas und schütter es dem fiesen Pfleger ins Auge.

Plötzlich rasten beide aus und wollen mich mit Gewalt ins Bett drücken. Einer an jedem Arm zerren an mir. Doch sie sind zu schwach. Ich bin viel stärker und kann mich dagegen wehren. Sie schaffen es nicht. Nach ein Zeit gebe ich wieder nach. Ich lasse mich auf mein Bett fallen. Der Schläger-Pfleger springt dann auf mich drauf und drückt mir sein Knie auf den Hals.

In der Kunstgruppe sind viele hübsche Mädchen.

Ein Mädchen spreche ich an und zeige ihr stolz, die Bilder, die ich gemalt habe.

Sie hat lange braune Haare und einen tollen Klamotten-Stil. Ziemlich dunkel angehaucht. Ihr Name ist Erika. Wir haben dann alle eine gute Gemeinschaft. Es ist Sommer und wir liegen alle auf der Wiese, spielen Badminton und Kiffen auch ab und zu am See.

Es gibt hier viele Möglichkeiten herumzulaufen. Eine Art Park mit See gibt es hier. Oder man läuft mit einem Joint durch das Gelände. Zwischen den ganzen Gebäuden hindurch, die alle verschiedene Stationen sind.

Ich spielte mit Erika aus der Kunstgruppe Badminton. Dann liegen wir alle auf der Wiese. Und wie ich so mit ihr dort liege, frage ich sie plötzlich, ob ich sie küssen darf. Finde sie ja auch echt hübsch. Sie sagt: „Ja." Und dann küssen wir uns. Die anderen um uns herum sind auch voll begeistert. Ich bin mit ihr zusammen.

Sie ist Altenpflegerin und ist suizidal. Oft wollte sie sich schon umbringen und streitet sich auch immer mit ihrer Mutter. Sie läuft immer mit einem Schild mit ihrem Namen rum. Das kleine Schild hat sie an ihren Pullover festgemacht. Die Oberpsychologin fragt mich dann mal draußen, ob ich mit einer Pflegerin von der Psychiatrie hier zusammen bin. Aber ich beruhige sie: „Das ist keine Pflegerin von hier. Sie hat nur so ein Schild von ihrer Arbeit als Altenpflegerin an."

Erika holt mich immer ab. Und wenn ich Ausgang habe gehen wir Spazieren oder setzen uns auf eine Bank. Dann kommen immer ganz viele andere Jugendliche an und setzen sich zu uns und unterhalten sich mit uns.

Einmal bekomme ich etwas Angst. Ein Junge erzählt, er habe ein Heim für betreutes Wohnen angezündet. Deshalb ist er in die Forensik gekommen. Ein anderer erzählt, er wäre mit dem Auto in Tankstelle gefahren, um diese zum explodieren zu bringen. Dafür hat er viele Jahre in der Psychiatrie bekommen.

Einmal laufen Erika und ich durch den Park. Wir entdecken etwas. Es gibt hier ein Wäldchen und dort kann man einen Schotterweg durch den Wald gehen. Der Weg schlängelt sich dort durch im Kreis wie eine Acht. Wir laufen da durch und bleiben höchstens mal stehen um uns zu umarmen und zu küssen. Es ist sehr romantisch.

Sie nimmt mich mit zu sich nach Hause. Einen Hund hat sie auch dabei. Ihre kleine Wohnung mit nur einem Zimmer ist ganz schön. Sieht aus wie eine Studentenbude.

Wir machen heftig miteinander rum. Doch Sex will ich noch nicht. Ich sage, die Medikamente, die ich kriege sind noch zu heftig.

Obdachlosenheim

Ich komme dann in die offene Station. Es ist separates Haus auf dem Gelände. Man kann hier jederzeit einfach

raus. Etwas Spazierengehen oder in die Cafeteria. Ich spiele mit Erika draußen vor der Tür Badminton. Man bekommt immer ein kleines Taschengeld ausgezahlt. Dies in einem Büro wo die Verwaltung ist. Doch ich laufe immer zur Bank, die nicht weit vom Psychiatrie-Gelände entfernt ist. So kann ich mir immer was zu Rauchen klar machen. Meistens fahre ich in die Stadt. Dort bin ich erst immer durch die Stadt gelaufen und habe Leute gefragt. Bei einem Nacht-Club, der für Drogen bekannt ist treffe ich einen Jungen. Komischerweise ist der Club auch tagsüber auf gewesen. Es spielt dort ein Junge Kickern. Wir spielen zusammen und ich besiege ihn. Das hat ihn wohl beeindruckt. Er macht mir dann etwas Gras klar. Seitdem rufe ich ihn immer an. Im Raucherraum der Psychiatrie-Station reden wir Insassen darüber. Es ist immer ein Typ da der oft mit mir redet. Er kritisiert meine aufbrausende Art, die ab und zu durch kommt. Als ich einmal sage, dass ich was zu Rauchen habe, fragt er ob wir einen Joint rauchen wollen. Er kennt eine gute Stelle. Ich gehe normalerweise immer raus und drehe eine Runde in der Natur. Am See hinten bei den Wäldern ist eine Bank, wo ich oft einen Joint rauche. Er geht mit mir zur Toilette eines Zimmer, das nicht besetzt ist. Hier packt er plötzlich etwas Hasch aus. Er hatte die ganze Zeit was da und hat es immer geheim gehalten. Erst als er erfuhr, dass ich Gras habe, ist er aufmerksam geworden und wollte auch in dem Genuss von leckerem Weed kommen. Im weiteren Verlauf erzählt er, dass er an Geister glaubt, was mich sehr verwundert. Denn ich selber glaube ja nicht an Geister.
Die anstehende Urin-Kontrolle verläuft dementsprechend schlecht. Sie finden heraus, das ich was geraucht habe. Die Ärztin stellt mich zur Rede, doch ich sehe nichts Falsches daran. Ich hab immer hier in der Psychiatrie geraucht. Ich bin Uneinsichtig. „Cannabis ist hier

verboten. Sie vertragen das nicht. Wer sich nicht helfen lassen will muss gehen", sagt die Psychiaterin. Ich werde rausgeschmissen. Sie geben mir noch meine Medikamente und dann soll ich gehen. „Kann ich noch meine Mutter anrufen? Damit sie mich abholt?", frage ich. Das wird mir gewährt. Doch als ich den Anruf mache, nimmt niemand ab. Ich will immer wieder dort anrufen. Versuche es mehrmals. Die wollen aber dann das ich jetzt gehe. Ich bekomme Streit mit einem Pfleger. Er will mich nicht mehr anrufen lassen. Ich beleidige ihn: „ Du fettes Schwein!" Er wird richtig sauer. Ein Arzt wird gerufen. „Setzen sie sich erst mal hin", sagt er beruhigend. „Ich will nicht sitzen! Sie können mich doch nicht einfach so rausschmeißen. Wie soll ich 300 Kilometer ohne Geld nach Hause kommen?" „Ich bin 2000 Kilometer durch ganz Europa getrampt", meint der Arzt und meint dann ich solle jetzt gehen. Ich bin total wütend und verzweifelt. In meiner Wut schmeiße ich die teuren Medikamente in den Mülleimer. Dies vor den Augen der Krankenpflegerin. Meinen Koffer kann ich da lassen. Erika begleitet mich zur Bushaltestelle vor dem Komplex. Da ich ich irgendwie kein Geld mehr habe, wollte ich den Busfahrer fragen, ob er mich mitnehmen kann. Ich habe noch einen anderen Jungen gefragt, ob ich bei ihm Übernachten kann. Ihm habe ich immer was zu rauchen klar gemacht, bei meine Abstechern in die Stadt. Doch ich weiß nicht genau, wo er wohnt. Ich weiß nicht mal wie er heißt. Nur seine Adresse kenne ich. Und dann erreiche ich ihn auch noch nicht. Er geht einfach nicht ans Handy.

Als ich mich an der Bushaltestelle von Erika verabschiede, stelle ich fest, dass ich noch 3 Euro im Portemonnaie habe. Ich steige in dem Bus. Es kommt mir ein bekanntes Gesicht entgegen. War das gerade die Schwester von Frida?

Mit dem Bus fahre ich zu dem Haus, wo der Junge wohnt. Es ist ein riesige Hochhaus mit hunderten Wohnungen. Ich stehe vor den Klingeln, hunderte von Namen und ich weiß nicht wo ich klingeln soll. Sein Vorname steht nirgends. Ich klingele bei ein paar Leuten, doch keiner kennt ihn.

Frustriert gehe ich. Ich rufe immer den Notdienst an. Die reagieren, ab nur sauer und sagen ich solle zum Obdachlosenheim. Sie sagen mir die Adresse. Mit meinem Geld komme ich noch bis zum Busbahnhof. Es ist noch nicht die Zeit der Handys mit Internet. Es gab kein Google Maps oder ein Datenvolumen. Beim Busbahnhof setze ich mich auf eine Bank. Ich überlege was ich machen soll.

Dann frage ich einen Busfahrer, welcher Bus zu der Straße fährt, wo das Obdachlosenheim ist. Es ist mittlerweile dunkel. Trotzdem sind noch viele Leute unterwegs. Ich warte auf den Bus, der in die Nähe des Obdachlosenheimes fährt. Dem Busfahrer erzähle ich meine Story: „Die haben mich aus der Psychiatrie geschmissen. Ich weiß nicht wo ich hin soll. Könnten sie mich vielleicht umsonst mitnehmen?" „Wir dürfen so was nicht. Aber es ist eine Notlage. Ich nehmen sie mit." Doch in der Straße finde ich das Obdachlosenheim nicht. Nirgends ist ein Schild dran. Überall sind nur normale Häuser. Ich geh immer zur direkten Adresse. Aber bei der Hausnummer macht niemand auf. Immer wieder laufe ich die Straße hoch und runter. Wenn ich bei einem Haus klingele, macht niemand auf. Keiner ist hier auf der Straße und niemand kann mir Auskunft geben.

Ich klingele immer wieder bei dem Haus, bei dem ich vermute, dass es das Obdachlosenheim ist. Es macht dann irgendwann ein sehr unfreundlicher Typ auf. „Wir haben schon geschlossen!" Ich erzähle ihm, dass ich aus der Psychiatrie rausgeschmissen wurde und nicht weiß wo ich übernachten soll. Er lässt mich rein.

Es geht vorbei an einer Küche. Ich soll mich nicht an dem Essen dort bedienen. Das gehört wohl den anderen hier, die hier übernachten. In einem Raum stehen viele Betten. Es sind alles Doppelbetten. Zum Glück muss ich nicht oben schlafen. Man hört ein lautes Schnarchen. Ich lege mich hin, aber kann irgendwie nicht schlafen. Liegt es daran, dass ich kein Medikament genommen habe? Die machen ja stark abhängig und wenn man sie nicht nimmt, kann man nicht mehr schlafen. Immer wieder stehe ich auf und rauche mein letztes Gras in der Küche weg. Ein Typ ist auch immer auf. Er sieht aus wie ein Heroin-Junkie und ist meist lange Zeit auf der Toilette. Am nächsten Tag muss ich gehen. Ich kann hier keinen Anruf machen. Auch mein Handy laden kann ich nicht. Der Heroin-Junkie begleitet mich dann am nächsten Tag zum Bahnhof. Hier will ich zur Bahnhofsmission. Vielleicht kann ich dort ein Ticket nach Hause bekommen. Der Heroin-Junkie erzählt viel. An einer Hecke eines Einfamilienhauses hat er eine Tüte mit Alkohol gelassen. Die durfte er wohl nicht mit ins Wohnheim nehmen.

Die Bahnhofsmission hat noch nicht auf. Ich rede mit anderen Landstreichern, die beim Bahnhof herumlungern. Einer davon hat sogar etwas Gras. Was mich verwundert. Später als die Bahnhofsmission auf hat gehen wir dort hin und können etwas Tee trinken. Sie lassen mich meine Mutter anrufen. Doch die geht wieder nicht an ihr Telefon. Ich rufe meinen Opa an. Nach dem Telefonat mit meinem Opa fange ich dann plötzlich an zu weinen. Dann gehe ich mit dem Landstreichern etwas rauchen. Später geht es dann wieder zur Bahnhofsmission und die geben mir eine gute Nachricht. Mein Opa hat meine Mutter aufm Handy erreicht. Sie ist zu meiner Schwester in die Stadt, wo sie studiert, gefahren und ist deshalb

nicht an ihr Haustelefon gegangen. Sie holen mich ab.
Ich gehe dann mit dem Landstreicher in den Park. Hier
kiffen wir. Zum Abschied schenkt einer mir etwas Gras.
Es ist nicht viel. Vielleicht 0,3 Gramm. Es reicht gerade
mal für eine Bongkopf den ich dann zuhause rauchen
kann.

Dann holt mich meine Mutter am Bahnhof ab. Mein
Handy hab ich in einem Laden aufladen können. So hab
ich ihr noch gesagt, sie solle meine Sachen von der
Psychiatrie abholen.

Psychotisch

Als ich wieder raus komme habe ich viel Streit mit
meiner Mutter. Ich bin wütend, dass sie mich in die
Psychiatrie gebracht hat. Auch das alte Thema mit dem
Auto kommt wieder hoch. Sie hatte mir in der
Vergangenheit oft nicht den Wagen gegeben. Auch haben
meine beide Geschwister den Führerschein bezahlt
bekommen. Ich dagegen nicht. Musste ja für den
Führerschein auf der Insel arbeiten gehen. Ich bestehe
darauf, dass sie mir den Wagen zur Verfügung stellt.
Doch sie macht das nicht gerne, weil ich ja Drogen
nehme. Meine Schwester dagegen durfte viele Jahre den
Audi fahren. Sie konnte den sogar, zu der Stadt in der sie
studiert, mitnehmen. Meine Mutter hat ihr den Wagen
immer zur Verfügung gestellt. Ich bekommen den Wagen
selten und oft nur durch Streit. Das war schon als ich
jung war so. Da bekam ich einen Wagen zwar oft zur
Verfügung gestellt, aber ab und zu wollte sie mir den
Wagen nicht geben. Und dann kriselte es wieder mal.

Ich weigere mich meine Medikamente zu nehmen. Ab
und zu nehmen ich sie, dann wieder nicht.

Mit dem Wagen fahre ich zu Erika in die Psychiatrie und hole sie ab zu mir. Wir fahren dann zum Strand und zuhause reißen wir uns die Klamotten vom Leib. Sie kauft kleine Figuren für ihre Mutter am Meer in einem kleinen Laden. Meine Mutter schreie ich am morgen an, was ziemlich peinlich ist vor Erika. Dann holen wir einen Blumenstrauß von der Tankstelle. „Erst haben wir Streit, dann schenkst du mir einen Blumenstrauß", sagt meine Mutter verwundert und gleichzeitig belustigt.

Erika darf nicht kiffen, sonst fliegt sie raus aus der Therapie. Sie hat Borderliner und ist Suizid gefährdet. Wir fahren noch in die Dorfkneipe. Hier ist auch Mine an einem Tisch und wundert sich bestimmt, dass wir hier Hand in Hand durchlaufen. Ich habe auch die ganze Zeit einen Steifen in der Hose. Es ist mir etwas unangenehm hier, mit einer Latte, so herumzulaufen. Das sieht man bestimmt durch die kurze Hose. Aber dadurch, dass wir uns ständig küssen, passierte das einfach. An unserem Tisch setzten sich die kleine Schwester von Maria und zwei Freundinnen von ihr. Sie sagen mir als Erika kurz weg ist: „Finde es nicht gut, dass Erika hinter deinem Rücken mit dem Kellner flirtet." Mich juckt das nicht. Es war bestimmt nicht so heftig. Weiter gehts zur Großraumdisco zwei Städte weiter. Als wir draußen sitzen lächeln mich zwei Mädchen an.

Am nächsten Tag sind wir in einer Kneipe in der Innenstadt. Bruno ist da auch mit einer ziemlich dicken Tussi. Er sieht uns und setzt sich kurz zu uns. Erika mag ihn nicht. Ich erzähle ihr dann auch im Auto, dass er gewalttätig ist und dafür auch schon lange und oft im Gefängnis saß.

Am Ende fahre ich sie zurück zur Psychiatrie. Als ich nach Hause komme ist mein Gras weg. Ich durchsuche alles. Den Schreibtisch und das kleine Regal daneben. Ich will unbedingt einen rauchen. Hat sie mir mein Gras geklaut? Sie ist ja auch oft gegen das Kiffen, obwohl sie es selber ab und zu macht. Ich solle nicht so viel kiffen und am besten aufhören. Vor ihr sollte ich auch nicht kiffen, weil sie sonst auch Lust darauf bekommen hätte. Und die in der Psychiatrie machen ja Urin-Kontrollen, wenn sie wieder da ist. Ich rufe sie in der Psychiatrie an. Sie will nicht so recht mit der Sprache rausrücken. Doch dann gibt sie zu, es versteckt zu haben. Im Regal. Warum habe ich das nicht gefunden, da habe ich doch geschaut? Ich schaue nochmal und finde es. Sogleich landet es in meiner Bong.

Ich hänge mit ziemlich abgefuckten, asozialen Leuten rum. Sören nimmt mich mit zu denen. Sie bekommen Hasch von mir und wohnen im Ghetto von meiner Heimatstadt. Der Anführer der Typen heißt Heinz und bei ihm hängen immer alle herum. Er hat eine ziemlich hübsche blonde Freundin. Sie will dass ich sie mal mit dem Auto abhole, weil sie in der Nähe meiner Mutter wohnt. Doch ich will das nicht. Heinz ist ziemlich aggressiv. Nachher denkt er ich mache mich an sie ran. Doris ist mit Sören auch hier in das Ghetto gezogen. So ist alles dicht beieinander.
Die Typen wollen Ecstasy von mir. Ich bin bei denen, doch finde die Pillen nicht. Habe ich die bei Doris vergessen? Ich erzähle Sören davon. Plötzlich ist er weg. Heinz sagt mir: „Sören hat mir gesagt, ich solle dich nicht raus lassen." Hat Sören es auf meine Pillen abgesehen? Er ist wohl zu Doris gegangen und sucht die. Heinz lässt mich trotzdem raus. Ich gehe zu Doris, doch die hat meine Pillen auch nicht gefunden. Ich gehe wieder zu Heinz. Am Ende finde ich die Pillen in meiner Socke. Obwohl ich da schon nachgeschaut habe. Heinz und seine Leute bekommen dann die Pillen.

Einmal lasse ich ein Gramm Hasch kurz auf Heinz seinem Tisch liegen. Ich rauche dann die Bong. Ich hab kurz weggeschaut und dann war das Gramm wieder weg. Ein Junge kommt dann draußen am Nachmittag zu mir und will mir was unter vier Augen erzählen. Er sagte: „Heinz hat dein Gramm genommen. Ich habe es gesehen."

Bei Sören hat ein Junge mal seinen Kicker-Tisch abgestellt. Als Sören und Doris umgezogen sind, nahmen sie ihn mit zu Doris. Ich sehe dann aus dem Fenster von Heinz, wie der beste Kollege von Sören und ein anderer Typ den Kicker schnell über die Wiese tragen. Er hat sich den Kicker von Doris geholt. Ich rufe den Jungen an, den der Kicker gehört und erzähle ihm davon. Ich biete ihm an, den Kicker zu holen und mit meinem Auto zu ihm zu transportieren. Er willigt ein. Wir gehen zu dem Typ der auch in dem Ghetto wohnt. Ich klingele. Der Junge versteckte sich ein Stockwerk weiter unten. Der Typ macht die Tür auf. Dann kommt der Junge schnell an. „Wir wollen den Kicker holen!", sage ich mit einem grinsen auf dem Gesicht. Der Typ hat keine Wahl und willigt ein. Er wollte sich eigentlich den Kicker unter den Nagel reißen, aber wir packten den dann in den Wagen und er war wieder bei seinem ursprünglichen Besitzer.

Ich sitze mit Heinz seiner Freundin und seinem Mitbewohner in seiner Wohnung. Hier ist nicht viel. Er hat ein Sofa und einen Computer. Von mir hat er gute Musik bekommen. Ich hab immer die beste Musik. Es ist Drum and Bass. Schnelle, elektronische Musik. Als Heinz gegangen ist. Hat er die Tür abgeschlossen. Ich kann also nicht weg.
Der Mitbewohner gibt mir etwas zu Kiffen aus dem Schrank im Wohnzimmer. Heinz hat nämlich etwas da.

Eigentlich dürfte er da nicht ran. Hoffentlich wird Heinz nicht sauer.

Es ist auch noch ein anderes Mädchen da. Sie ist die Schwester von dem Dealer, von dem hier alle ihr Hasch bekommen. Sie ist blond und etwas pummelig. Hat aber ein bildhübsches Gesicht. Man merkt gar nicht, dass sie pummelig ist, weil sie die Kilos nur an der Hüfte hat. Ihr Name ist Alina und ihr Bruder der Dealer heißt Aaron. Er hat große Geheimratsecken, die man sieht wenn er seine Cappy abnimmt. Und er hat eine Brille. Irgendwie sieht er aus wie ein Hamster vom Gesicht her.

Wir sitzen da dann so und warten auf Heinz.

Er kommt irgendwann voll besoffen wieder. Ein Typ ist bei ihm. Laut schreit er: „Die Russen haben mich angegriffen! Wo wart ihr?" Er schlägt gegen die Scheibe der Wohnzimmertür. Sie zersplittert. Blut tropft von seiner Hand. Der Typ, der mitgekommen ist, hält ihn dann von hinten in einem Klammergriff, um ihn zu beruhigen.

Ich bin dann noch bei einer Tussi gegenüber. Sie sieht gar nicht mal schlecht aus. Ihr Name ist Emma. Sie hat mich zum trinken eingeladen. Sie sitzen im Keller. Ich frage sie später irgendwie, ob wir uns küssen wollen. Sie willigt ein. Doch der Kuss ist nicht gut. Es fühlt sich schleimig an. Das Mädchen hat ein Kind und ist etwas crazy. Ich soll dann mal bei ihr schlafen, weil sie Stress mit ihrem Typen hat. Er kommt dann auch sogar vorbei. Denke, dann das es wohl Stress gibt. Aber er streitet nur mit ihr im Flur. Ich kann an dem Tag irgendwie nicht schlafen, bei ihr im Wohnzimmer auf der Couch. Sie kommt mir komisch vor. Es kommt nicht zu einer Beziehung oder ähnlichem.

Ich besorge Heinz und seinen Leuten dann immer was zu
rauchen und die helfen mir. Bei Heinz finden immer voll
heftige Saufgelage statt. Viel Jugendliche sind da. Sein
Sofa ist immer voll mit Leuten und auch im
Nebenzimmer bei seinem Mitbewohner lungern die Leute
rum.
Als ich bei Heinz bin lächelt mich Alina immer so nett
an. Wir alle wollen am Abend in die Dorfkneipe.
Ich sehe immer so ein funkeln in ihren Augen, wenn sie
mich anlächelt. Sie sucht meine Nähe.
In der Dorfkneipe trinken wir ordentlich. Ich setze mich
bei der Tanzfläche neben sie. Sie schaut mich so verliebt
und fordernd an. Wir küssen uns, obwohl ich mit Erika
zusammen bin. Auch komme ich die Nacht mit zu ihr.
Wir schlafen miteinander und am nächsten Tag wache ich
nackt bei ihr im Bett auf. Wir haben kein Kondom
benutzt. Sie meinte, dass sie die Pille nimmt.

Ich mache per Telefon mit Erika Schluss.
Bei Heinz verwechsele ich einmal plötzlich ihren Namen.
Statt Alina sage ich Antje. Nichts weltbewegendes. Zu
Aaron sage ich, dass ich ihn mal mit zu meinem Dealer
nehmen kann. Dann müsse er aber viel kaufen und
verkaufen. Mein Dealer ist nämlich ein Dealer für Dealer.

Alina will dann plötzlich mit mir reden. Sie hat zwei
Freundinnen bei sich. Die anderen sind zu ihr gegangen
und haben Scheiße über mich gelabert. Sie haben gesagt,
dass ich ihren Namen verwechselt habe. Und ich hätte zu
ihrem Bruder, Aaron gesagt er solle mehr Dealen.
Alina macht Schluss. „Dachte du wirst sauer, deshalb
sind meine Freundinnen auch gekommen", meint sie
noch. Doch ich wurde nicht sauer. Stand aber wieder

ohne Freundin da. Ich wäre gerne länger mit ihr zusammen geblieben. Doch zu der Zeit ging es mir ja auch psychisch nicht so gut.

Rückfällig

Ich bin total durcheinander. Es kommt vielleicht, weil ich wieder Ecstasy genommen habe. Und Alkohol trinke. Meine Medis nehme ich nicht mehr regelmäßig. Streite mich immer mit meiner Mutter. Dass ich dort wohne ist keine gute Idee mehr. Heinz ist ein Abfucker und auch Sören. Die Leute sind total asozial. Mit dem Kiffen läuft es nicht so gut. In der Kleinstadt gab es früher nicht so viel Zeug. Es ist 2006 und ich laufe durch die Stadt. Es ist total leer. Wie eine Geisterstadt. Hab bei Doris etwas Geld gelassen für Hasch. Laufe nach Hause und es ist kein Mensch auf der Straße. Es ist unheimlich und kommt von der Weltmeisterschaft. Gleich wird ein Spiel von Deutschland übertragen.
Als ich zuhause bin schaue ich Fußball mit meinem Bruder. Draußen sehe ich ein kleiner rotes Licht weit hinten bei irgend einem Haus. Das verstört mich. Brülle aus dem Fenster: „Deutschland!" Plötzlich kommt ein Russe mit seinem Fahrrad vor unser Haus und will das ich raus komme. Ich rufe die Polizei. Die machen gar nichts. Er hatte unser Grundstück nicht betreten und wollte einfach wissen warum ich das gerufen habe. Fühle mich stark verfolgt. Kann dann die ganze Nacht nicht schlafen. Bleibe wach und bin plötzlich voll psychotisch. Bilde mir ein, es gäbe eine Verschwörung gegen alle Ausländer. Denke, Rechte wollen alle Ausländer plötzlich ganz schnell töten. Am nächsten morgen gehe ich zu Doris. Sie hat dann etwas Hasch für mich. Ich rauche etwas in meiner Bong. Gehe nach unten

zu meiner Mutter. Sie macht die Wohnung sauber und voll den Lärm. Ich höre draußen die Leute ihre Hecke schneiden. Es hört sich an wie Kettensägen. Lese in der Zeitung und beziehe den Text auf mich. Plötzlich bekomme ich Angst. Wähle den Notruf während meine Mutter im Flur am wischen ist. Ich überlege es mir aber dann doch noch und lege sofort wieder auf. Ich muss mich wahrscheinlich nur endlich hinlegen und schlafen. Doch dann klingelt es. Es ist die Polizei. Ich mache die Tür auf. Dann bekomme ich Angst und mache sie wieder zu. „Die wollen uns töten!", sage ich zu meiner Mutter. Sie fängt fast an zu weinen und sagt einfach: „Nein." Sie lässt die Polizei rein. „Er denkt sie wollen ihm was tun", sagt meine Mutter zu denen. Irgendwie gehen die dann auf mich los. Ich weiß nicht mehr wieso. Im Wohnzimmer sprühen die Tränengas in meine Augen. Ich renne raus. Springe über den Zaun zu den Nachbarn. Der kleine Hund kommt angerannt und bellt mich an. Ich gehe wieder zurück. Die Polizei fängt mich dann. Zwei Beamte nehmen mich jeder an einem Arm und zerren mich zum Polizeiauto. Ich wehre mich dagegen. Sie müssen ordentlich ziehen und drücken.

Bin dann in der Zelle auf dem Revier. Schreie da die ganze Zeit rum. Bis die Tür auf geht. Sie geben mir einer Beruhigungsspritze. Ich schlafe dann ein und wache in der Psychiatrie wieder auf, gefesselt am Bett.

Nach ein paar Tagen sagte der alte Arzt wieder zu mir. „Sie waren richtig verrückt diesmal", er hat eine triumphierenden Ton drauf und grinst dabei. „Sie dachten man wolle sie umbringen. Und dachten die wollten eine Bombe auf das Haus von ihnen werfen."

Die Ärzte sagen dann die Psychose kam von den Medikamenten. Weil ich noch nie Panikattacken, Verfolgungswahn und Halluzinationen hatte. Und weil ich die Medikamente immer hochdosiert nahm und dann wieder nicht. Es nennt sich der Serotonin-Effekt.

Ich weiß nicht wie lange ich dort ans Bett gefesselt war. Es war auf jeden Fall sehr lange. Ich bekam davon aber nichts mit, weil ich nur schlief. Die haben mir wohl was ganz starkes gegeben.

Ich wache dann irgendwann auf einem normalen Zimmer wieder auf. Auf der alten Station, der Geschlossenen.

Betreuer

Ich bekomme dann einen Betreuer, sagt der Arzt, der für mich zuständig ist. Ein Insasse erzählt: „Dann wirst du jetzt entmündigt. Die können alles für dich entscheiden. Deine Verträge, deinen schriftlichen Kram, deine Geldangelegenheiten und sogar deinen Wohnsitz. Er kann sich jederzeit Zutritt zu deiner Wohnung verschaffen. Du musst den immer rein lassen wenn er will. Er kann dir den Zugang zu deinem Konto verwehren. Auch kann er dir dein Geld einteilen."

Ich will keinen Betreuer haben. Meine Befürchtung ist, dass er immer vorbei kommt und mich mit meinem Gras-Konsum bei der Polizei anschwärzt. Auch wenn er mir mein Geld weg nimmt, wäre das nicht so toll. Wie soll ich dann an meinen Stoff kommen. Ich denke, solche Leute versuchen einen immer wieder in die Psychiatrie zu bekommen. Zu der Zeit war immer nur meine einzige Sorge, wie ich an jedem Tag an was zu Rauchen komme. Da hatte ich keine Kopf für einen Betreuer. Solche Leute verstehen es nicht, dass ein anderer kifft. Für sie ist Kiffen was schlimmes und schlechtes. Ich habe gar keine Zeit mich immer mit solchen Leuten zu treffen und zu diskutieren. Das ist doch eine Verschwendung der Lebenszeit.

Ich treffe dann den Betreuer. Er kommt in die Psychiatrie.

Es ist ein großer, dicker Typ und mir gleich unsympathisch. Er hat eine harte, abgebrühte, böse, unsympathische Art. Wie so viele in der Psychiatrie-Szene. Sein erster Satz ist: „Ich habe gehört, sie reden offen darüber, dass sie kiffen?"

Wieder eingesperrt

Das zweite mal in der Psychiatrie mache ich mir wieder was zu Rauchen klar. Es sind viele Jugendliche dort, die kiffen und dealen. Sie machen es aber zum Teil jetzt nicht in der Psychiatrie, weil sie nicht rausgeschmissen werden wollen. Einer gibt mir ein Stück Hasch. Es sind circa acht Gramm. Der Typ gibt es mir draußen, auf dem Weg zur Cafeteria. Er will 60 Euro dafür. „Das ist zu viel dafür", sage ich. „So viel habe ich nicht. Das ist nicht so viel Hasch für den Preis", merke ich noch an. Ich gebe den Typen 30 Euro und realisiere gar nicht, dass er jetzt sauer ist. Ich habe das Stück schon eingesteckt und bin froh was zu rauchen zu haben. Seitdem versuchen die Typen mich immer abzuziehen. Sie wollen Poker mit mir und anderen spielen. Dafür haben sie einen Koffer mit Poker-Chips. Jeder soll einen Einsatz machen und der Gewinner bekommt das Geld. Doch ich will nicht mitmachen. Immer wieder fragen sie mich. In der Cafeteria mache ich einmal mit. Der Einsatz war 3 Euro. Sie wollen bescheißen. Stellen sich dabei aber ziemlich doof an. Sie sind sehr nervös, schieben sich Karten gegenseitig zu. Am Ende sehe ich Karten unter dem Tisch auf dem Boden.
Ich nehme meinen Laptop mit zu denen auf die Station und zeige ihnen ein neues Zombiespiel. Es heißt Left 4 Dead. Sie finden es richtig gut. Ich mache ihnen das Angebot meinen Laptop mal auszuleihen. Seitdem

pochen sie richtig darauf. Mir wird das dann unheimlich. Das sind Abzieher. Sie wollen dann unbedingt den Laptop ausleihen: „Du hast doch gesagt, du leihst den uns aus?" „Ich kann das leider nicht machen, es ist zu gefährlich. Der Laptop hat 1000 Euro gekostet. Ich habe ihn zwar für 200 Euro bekommen, aber er ist einfach zu viel wert."

Ich bekomme dann keinen Ausgang mehr, weil THC in meinem Urin gefunden wurde. Dies bei der letzten Urinprobe, die genommen wurde. Ich darf nur in den abgesperrten Garten. Einer der Typen will Kopfhörer von mir ausleihen. Ich hab voll viele von den Dingern, weil bei jedem Handy war eins dabei. Ich leihe dem Typen den Kopfhörer aus. Bekomme ihn aber nie wieder. Er hat es also doch noch geschafft mich abzuziehen. Doch finde es nicht schlimm. Es waren billige Kopfhörer, mit Kabel. Den Kopfhörer hatte ich zwar neu, weil ich einen Handyvertrag gemacht habe, aber benutzte ihn gar nicht. Bin in das in der Nähe liegende Kaufhaus gegangen und habe einen neuen Handyvertrag gemacht. Hab dann ein ganz gutes neues Handy bekommen. Es war ein gutes Angebot. Man musste nur 10 Euro im Monat bezahlen, konnte dafür umsonst telefonieren und SMS schreiben. Das Handy war das erste mit Touch. Doch mein Betreuer kündigte den Vertrag. Komischerweise konnte ich das Handy behalten. Ein paar Wochen später hatte ich aber ein Feuerzeug in der Hosentasche und auch das Handy. So ging das Display kaputt.

In der Psychiatrie war ein Typ, der schon etwas älter war. Er erzählte, dass seine Mutter ihm immer sein Hasch eingeteilt hatte. Das finde ich nicht gut, die Mutter da mit reinzuziehen.

Ich war so blöd damals. In der Kunstgruppe war ein Raucherraum. Ich mache dort das Fenster auf und rauche einen Joint. Voll auffällig. Es kommt ein Typ zu mir, den ich hier in der Psychiatrie ein paar mal was verkauft habe. Er sagt: „Gib mir schnell das Hasch, dich hat einer angeschissen." „Was los? Ach quatsch", realisiere ich gar nicht die Situation. Der alte Typ, dessen Mutter ihm immer sein Hasch eingeteilt hatte, hätte mich angeschissen. War das nur eine Masche, um an meinen Stoff zu kommen? Ich gehe zurück in den Raum, wo alle malen. Es ist total ruhig. Kein sagt einen Ton. Ich frage die Aufsichtsperson, den Kunstlehrer: „Ist alles in Ordnung?" „Ja", erwidert er. Doch dann kommen zwei Typen und sagen ich solle mitkommen. Es sind die Schläger-Pfleger, die kommen wenn es um Handgreiflichkeiten geht. „Man schießt nicht mit Kanonen auf Spatzen", sagt einer. Ich muss irgendwie das Hasch loswerden. Überlege abzuhauen. Schnell wegzurennen. Doch lasse es dann. Im Büro der Geschlossenen muss ich meine Taschen ausleeren. Dann muss ich meine Schuhe ausziehen. Und zuletzt finden die dann das Stück Hasch in meinem Tabak. „Ist ja ein ganz schöner Brocken"; sagt einer der Krankenpfleger daraufhin. Ich denke dann, dass ich eine Anzeige bekomme, aber es geht alles gut. Es schmerzte, aber dennoch das schöne Stück Hasch verloren zu haben. Den Typen, der mich angeschissen hat stelle ich zur Rede. Ich erzähle auch überall herum, dass er mich angeschwärzt hat. Er entschuldigt sich dann bei mir. Ich treffe ihn Jahre später wieder in einer Großstadt in der Nähe meiner Heimatstadt. In der Innenstadt spricht er mich an: „Hast du vielleicht einen Euro." Er ist dort am betteln, aber erkennt mich nicht wieder. Die Welt ist anscheinend ziemlich klein.

Ich werde dann zuerst auf der Kunstgruppe geworfen. Doch später darf ich wieder dahin. Ich rede immer mit einer Frau. Sie ist etwas älter als ich.

Ich kotze ich mich aus über schlechte Dealer, die einen Süchtig machen wollen. Meckere über aufdringliche Kunden, die alles von einem wollen und einem die Haare vom Kopf fressen. „Wenn man denen einen Finger gibt, wollen die die ganze Hand", schimpfe ich. Plötzlich sehe ich wie eine Typ, den Finger vor den Mund nimmt. Er signalisierte mir aufzuhören und ruhig zu sein. Ich schaue die Frau dann ängstlich an. Habe ich was falsch gemacht? Und wirklich, sie ist am weinen und ich höre dann abrupt auf weiter zu schimpfen.

Auf der Geschlossenen war ein Junge, der erzählt hat, dass er wegen Vergewaltigung in der Psychiatrie ist. „Ich war es aber nicht. Es war mein Bruder", erzählte er die schockierende Geschichte. Sein Bruder hätte immer Kinder Vergewaltigt und gesagt er wäre es gewesen. Dies konnte sein Bruder machen, weil er immer auf Kinder aufgepasst hatte. Er war Babysitter. Ich wundere mich, dass er mir das anvertraut. „Zu unrecht eingewiesen. Das ist schon heftig", sage ich verständnisvoll.

Ich komme dann auf die Offene in einem schönen Haus. Mein Zimmer teile ich mir mit einem hageren Typen mit langen Haaren. Er ist die ersten Tage immer sehr ruhig und redet nicht. Ich mache meine Sportübungen im Zimmer und gehe immer Joggen.

Eines Abends kommt er aus sich raus und redet mit mir. „Warum bist du hier?", frage ich ihn. „Ich habe immer Kinder vergewaltigt. Wenn ich ein Kind sehe verspüre ich den unaufhaltsamen Drang sie zu vergewaltigen. Ich konnte das machen, weil ich immer auf Kinder aufpasse. Das ganze habe ich meine Bruder angehängt. Es ist auch jahrelang gut gegangen. Doch dann ist es aufgeflogen", erzählt er. Er war also der Bruder des Typen, mit den ich schon geredet hatte. Derjenige der unschuldig eingewiesen wurde.

Sofort nach dem Gespräch gehe ich ins Büro und erzähle

es den Pflegern. Ich werde dann von dem Pädophilen getrennt. Er bekommt ein eigenes Zimmer.

Durch einen Zufall treffe ich eine alte Bekannte. Fridas Schwester, die früher in der Heimatstadt immer was zu kiffen von mir bekommen hat. Sie treffe ich bei der Bushaltestelle vor dem Psychiatrie-Komplex. Sie wohnt nicht weit von der Psychiatrie entfernt. Es geht einfach zu Fuß drei Minuten die Straße bei der Psychiatrie gerade aus. Die Welt ist echt klein. Obwohl die Psychiatrie circa 200 Kilometer von meiner Heimatstadt entfernt ist, treffe ich noch alte Bekannte wieder. Als ob es Schicksal ist. Auch Erika treffe ich wieder. Sie ist auch zur gleichen Zeit wieder in die Psychiatrie gekommen. Wir knutschen auch wieder miteinander herum. Zusammen mit ihr und einem Typen aus der Psychiatrie besuchen wir Fridas Schwester. Wir können sogar bei ihr kiffen. Und sie will mir auch was klar machen. Leider hat sie noch nicht so eine gute Connektion. Doch nach einer Zeit bekomme ich zwei Gramm von ihr. Fridas Schwester ist aber sehr unfreundlich. „Ich will nicht, dass du Leute von der Psychiatrie mitbringst! Man weiß nicht wie die drauf sind", sagt sie einmal sauer zu mir. Ein anderes mal meint sie: „Ich will nicht, dass du jeden Tag hier vor der Tür stehst!" „Du weißt nicht wie schlimm und langweilig es in der Psychiatrie ist", verteidige ich mich.
Auch Frida besucht mal ihre Schwester. Ich freue mich darüber und würde Frida gerne mal wieder sehen. Doch an dem Tag lässt die Schwester mich mal wieder nicht rein. Das passiert auch öfter. Ich klingele oft bei ihr, doch stehe dann vor verschlossener Tür und keiner macht auf, so dass ich umkehren muss. „Frida wollte dich nicht sehen", sagte die Schwester dann etwas später zu mir. Einmal kam die Schwester von Frida, dann mit einem Kuchen zu mir auf die Station. Komisch, so abweisend

wie sie auch war, so nett war sie auch wieder auf der anderen Seite.

Erika ist ziemlich verrückt. Sie hebt die Zigarettenstummel bei den Bänken auf und meint, dass Gott sonst sauer wird. Auch kommt sie mal zu mir zur Station und besucht mich. Ich gehe nach unten und wir reden draußen: „Bist du ein Undercover-Polizist?", fragt sie mich. Ich finde das ziemlich verrückt.

Ein Arzt bei der Visite sagt dann zu mir: „Ihre Mutter nimmt sie nicht mehr auf. Deswegen müssen sie ins betreute Wohnen." „Das möchte ich nicht!", sage ich daraufhin. Und es war mein ernst. Ich wollte da um keinen Umstand hin. „Sie haben keine Wahl. Sie gehen ins betreute Wohnen!", sagt der Arzt dann laut in einem wütenden Ton. Meine Mutter ist nämlich in der Zwischenzeit zu ihrem Freund gezogen. Sie wohnen jetzt in seinem Haus in einem Dorf in der Nähe meiner Heimatstadt. Der Freund will mich nicht bei ihm haben. Mein Bruder, der noch zur Schule geht wohnt jetzt auch dort bei denen.
Ein paar Tage später kommt eine Frau mit einem Dokument. Ich muss es unterschreiben.
Von der Psychiatrie werde ich dann direkt in betreute Wohnen gefahren.

Betreutes Wohnen

Das betreute Wohnen ist wie ein Gefängnis für mich. Ich will dort sofort wieder raus. Ich habe auch einen Plan. Dort ist Alkohol verboten. Ich habe gehört, wenn man hier Alkohol trinkt fliegt man raus. Doch kurz bevor ich zur nahegelegenen Tankstelle gehe, rede ich noch mit einem Insassen. Er sagt: „Wenn man hier mit Alkohol erwischt wird, dann kommt man zurück in die Psychiatrie." Das wollte ich auch auf keinen Fall. Es scheint so, als ob ich hier gefangen bin.

Beim Abendessen gibt es richtig viel zu Essen. Viele Wurst und Käsesorten, sowie viele verschiedene Sorten Brot.

Nach dem Abendessen bleibt ein Typ am Tisch noch sitzen und redet mit mir. Er ist ziemlich klein, hat braune Haare und hat ein sehr entstelltes Gesicht. Es ist irgendwie schief, als ob er schon einen Schlaganfall hatte. Und sein Gesicht sieht aus, als ob er Verbrennungen erlitten hat. Sein Name ist Detlef.

„Ich bin im Alkohol-Delirium aus dem dritten Stock gesprungen. Hab mir beide Beine gebrochen, und musste viele Operationen über mich ergehen lassen", erzählt er. Er redet plötzlich vom Kiffen, und fragt mich ob ich kiffe. „Wollen wir kiffen?", meint er dann auch noch. Ich bin voll happy und bin sofort dabei. Was für ein Glück. Und das am ersten Tag hier. Wir gehen in sein Zimmer. Unter dem Fernsehschrank entfernt er ein Brett. Dahinter hat er einer Schale mit einer Tabak-Mischung, sowie einer kleinen, silbernen Pfeife.

Er hat ein kleines Stück braunes Hasch. Es ist die billige Sorte, die mit Henna gestreckt ist und circa drei Gramm. Diese Sorte gab es ja auch immer in meiner Heimatstadt, bevor die Gras-Zeit kam und es nur noch Gras gab. Wir kiffen etwas und ich lege mich glücklich in mein Bett. In meinem Zimmer ist nicht viel. Es fühlt sich an wie eine Gefängniszelle. Es ist dort nur ein Kleiderschrank, ein Bett und ein kleiner Tisch. Meine Mutter hat mir einen kleinen Fernseher gebracht. Er zeigt aufs Bett, so dass ich vor dem einschlafen immer Fernseher schauen kann.

Ansonsten sind gefühlt nur behinderte im betreuten

Wohnen. Ich bin hier total fehl am Platz. Wie lange soll ich hier nur bleiben?

Morgens nach dem Aufstehen versammeln sich alle vor dem Gebäude. Dann müssen wir Spaziergen gehen. Ich wollte ein paar mal nicht daran Teil nehmen. Dann kamen die Mitarbeiter in mein Zimmer. Die haben ja einen Schlüssel für meine Tür. Ich wurde dann immer angeschrien, dass ich mitkommen solle. Ich hatte keine Wahl. Sie sind immer wieder in mein Zimmer gekommen und haben mich aus dem Bett geholt.

Danach kommen wir in den Aufenthaltsraum. Jeden Tag müssen wir hier acht Stunden lang malen. Ich finde es einfach nur langweilig. Die Materialien zum malen sind nicht gut. Die Bedingungen sind total schlecht. Die Wasserfarbe ist verbraucht und von den Buntstiften sind nicht alles da. Ich setze mich immer abseits hin, mit dem Rücken zu den Betreuern. Dort am Tisch basteln sie immer. Ich muss auch ab und zu dabei helfen. Meistens lege ich einfach den Kopf auf den abgestützten Arm und döse vor mich hin. Immer wieder gehe ich rauchen, obwohl ich dafür auch oft Ärger bekomme. Rauchen ist nur zu den festen Pausenzeiten erlaubt. Dann gibt es um 12 Essen. Dafür muss ich wieder auf unsere Station. Das betreute Wohnen ist genauso aufgebaut wie eine Psychiatrie. Es gibt die Stationen und dort einen langen Gang, wo sich alle Zimmer anschließen. Wir müssen das Essen von unten holen. Nach dem Essen kann ich mich eine halbe Stunde lang hinlegen. Dann muss ich wieder malen. Immer nur malen. So auf Zwang wollte ich das gar nicht. Obwohl ich total gut malen kann und es auch gerne mache. Hier war es nur eine Qual. Um 15 Uhr gibt es Kekse und Tee. Darauf freue ich mich dann wohl.

Ich bekomme sehr wenig Geld. Die nehmen mir alles weg. Was über bleibt sind 15 Euro für die Woche. Davon kaufe ich mir immer 3 Beutel Tabak. Und 5 Euro gebe ich Detlef für Hasch. Ich freue mich auf jede Woche Montag. Dann kann ich zwei, drei Köpfe mit der Pfeife kiffen. Denn Detlef gibt mir viel zu wenig. Ich wundere mich total beim ersten mal und sage ihm auch, dass das sehr wenig ist. Ich bekomme für die 5 Euro nur ein halbes Gramm. „Hier ist das anders mit den Drogen. Es herrschen Preise wie im Knast", meint Detlef und ich kann nichts machen. Er will ab und zu, dass wir einen Film schauen. Dazu hat er einen alten Videorekorder und viele Videokassetten. Alles mit Filmen, die schon ziemlich alt sind und auch schon im Fernseher liefen. Terminator, Rambo und der Nebel sind ein paar Filme, die aufeinandergestapelt in seinem Zimmer liegen. Ich sitze immer auf dem Stuhl in der Mitte seines Zimmers. Er schläft meistens ein.

Meine Mutter kommt nicht auf die Idee mir Geld zu geben. Ich bekomme aber ab und zu von ihr Süßigkeiten. Eine billige Tüte Chips und etwas Schokolade. Aber von sich aus ist sie nicht auf die Idee gekommen. Ich musste sie fragen. Ich gebe die Süßigkeiten dann meistens Detlef. Er will mir dafür aber nur einen Kopf mit der Pfeife geben. Auch wieder viel zu wenig. Und wenn er mir den Tabak mit dem Hasch in die Pfeife tut, dann macht er voll viel Tabak rein und sehr wenig Hasch. Und er nimmt nur von oben den Tabak und gibt mir den. Es bringt im Endeffekt gar nichts. Ich rauche dann nur Tabak ohne Wirkung. Er zieht mich absolut über den Tisch. Oft soll ich ihm Alkohol besorgen. Ich soll dann zur Tankstelle, die um die Ecke ist. Als ich einmal mit der Tüte ins Gebäude komme, sehe ich einen Pfleger oben am Fenster stehen. Im Flur laufe ich dann auch noch an ihm vorbei. Was macht er hier? Doch alles ist gut. Ich komme schnell in mein Zimmer und packe die Tüte in den Kleiderschrank. Doch nach kurzer Zeit kommt er zu mir ins Zimmer. Er durchsucht es und findet den Alkohol.

Detlef ist sauer.

Detlef ist sehr behindert. Er rastet oft aus und dann weisen sie ihn immer ein paar Tage in die Psychiatrie ein. Meistens reist er dann die Musikanlage bei sich im Zimmer auf. Er ist oft sehr betrunken. Ich weiß nicht was genau zu den Einweisungen führt, aber denke er ist aggressiv geworden.

Ich sage ihm dann, dass ich mal Hasch für 100 Euro haben will. Dazu will ich das Geld von meinem Konto abheben. Doch das hat erst mal noch Zeit.

Ich gehe dann zur Bank und drücke aus Versehen auf die Taste mit 400 Euro. Ich hab mir etwas Geld durch die Einweisungen angespart. Das Geld bezahle ich aber sofort wieder am Schalter ein.

Im betreuten Wohnen werde ich dann ins Büro gebeten. Ein Mitarbeiter sagt zu mir: „Dein Betreuer hat angerufen. Wir sollen deine Bankkarte einsammeln. Du hättest 400 Euro abgehoben." Ich muss die Karte dann abgeben und habe seitdem keine Kontokarte mehr und kann kein Geld mehr abheben. Bei der Bank ist auch angegeben, dass ich nichts mehr abheben darf.

Es kommt dann auch noch Detlef zu mir ins Zimmer. Ich liege gerade im Bett. Er will die 100 Euro. „Ich kann das leider nicht mehr machen. Die haben meine Kontokarte eingesackt", erzähle ich. Er wird aggressiv und tritt laut gegen den Kleiderschrank. „Ich hab das schon bestellt!", sagt er wütend. Immer wieder tritt und schlägt er gegen den Schrank. Ich habe plötzlich Angst, dass er auf mich los geht. Doch er geht dann einfach, weil er nichts machen kann.

Ich trinke ab und zu mit einer Kaffee auf ihrem Zimmer. Sie hat eine Kaffeemaschine. Das ist schon Luxus. Auch ist ihr Zimmer schön groß und sie hat sogar ein Sofa. Doch sie ist sehr behindert. Sie reißt sich immer die Haare aus und schreit dann ganz laut. Bis in mein

Zimmer höre ich das immer, obwohl ihr Zimmer ganz am Ende des Ganges ist. Sie hat einen Tick. Sie will immer meinen Puls messen. Dazu fühlt sie die Schlagader am Hals. Das will sie ständig. So was habe ich noch nie erlebt und wusste nicht, dass es so etwas gibt.

Wir sollen auch zu Sport gehen. Doch die Halle ist sehr weit weg und ich soll da immer hinlaufen. Dazu weigere ich mich. Ich nehme nicht am Sport teil. Ich bin auch noch etwas angeschlagen von dem ganzen Freiheitsentzug. Man wird gesund in die Psychiatrie eingewiesen und krank wieder entlassen. Ich denke ich habe ein Trauma davon getragen, dadurch dass ich plötzlich immer in die Psychiatrie eingesperrt wurde. Ein Mitarbeiter kommt dann an meinen Platz und bearbeitet mich hartnäckig. Er will dass ich zum Sport laufe. Doch ich lasse mich nicht überreden. Ich will einfach nicht.

Ich sage meinen Betreuer, dass ich hier raus will. Ich will hier nicht sein. Freue mich immer wenn meine Mutter kommt und wir in die Stadt zum Cappuccino trinken gehen. Dann essen wir auch etwas Kuchen. Auch holt sie mich ab und zu ab. Wir fahren dann zu ihrem Freund und ihrem neuen Zuhause. Das alte Haus hat sie ja vermietet. Ich liege dann meistens auf dem Sofa und gehe viel rauchen auf dem Dachboden. Oder ich setze mich neben meinen Bruder und schaue ihm zu wie er Counter Strike spielt. Er ist richtig süchtig danach. Meine Mutter hat ihn deswegen sogar mit zum Psychologen mitgenommen. Doch da will er nicht mehr hin. Seine Noten in der Schule sind sehr schlecht geworden und er hat kein Abi gemacht wie ich und meine Schwester. Die schlechten Noten kamen durch die Videospiele-Sucht. Es war auch echt stumpf ihm zuzuschauen. Er spielte auf einer kleinen Karte, die Pool-Map. Es war eigentlich nur ein viereckiger Raum und dort hat er immer andere Gegner abgeschossen. Er war wohl sehr gut darin, konnte sogar mit seinen kleinen Dolby-Surround-Boxen hören, aus welcher Richtung die Gegner kommen.

Mein Betreuer hat auf meinen Willen hin drei Typen zu mir kommen lassen. Sie kamen in mein kleines Zimmer. „Schön haben sie es hier", sagten sie zu der Gefängniszelle. Sie hörten mich an, dass ich mich nicht wohl fühle und das ich einfach nur von hier weg will. Und dass das alles wie eine Psychiatrie hier ist und wie ein Gefängnis. „Sie können jederzeit gehen. Niemand zwingt sie hier zu bleiben", sagten sie dann. Das verwunderte mich. Ich war vom Gegenteil überzeugt. Dachte ich muss hier bleiben. Und das vielleicht für Jahre. „Jedoch wären sie dann auf der Straße, weil sie nicht zu ihrer Mutter können. Der Freund ihrer Mutter will sie nicht aufnehmen", sagte die Typen dann aber doch noch.

Verfolgt

Ich liege im Haus des Freundes meiner Mutter auf dem Sofa. Meine Mutter hat mich abgeholt. Die Decke wärmt mich. Ab und zu stehe ich auf und gehe auf dem Dachboden rauchen.

Ich will am liebsten nicht mehr zurück in betreute Wohnen. Jeden Tag döse ich da rum im Aufenthaltsraum. Male nur ab und zu ein Quadrat mit den schlechten Buntstiften auf das Blatt. Mir ist es verboten rauchen zu gehen wann ich will. Eingesperrt zwischen behinderten Menschen und unfreundlichen Ein-Euro-Jobbern.

Meine Mutter versucht nicht mich da rauszuholen. Es ist Lebenszeitverschwendung.

„Ich bleibe hier", sage ich plötzlich. „Ich gehe nicht mehr zurück. Die haben gesagt ich kann jederzeit gehen", füge ich noch an.

Der Freund meiner Mutter bearbeitet mich. Auch meine Mutter sagt, ich müsse wieder zurück. Sie hören nicht auf. Es wird später und später und ist schon dunkel draußen.

Sie suchen das Telefon und wollen bei den unfreundlichen Mitarbeitern des Heims anrufen. Doch ich habe es in meine Tasche gesteckt. Ich gehe zur Eingangstür und tue so als ob ich das Telefon wegschmeiße. Sie suchen dann danach. Der Freund meiner Mutter wird voll nervös. Er hört einfach nicht auf und will um keinen Umstand dass ich zu denen komme. Sie haben doch in dem großen Haus ein Zimmer, wo ich bleiben kann.

Irgendwann wird es mir zu viel. Ich gehe raus und laufe durch das kleine Dorf zur Schule. Vorher hab ich denen noch das Telefon wieder zurück gegeben. In der Schule lege ich mich auf die Bank, auf dem Schulhof. Die rufen jetzt bestimmt im Heim an.

Es vergeht die Zeit. Plötzlich höre ich ein Auto kommen. Es kommt sogar hier auf den Hof. Ich weiß nicht mehr warum, aber ich verstecke mich in einem Gebüsch. Voll krass, aber ich wurde dazu getrieben. Der Wagen steht jetzt auf dem Schulhof vor der Bank auf der ich lag. Die Scheinwerfer sind in meine Richtung gerichtet. Jetzt haben die mich, denke ich. Haben meine Mutter und ihr Freund die Polizei gerufen? Ich kann in der Dunkelheit nicht erkennen, ob das die Polizei ist. Der Wagen fährt wieder weg. Ich laufe durch die Schule. Schneller und schneller bis ich renne. Plötzlich knalle ich auf den Boden. Ich bin in der Dunkelheit gegen einen Fahrradständer gelaufen und hab mir stark das Schienbein gestoßen. Ich denke ich hab mir das Schienbein gebrochen. Es tut stark weh. Die Narbe habe ich heute immer noch. Dann höre ich wie Leute näher kommen. Ich verstecke mich bei der Schule, neben dem Weg wieder im Gebüsch. Zu was die mich hier treiben ist Menschenverachtend. Die Leute haben Taschenlampen. Sie leuchten auf mich im Gebüsch. Jetzt haben die mich endgültig, ist mir klar. Doch die zwei Personen gehen weiter. Das muss die Polizei sein!

Ich laufe wieder in die andere Richtung. Nicht in die Richtung in der die Leute gegangen sind. In Richtung des Hauses des Freundes meiner Mutter. Des Freundes, der mir das alles hier eingebrockt hat. Der mich im Heim versauern lassen will. Ich bin nicht sonderlich von ihm begeistert. Er hat immer Streit mit meiner Mutter und verbietet ihr alles. Einmal hatte meine Mutter sogar ein Veilchen, weil er sie geschlagen hat. Typisch Alkoholiker! Denn Bier trinkt er gerne.

Er kommt mir entgegen. Er ist ganz ruhig und nett. „Wollen wir nach Hause gehen?", fragt er. Ich kann dann auch nicht mehr. Ich gehe mit. Gebe mich geschlagen. Kurz nachdem ich dort angekommen bin, kommt die Polizei. Er hat mich in die Falle gelockt.

Die Polizei nimmt mich im Wagen mit. Werde ich jetzt wieder ins betreute Wohnen gebracht?

Nein. Sie fahren mich in die Psychiatrie der Stadt in der das Heim ja auch ist. Hier kommen immer alle hin, die gegen die Regeln verstoßen.

Der Arzt sagt nach einer kurzen Unterhaltung zu der Pflegekraft: „Was machen die mit dem armen Jungen? Die Polizei bringt ihn her. Die Mutter hat gesagt er wolle sich umbringen. Ich sehe aber keine Wunden und er sagt, dass er sich nicht umbringen wollte. Er hat nur einen Spaziergang gemacht." Dann richtet er sich an mich. „Wir müssen sie leider drei Tage hier behalten. Das müssen wir immer machen, wenn ein Familienmitglied sagt, man wolle sich umbringen."

Ich weiß nicht wer gesagt hat ich wolle mich umbringen.

Denn meine Mutter streitet es bis heute ab. Sie sagt die vom betreuten Wohnen hätten gesagt ich wolle Suizid begehen und hätten die Polizei alarmiert. Fakt ist, meine Mutter ist mit der Polizei mitgefahren und hat mich überall gesucht. Sie sind sogar zu Psycho in die Heimatstadt gefahren. Die Polizei hat wohl richtig nach mir gefahndet. Der Arzt jedoch meinte ja meine Mutter hat gesagt ich wolle mich umbringen. Ich weiß nicht wer der Schuldige ist.

Nach drei Tagen komme ich aus der kleinen Psychiatrie wieder ins betreute Wohnen.

Ich darf seitdem nicht mehr zu ihr. Der Freund will das nicht mehr. Was die alles machen, um mich einzuweisen. Aber so hat meine Mutter mal richtig gemerkt, dass ich hier fehl am Platze bin. Sie sucht seitdem mit mir eine Wohnung, wieder in der Heimatstadt.

Marienplatz

Mithilfe meiner Mutter habe ich eine Wohnung beim Marienplatz gefunden. Dort wo ich aufgewachsen bin. Dort wo ich so oft bei Psycho zu Besuch war. Es sind die günstigsten Wohnungen hier in der Stadt. Als ich einziehe treffe ich abends Psycho, der mit dem Fahrrad draußen ankommt. „Hey, ich ziehe hier hin zu dir. Kannst du etwas beim tragen helfen?", frage ich ihn. „Nein, ich habe den ganzen Tag gearbeitet", ist seine Antwort und dann geht er weg. Was ein Freund. Er hat noch nie in seinem Leben gearbeitet und hatte zu dem Zeitpunkt auch keine Arbeit. Das einzige was er immer macht ist Kiffen und etwas an seinen drei Fahrrädern herum schrauben. Ich gehe dann öfter zu ihm. Wenn er oben in die Wohnung kommt höre ich es unten. Er ist aggressiv, wird ständig sauer. So keift er mich oft an: „Du sollst nicht immer vor meiner Tür stehen, wenn ich gerade nach Hause gekommen bin!" Ich brauche aber oft was zu rauchen von ihm. Und mir ist langweilig. Oft lässt er mich rein, schweigt mich dann an, wie immer und schmeißt mich voll schnell wieder raus. Er hat einen kleinen Röhrenfernseher auf dem wir uns etwas berieseln lassen und er macht meistens Tee. Hierbei erpresst er mich auch. Ich soll keinen Zucker in der Tasse lassen, sonst würde ich keinen Tee mehr bekommen. Beim Kiffen rauchen wir die Bong. Er ist komisch. Er redet nicht. Wartet immer bis ich was sage. Von seinen Freunden, täglichen Unternehmungen oder seinem Dealer erzählt er gar nichts. Auch will er mir nicht verraten, wie alt er ist. Er reagiert immer nur auf das was ich sage. Ich muss immer das schweigen brechen und dann wird er meistens auch besserwisserisch und patzig. Er ist kein echter Freund, kommt nie zu mir. Einfach mal mich besuchen. Auch beim Gras hilft er mir nicht sehr gut. Er hat ab und zu mal etwas Hasch und gibt ein Gramm ab, aber das ist viel zu selten. Von sich aus sagt er auch nichts. Wann er los geht, was neues zu holen. Oder ob ich auch was haben will. Ich muss ihn immer regelrecht anbetteln mir was klar zu machen.

Mir ist immer sehr stark langweilig. Stehe um neun Uhr auf und lege mich dann meistens einfach wieder auf die Couch. So richtig schlafen kann ich dann nicht mehr. Ich rauche die Bong und schaue TV.

Arbeiten muss ich nicht. Ich wurde befreit. Wenn ich arbeiten will, und mich auf eine Stelle bewerben will, muss ich erst immer ein psychologisches Gutachten machen lassen. Die Psychologin hat mir ein Jahr Pause gewährt. Ich finde es ist Schikane. Warum kann ich nicht einfach arbeiten wenn ich will. Der Typ vom Jobcenter schickt mich immer zu diesem psychologischen Gutachten. Selbst wenn ich einen einfachen Call-Center-

Job machen will. Die Psychologin beim Gutachten sagt, ich dürfe nicht in der Altenpflege arbeiten. Aber sonst, sagt sie auch einfach nur, dass ich arbeiten darf wenn ich es will.

Der Typ vom Jobcenter ist sowieso ziemlich unfreundlich. „Ich würde gerne eine Ausbildung machen", sagen ich ihm. „Dazu sind sie mit 27 leider zu alt", meint er. Das entmutigt mich sehr. Soll ich jetzt nur noch Helfer-Jobs machen? Ich finde doch keine anständige Arbeit, ohne Ausbildung oder ein Studium. Das Studium beenden würde ich auch gerne. Doch mein Betreuer und meine Mutter, wollen mir dabei nicht helfen. „Das gehört nicht zu meinen Aufgaben", sagt der Betreuer dann immer.

Ich gehe ins Ghetto, suche Doris. Dazu rufe ich sie an, aber erreiche sie nicht. Ich weiß nicht mehr, wo sie hier bei den ganzen Blöcken hingezogen ist. Ich sollte ja damals den Umzugswagen fahren, aber bin dann ja in die Psychiatrie gekommen und danach ins betreute Wohnen. Es sind ja schon 5 Monate vergangen. Mit Sören hat sie Schluss gemacht. Er ist dann wieder in seine Heimat gezogen, zu seinen Eltern. Raus aus unserer Stadt. Regelrecht vertrieben, weil er hier alle über den Tisch gezogen hat.

Als ich Doris suche, fällt mir ihr Nachname nicht mehr ein. Ich laufe zu einigen Blocks, aber kann nirgends klingeln, weil ich auf den Klingelschildern keine Doris finde. Ich rufe sie an, doch ein anderer Typ geht ran. Er sagt, dass das nicht mehr ihre Nummer ist. Sie hat sie abgegeben. Der Typ heißt Johannes und sollte später noch eine bedeutende Rolle in meinem Leben spielen. Er sagt mir ungefähr wo Doris wohnt. Ich klingel bei ihr und sie empfängt mich sehr erfreut und mit einem lachen im Gesicht.

Doris nimmt mich dann mit zu einem Dealer, der auch in

der Siedlung wohnt. Ich muss jeden Montag zur Bank an den Schalter fahren, weil mein Betreuer mir die Kontokarte weggenommen hat. Bei der Bank hebe ich immer 50 Euro ab und abends gehen Doris und ich gemeinsam zu Dealer. Oft klappt es nicht und er hat nichts. Er vertröstet uns dann meistens oder sagt wir sollen in einer Stunde wiederkommen. Dann warten wir und gehen wieder hin. Es kommt auch dann wieder oft vor, dass er uns noch eine Stunde vertröstet. Und so geht es dann leider oft weiter. Und am Ende klappt es dann auch mal gar nicht.

Von dort aus gehe ich immer weiter zu meiner Mutter. Jeden Tag laufe ich zu meiner Mutter. Dort esse ich was und trinke Tee mit ihr. Sie bringt mich dann immer mit dem Auto zurück.

So sieht mein Tag aus. Erst liege ich auf dem Sofa und langweile ich mich. Dann gehe ich Montags zu Doris meinen Stoff klären. Abends gehe ich zu meiner Mutter und danach noch zu Psycho. Es ist immer das selbe.

Im laufe der Zeit ziehen immer mehr Leute zu uns in das Haus am Marienplatz, die ich kenne. Die kranke Liane zieht vorne ein. Ein sehr außergewöhnlicher Typ namens Eddy zieht rechts von mir drei Wohnungen weiter ein. Ihn kenne ich auch schon sehr lange. Er ist voll der Alkoholiker. Aber kifft natürlich auch. Das besondere an ihm ist er ist ziemlich klein, hat Borderliner und ist schwul. Das er schwul ist hat Frida damals herausgefunden und mir erzählt. Er hat es eigentlich immer geheim gehalten. Frida hat ihn aber in der Dorfkneipe gesehen, wie er mit anderen Typen was hatte. Und so hab ich ihn immer darauf angesprochen. Er hat es aber immer abgestritten. Irgendwann hat er dann gesagt: „Ok, ich gebe es zu. Ich stehe auf Männer."

Es ist dann später ein neuer in der Stadt direkt neben mir eingezogen. Als ich ihn in unserem kleinen, gemeinsamen Flur einmal begrüße, erzählt er sofort, dass er mal Heroinabhängig war und bei einer Computerfirma in unserer Stadt arbeitet. Warum erzählt er mir, einer fremden Person, sofort so persönliche Sachen? Er ist genauso, groß wie ich und hat kurze Haare. Woraus er ein Geheimnis macht ist, dass er immer ein Bier nach der Arbeit trinkt. Sein Name ist Gabriel. Bei unserem ersten Treffen auf dem Flur, platzt was aus mir heraus, was ich nicht hätte sagen sollen: „Bei der Computerfirma, wo du arbeitest, arbeitet auch mein Dealer." Kurze Zeit später hat er herausgefunden wer das ist und sich auch bei dem gemeldet. Der Dealer, den ich ja durch Doris bekommen habe, hat mich dann darauf angesprochen. „Gabriel hat wohl durch dich erfahren, dass ich deale. Bitter erzähle das nicht weiter", sagt er dann aber ganz freundlich. Er akzeptierte es dann aber und verkaufte auch Gabriel was. Denn Gabriel fing dann natürlich auch an zu kiffen. Ich traf ihn nach unserm ersten Treffen bei Psycho. Dort rauchte er dann auch die Bong. Er sagte: „Boah, das haut aber rein." Kein Wunder, wenn man jahrelang nicht kifft und dann zum ersten mal wieder was raucht, dann haut das schon rein. Ich und Gabriel werden gute Freunde. Bessere Freunde als ich und Psycho. Er ist nicht so verklemmt und bösartig, wie Psycho. Gabriel hat auch Internet, was er mir per Wlan zur Verfügung stellt. Da er genau neben mir wohnt, ist das möglich. Er raucht dafür immer etwas Hasch bei mir mit.

Wir hängen jeden Tag miteinander ab.

Irgendwie bekommt Doris die Nummer von dem Kontakt des Dealers, wo wir immer kaufen. Es ist sozusagen der Dealer des Dealers. Sie gibt mir auch die Nummer, weil sie kein Guthaben hat. Wir rufen ihn dann mal an. Er trifft sich mit uns bei Doris. „Woher habt ihr meine Nummer?", fragt der Russe. „Wollen wir es ihm sagen? Nein, oder?", sagt Doris. Wir erzählen es ihm nicht.

Wir werden dann gute Freunde. Ich fahre oft für ihn, wenn wir den Stoff holen. Immer dann wenn meine Mutter mir den Wagen gibt. Und später kommt er immer zu mir vorbei und wir zocken PC-Spiele. Dazu verbinde ich meinen PC mit meinem Laptop. Ich halte es diesmal vor Gabriel geheim. Der Russe gibt mir auch immer was zu verkaufen. So können Psycho, Eddy und noch ein paar andere von mir holen. Mein Kundenstamm wächst schnell auf circa zehn Leute.

Oft läuft es auch nicht so gut und ich bekomme nur ein Gramm oder sogar oft nur ein halbes Gramm. Das ist halt so in der Kleinstadt anscheinend. Auch kaufe ich bei Johannes. Er wohnt in der Stadt und später auch in der Nähe von Doris in einer nahegelegenen Blocksiedlung. Für ihn bin ich auch Fahrer.

Arbeitsmäßig soll ich einen Ein-Euro-Job machen. Ich bin dafür mit meiner Mutter beim Jobcenter gewesen. Ich traue mich nicht so recht nein zu sagen. Weiß nicht, ob ich das machen muss. Und wenn ich nein sage, ob ich dann eine Sanktion bekomme. Das heißt ich würde weniger Arbeitslosengeld bekommen. Doch die Frau vom Jobcenter ist ganz nett und sagt ich dürfe frei entscheiden. Sie gibt mir einen Tag Überlegungszeit. Ich will auf jeden Fall keine Gartenarbeit machen. Draußen bei der Kälte im Dreck wühlen. Das ist gar nicht mein Ding. „Ich gehe nicht nur für einen Euro arbeiten!", sagte ich vorerst wütend vor dem Jobcenter zu meiner Mutter. „Das ist erniedrigend." „Du bekommst dann aber 150 Euro im Monat mehr. Und sie will dich im Rathaus einsetzen. Das ist nicht so schlimm", versucht mich meine Mutter zu überreden. „Und wenn das nichts für dich ist, kannst du immer noch abbrechen", beruhigt mich meine Mutter.

Ich mache es. Zuerst denke ich, ich schaffe es nicht immer so früh aufzustehen. Und die Arbeit wird bestimmt langweilig, habe ich die Befürchtung. Doch es geht. Da in der IT-Abteilung des Rathauses nicht so viel zu tun ist, werde ich im Touristenbüro eingesetzt. Hier kann ich während der Arbeitszeit viel am PC spielen, wenn nichts zu tun ist. Ansonsten helfe ich den Touristen oder mache Läufer für Sachen die ins Rathaus müssen. Es ist vielfältig, auch mache ich typische Büroarbeit. Sachen berechnen, Dokumente bearbeiten oder Broschüren weitergeben. Es ist ganz locker. Meine Chefin in der Touristeninformation ist echt nett. Ich sage aber, dass ich nur bis 15 Uhr mache. Daraufhin ruft die Frau vom Jobcenter an. Sie droht mir mit einer Sanktion. Ich sage aber, dass ich nicht so belastbar bin und komme damit durch.

Im Rathaus treffe ich Fridas Mutter wieder. Sie treffe ich unten im Keller, wo man rauchen kann. Sie arbeitet hier im Rathaus. Aber wir reden nicht viel miteinander. Ansonsten mache ich danach eine Fortbildung zum IT-Techniker in einer 30 Kilometer entfernten größeren Stadt. Vorher arbeite ich im Call-Center. Doch das ist mir zu langweilig. Ich muss Leuten bei PC Problemen helfen. Es kommen aber voll wenige Anrufe rein. Ich sitze da immer nur gelangweilt herum und die Zeit vergeht nicht. Nach drei Monaten gehe ich nicht mehr hin. Ich bitte sie mir doch zu kündigen, weil ich nicht selber kündigen darf. Dann bekommt man nämlich eine Sperre des Arbeitslosengeldes. „Ich hab mir doch solche Mühe gegeben", bitte ich die Chefin des Call-Centers. Und es klappt. Sie kündigen mir.

Bei der Fortbildung zum IT-Techniker muss ich ein Praktikum machen. Ich mache es bei der Computerfirma in meiner Heimatstadt. Ich bin dort Mann für alles. Muss das Lager aufräumen, in Notebooks Prozessoren einbauen, PCs und Notebooks beim Hersteller zur Reparatur anmelden, in der RMA helfen Notebooks

auszupacken und für den Versand vorzubereiten, Praktikanten anleiten, Paletten mit Folie umwickeln, Waren einpacken und noch viel mehr.
Ich frage danach den Chef, ob ich hier bleiben kann. Doch es wird nichts. Ich hätte mich einmal abwertend über den Betrieb geäußert, meinte der Personalleiter. Da hatte ich gesagt, dass das Lager sehr unordentlich war, bevor ich es mit einem anderen Praktikanten aufgeräumt hatte.
Aber nach ein paar Wochen bekomme ich plötzlich eine Email vom Personalleiter. Er will mich einstellen. Als 450-Euro-Kraft. Ich bin total Glücklich. Ich soll aber hauptsächlich Sachen einpacken für den Versand, was ich nicht so toll finde. Aber für den Anfang ist es erst mal OK. Mein junger Chef aus dem Bereich und die anderen Mitarbeiter hatten sich für mich eingesetzt. Sie wollten mich unbedingt wieder zurück haben. Dazu haben sie den Personalleiter doch noch überredet.

Schläger

Bei mir kauft immer ein Pärchen. Sie sind ziemlich asozial, kann man sagen. Dies weil sie zu dem Konsum von Drogen auch noch täglich Alkohol trinken. Sie kommen oft vorbei und kaufen bei mir. Sie heißen Britta und Ismael. Durch sie lerne ich einen Typen kennen der ziemlich dick ist. Ich habe ihn sonst immer gesehen, wie er mit dem Fahrrad unterwegs ist. Er hat immer eine Cappy auf und hat einen Bart. Dementsprechend sieht er ziemlich alt aus, obwohl er bestimmt zehn Jahre jünger ist als ich. Ich bin zu dem Zeitpunkt 30 Jahre alt.
In seiner Wohnung ist nicht viel. Er hart einen PC und alte Möbel. Eine Couch und einen Fernseher.
Nachdem er bei mir war, treffe ich ihn in der Stadt. Er

will plötzlich auch Dealer werden. Erzählt, dass er sich gerade eine Digitalwaage gekauft hat, die er auch bei mir gesehen hat.

Ich laufe dann mal zu ihm, vielleicht könnte er mir ja was klären. Ich treffe dann Johannes und den kleine Bruder von Daisy. „Wo gehst du hin?", fragt Johannes. „Mir Weed klären", sage ich stolz. Johannes ist voll überrascht und will wohl unbedingt wissen vom wem. Als ich ihm sage vom wem sagt er: „Den kenne ich auch!" Er tut dann so, als ob er auch weiß wo er wohnt. „Kann ich mit?", fragt Johannes dann noch. Da ich denke er kennt ihn schon und weiß wo er wohnt, nehme ich ihn mit. Bei dem Block vor den Klingelschildern teste ich ihn. Ich sage: „Dann klingel mal!" Doch er weiß nicht wo. Er weiß gar nicht wie der Schläger mit richtigem Namen heißt und wo er klingeln soll. Er war noch nie hier. Und ich bin so blöd und verrate ihm das.

Bei Schläger geht nichts. Aber Daisys Bruder ist seitdem immer dort bei ihm. Was habe ich nur angerichtet.

Der Schläger erzählt er hat einen Kumpel der Schizophren ist und richtig krank ist.

Ich dagegen erzählte ihm, dass in der Drogenszene immer die Dealer denken, dass sie von Kunden angeschissen werden. Das bedeutet die schwärzen einen bei der Polizei an. Und das heißt die fangen an zu singen.

Ich gebe Schläger eine CD mit neun Bushido-Alben und noch viel mehr Musik. Seitdem läuft die CD permanent bei ihm in seinen DVD-Player.

Es gibt einen Typen hier in der Stadt, der einen ziemlich guten Dealer hat, etwas weiter entfernt. Man muss mit dem Auto hin. Leider muss er wohl ins Gefängnis.

Er ist oft bei Schläger, sowie bei mir und macht mir auch ein paar mal was klar. Ich frage ihn dann: „Wenn du ins Gefängnis gehst, könntest du ja Schläger, die Connection geben. Dann kann Schläger uns in der Zeit was geben."

Plötzlich fangen alles an den Typen das zu fragen.
Es war ziemlich blöd von mir das zu machen, wie sich im
nach hinein heraus stellt. Denn er macht es und nimmt
Schläger mit zu seinem Dealer.

Opiate

Bei Johannes sehe ich ein ziemlich hübsches Mädchen.
Ich sitze in der schmuddeligen Wohnung von ihm, da
kommt sie plötzlich rein. Sie ist ziemlich groß, sogar ein
kleines Stückchen größer als ich. Sie hat lange, blonde
Haare, die auch noch lockig sind. Und es sticht hervor,
dass sie eine große Oberweite hat.
Als ich zuhause bin, denke ich oft an sie. Wie könnte ich
sie kennen lernen? Bei Johannes ist immer viel los.
Hauptsächlich Kerle kaufen bei ihm. Und zu allem
Überdruss hat sie wohl einen Freund. Das habe ich auch
an dem Tag gesehen, wo sie dort war. Ich erfahre, dass
die beiden Heroinabhängig sind. Wie plötzlich so viele in
der Zeit. Es tritt nämlich eine Heroinzeit in meiner
Heimatstadt ein. Viele Kiffer fangen mit Heroin an. Dies
weil Johannes, aus der größeren Stadt in der Nähe, den
Stoff her bringt. Ich begleite dann beim nächsten mal den
Freund des Mädchen auf dem Weg nach Hause.
Irgendwie biete ich ihm an, mal für ihn zu Fahren. „Ich
könnte euch zum Arzt bringen, wo ihr immer euer
Methadon holt", sage ich freundlich. Gesagt getan.
Plötzlich werden der Freund und ich, sowie das hübsche
Mädchen Freunde. Er heißt Gerriet und sie Sophia.
Ich mache dann voll die bescheuerte Tour mit denen nach
Holland. Er hat die Nummer eines holländischen Dealers
von einem Kontakt im Handy. War aber noch nie dort.
Der Typ hat von Gerriet seinem Handy telefoniert und die
Nummer wurde gespeichert. Das nutzte er jetzt aus.

Gerriet macht eine Zeit aus und wir wollen uns in Groningen bei McDonalds treffen.

Voll dumm von mir so eine Tour zu machen. Es ist gefährlich. Zwar will seine Freundin das Zeug verstecken, doch ich hatte mit dem Zeug nichts zu tun und konnte trotzdem mit reingezogen werden. Eine Strafe für Heroin und Koks wäre echt krass. Ich war ja nur der Fahrer aber, könnte bestimmt doch belangt werden. Die würden es bestimmt so in den Wagen werfen und mir die Schuld zuschieben. Und wer weiß, ob der Dealer auch bei McDonalds ist. Gerriet hat sich noch nie mit dem getroffen. Woher weiß er überhaupt, wie der aussieht? Wir fahren auf jeden Fall dahin. Viel können die beiden Arbeitslosen sich nicht holen, da das Geld bei denen knapp ist. Sie wollen, aber auf jeden Fall etwas Koks und Heroin holen. Ich wollte zum Coffeeshop und mir Gras mitnehmen. Vielleicht lerne ich ja auch den Kontakt kennen. Mal sehen ob alles klappt?

Die Hinfahrt ist ereignislos. Wir sehen an der Grenze keine Polizei. In Groningen komme ich einfach zu McDonalds. Dies durch Gerriets Anweisung.

Dort angekommen gehen wir erst mal rein und kaufen was zu Essen. Dann geht Gerriet plötzlich schnell raus. Ich hinterher. Er steigt in ein Auto, das vor McDonalds parkt. Da stutze ich auf einmal. Kann mich ja nicht einfach hinten rein setzen. Also warte ich, ob alles gut geht. Und das geht es auch. Wieder in meinem Wagen soll ich in eine Seitengasse fahren. Die wollten es testen. Voll bescheuert, aber ich mach es. Sie rauchen da das Koks in einer Pfeife. Es soll alles gut sein.

Doch dann bei der Rückfahrt habe ich drei Probleme. Das erste ist, dass ich nicht mehr raus finde.

Navigationssysteme sind zu der Zeit nicht so verbreitet. Ich habe auf jeden Fall keins. Und ich finde nicht aus der Stadt. Nehme einfach nie die richtige Ausfahrt. Immer wieder fahre ich lange Strecken in die falsche Richtung. In der Stadt fragen wir bei einer Tankstelle. Aber ich finde trotzdem nicht aus der Stadt. Ich kreise ständig umher. Dann endlich schaffe ich es und bin wieder auf der richtigen Strecke. Wir sind voll oft an der Ausfahrt vorbeigekommen. Das zweite Problem ist, dass die beiden nicht mehr aufhören zu Konsumieren. Sie rauchen die ganze Zeit. Das ist voll gefährlich. Die Polizei könnte es sehen und im Wagen stinkt es. Das dritte Problem ist, dass wir es nach dem Stress nicht mehr in den Coffeeshop schaffen. Also gibt es an dem Tag kein gutes Gras für mich. Ich will dann nur noch nach Hause. Zum Glück schaffen wir es über die Grenze ohne kontrolliert zu werden. Doch an der Tankstelle in Deutschland will Gerriet, das Tankgeld nicht bezahlen. Letztendlich schaffen wir es in die Heimatstadt. Bei dem Haus von Sophias Vater angekommen, umarmt mich Sophia erst mal erleichtert. Es ist drei Uhr Nachts. Die Heimatstadt ist total leer und tot. Ich soll sogar noch was zu Johannes bringen. Was mit dem Auto wieder ein Risiko ist. Was ist wenn jetzt zuletzt noch was schief geht? Doch ich liefere es noch aus. Johannes bekommt aber nicht alles und ist sauer. Gerriet hat ihm angeblich zu wenig gegeben. Per Handy beschwert sich Joahnnes bei Gerriet, wie Gerriet mir am nächsten Tag mitteilt. Das Zeug ist dann aber schnell weg. Gerriet hat nur was für 200 Euro geholt. Was für harte Drogen, die teuer sind, nicht viel ist.

Bei Gabriel probiere ich dann auch mal Heroin. Aber Blech rauchen mag ich nicht. Das schmeckt als ob man Plastik raucht. Nicht so gut, wie das gute alte Gras. Also ziehe ich es mir durch die Nase. Das ist anscheinend sehr gefährlich. Man kann leicht eine Überdosis bekommen.

Ich bekomme einen echt tollen Rausch. Ein tolles Gefühl.

Wohlig und warm. Aber rückblickend ist es einfach so wie ein Schlafmittel. Immer am Wochenende nehme ich etwas. Nicht sehr lange und nicht sehr viel. So zwei Monate lang ungefähr.

Denn mein Betreuer merkt, dass was nicht stimmt und weist mich ein. Ich bin nicht mehr klar gekommen. Meine Wohnung sah aus wie Sau. Und meine Verfassung war auch gar nicht gut. Viel Polizei ist dann vor meinem Haus. Sie nehmen mich mit. Gabriel ist ja auch Rückfällig geworden und wieder voll auf Heroin. Durch mich hat er Johannes kennengelernt und ist gleich wieder süchtig geworden. Auf der Arbeit ist er eingeschlafen und gekündigt worden. Dafür arbeite ich ja später dort in der Computerfirma. Und da ich jetzt wieder in die Psychiatrie eingewiesen wurde, habe ich Angst meinen Job zu verlieren. Was aber noch davor war, als ich die Fortbildung zum IT-Techniker gemacht habe.

Shitstorm

Es ist die Zeit kurz vor der letzten Einweisung. Der Schläger ist bei mir. Er will mich ärgern: „Du studiert die Bücher, ich studiere die Frauen." Ich wehre mich jedoch: „Du bist doch fett und hast nur dicke Frauen." Der dicke, hässliche Schläger denkt nämlich er ist ein Frauenheld.

Es passieren viel komische Sachen, die zeigten dass er feindlich gesinnt ist.

Durch mich hat er den Dealer von den Typen bekommen, der jetzt im Knast ist.

Ich gehe mit meiner Tasche in der Essen von meiner Mutter ist zu Schläger. Dort haben alle was von ihm bekommen. Ich hab im Vorfeld Geld bei ihm abgegeben. Doch bin der Einzige der nichts von ihm bekommt. Er sagt, es hätte nicht gereicht. Ich bin süchtig und für mich war das ein Problem. Ich brauchte jeden Tag meine Dosis Gras oder Hasch.

Als ich dann so zuhause saß, klopft es an der Scheibe, die zur Terrasse hin zeigt. Es ist der Abzieher Daniel. Er gibt mir was von dem ab, was er bei Schläger bekommen hat. Dort wollte mir ja keiner was abgeben. Obwohl sogar Ismael da war, dem ich auch immer helfe. Daniel hat seine hübsche Freundin dabei. Sie hab ich immer in der Stadt rumlaufen gesehen, wenn ich früher zum Beispiel in die Stadt zu Johannes gelaufen bin. Ich habe mich immer gewundert, was das für ein schönes Mädchen ist. Blond, schlank und einfach toll anzusehen. Jetzt habe ich sie kennengelernt.

Ich sitze die Tage zuhause und frage Schläger per Handy, ob er was hat. Er kann nichts klären. Dann gehe ich zu dem alten Dealer von Doris. Dort kriege ich was. Wie ich so an meinem Tisch sitze und alleine am zocken bin, klingelt es. Es ist Schläger. Er will mir doch was besorgen. Ich sage, dass ich schon was habe. „Von wem!", sagt er wütend. Weil ich denke, er weiß das sowieso sage ich ihm von wem ich das habe. „Dreckshasch!", meckert er.

Das passierte dann noch ein zweites mal als ich ihn mal unterwegs treffe. Schon wieder fragt er sofort von wem ich das habe. Und schon wieder ruft er: „Dreckshasch!" Das soll wohl immer bei der Connektion von Doris so sein, dass der nicht so gutes Hasch hat. Und weil bei ihm anstatt Gras immer das Hasch geht was „Pollen" genannt wird, deshalb ruft der aggressive Typ: „Dreckshasch!" Doch zwei Tage später ist er selber da.

Auf meinem PC laufen als Bildschirmschoner, Bilder von Leuten aus Stuttgart.

Immer wenn ein hübsches Mädchen auftaucht, wie zum Beispiel Frida oder Mia fragt der Schläger: „Wer ist das!?" Dies in einem wütenden und neidischen Ton. „Solche Frauen kennst du nicht", sagte ich dann zu ihm. Auch sieht er Sophia bei mir und fragt mich dann sofort, als sie den Raum verlassen hat, nach ihr aus. Wer sie ist, wo sie wohnt und so weiter. Dies obwohl der Typ niemals nur den Hauch einer Chance bei solchen Frauen hat. Und dies, obwohl er so gut wie keine Frauen kennt. Ohne Typen wie mich würde er niemals solche Frauen kennen lernen. Die lassen sich doch nicht auf einen wie ihn ein. Einmal bin ich wieder mal so dumm. Ich sitze bei ihm, als das noch nicht so schlimm mit seinem Neid war. Wir warten auf das Zeug. Ich bekomme auf dem Handy eine SMS von Doris. Ihr soll ich noch was mitbringen, wenn ich was zu Rauchen bekommen habe.

„Ein Mädchen wartet auch noch auf mich. Ich soll ihr was besorgen", erzähle ich ohne eine Vorahnung was dadurch passiert. „Wer!", fragt Schläger wütend. Als ich sage wer das ist, sagt er: „Ich bringe es ihr!" Er war doch noch nie bei ihr und kennt sie gar nicht. Was habe ich nur gemacht? Mit einer riesigen Mannschaft von Typen gehen sie also später zu ihr. Und sie ist so dumm und kauft jetzt auch noch immer bei ihm. Natürlich auch noch bei mir, aber auch oft bei ihm.

In der Psychiatrie schreibe ich dem Schläger dann eine böse SMS. Dumm von mir. Doris erzählte mir dann, er ist überall umher gelaufen und hat bei allen seinen Kunden, diese SMS vorgezeigt. Es entsteht ein Shitstorm.

Ich will dann mit Gabriel auch nichts mehr zu tun haben. Weil er auch zunehmend feindselig geworden ist, nachdem er so viele Leute durch mich kennengelernt hat. Ein oder zwei Monate habe ich Heroin am Wochenende genommen. Es war mein Glück, dass ich eingewiesen wurde, und von dem Zeug dann weggekommen bin.

Bevor ich in die Psychiatrie gekommen bin, hab ich noch

mit Gerriet einen Zocker-Abend gemacht. Er hat seinen Laptop mitgebracht. Sophia war auch dabei, saß auf dem Sofa und hat die ganze Zeit Heroin geraucht. Dieses ekelige Blechrauchen.

Gabriel war kurz bei mir und hat die Verbindung eingerichtet und hat dann mitgezockt. Er hat sich dann später sofort über Sophia erkundigt. War total geflasht von ihr. Noch so einer.

Er saß bei sich in der Bude und ich mit Gerriet bei mir. Dann haben wir gespielt. Seine WLAN-Verbindung reichte bis zu mir. Ich muss verhindern, dass Gabriel Sophia kennenlernt. Die sind alle total verrückt nach ihr, sofort wenn sie sie sehen. Ich nehme mir vor die beiden nicht mit zu Gabriel zu nehmen. Das Spielen an dem Abend entpuppt sich als schwierig. Durch das Heroin, dass ich gezogen habe, bin ich immer total müde und kann gar nicht richtig spielen. Immer wieder muss ich mich auf dem Sofa hinlegen.

Am Ende gehen sie und ich bin froh, dass Gabriel mir nicht die Freunde weggenommen hat.

In der Psychiatrie

Ich bin wegen dem Heroin nicht mehr klar gekommen. Hatte auch Stress mit den Leuten. Meine Wohnung sah nicht sehr gut aus. Der Tisch in der Ein-Zimmer-Wohnung war voll von alten Gläsern und Müll. Ständig waren Leute bei mir und haben Stoff gekauft. Und ich hatte Stress mit Schläger und seinem kranken Kumpel. Ich gehe wohl arbeiten sozusagen. Mache zu der Zeit die Fortbildung als IT-Techniker. Die Fortbildung ist nicht so schwer und läuft auch wohl gut. Es passt zu mir. Bin ja ein PC-Freak. Außerdem war es Glück, dass ich sie finanziert bekommen habe.

Aber trotzdem kam es, dass mein Betreuer mich eingewiesen hat. Polizei und Krankenwagen waren plötzlich bei mir.

Die Polizei-Beamten waren zu dritt in meiner Wohnung. Sie wollten am liebsten auch noch gleich eine Hausdurchsuchung machen. Ich war mittlerweile bekannt bei der Polizei hier in der Stadt. Sie haben mitbekommen, dass es hier eine Heroin-Zeit gab. Und Schläger und sein Kumpel haben mich bei der Polizei angeschwärzt.

Im Krankenwagen werde ich zur Psychiatrie in die Großstadt gefahren. Sie haben mich an den Stuhl gekettet.

Dort gab es dann ein Gespräch mit der Psychiaterin. Mein Betreuer war auch da. Ich weiß mittlerweile wie es dort läuft. Die fragen einen immer, ob man freiwillig rein will oder auf Beschluss. Mit Beschluss, das heißt auf Zwang, kommt man immer sechs Wochen rein. Ist man freiwillig da, bleibt man nicht so lange eingesperrt.

Ich sage zur Psychiaterin: „Ich bin keine Gefahr für mich und die Allgemeinheit. Und ich bin nicht psychotisch. Ich gehe ganz normal meiner Arbeit nach. Und jetzt hab ich große Angst, sie zu verlieren, wenn ich so lange hier bin."

Die Ärztin wendet sich an meinen Betreuer: „Warum haben sie einen Beschluss erwogen ihn einzuweisen?"

„Weil er total psychotisch ist", sagt mein Betreuer. „Das können sie nicht beschließen und beurteilen. Dazu benötigt es einen Arzt. Nur ein Arzt kann das feststellen", sagt die Ärztin. Mein Betreuer wird plötzlich wütend: „Das höre ich mir nicht länger an!" Und dann steht er auf und geht.

Ich weiß nicht, wie lange ich dort bleiben muss. Es sind wieder nur Kiffer hier in der Psychiatrie. Ein älterer Mann hat sogar eine Firma nicht weit von mir entfernt. Er will, dass ich ihm was zu Kiffen besorge. Dazu gibt er mir 30 Euro. Ich hatte eine Jungen hier getroffen, der mir

was verkauft hat. Er dealt hier in der Psychiatrie, obwohl er von außerhalb kommt und gar nicht eingewiesen ist. Die kranken Kiffer hier sind eine gute Kunden-Quelle für ihn. Ich rufe ihn an. Bei der Cafeteria treffen wir uns. Das Gras ist ziemlich wenig, aber der Mann, der mich beauftragt hat, ist zufrieden. Ich soll davon kleine Joints drehen. Dazu gehe ich mit einem Jungen, der hier auch eingewiesen ist, ins Bad bei meinem Zimmer. Wir machen das Gras klein und drehen schnell ganz viele Joints. Hoffentlich kommt jetzt kein Pfleger hier rein. Ich bin wirklich nicht psychotisch. Von Heroin kann man wohl nicht psychotisch werden, habe ich gehört. Ich habe gar nichts und bin trotzdem hier eingesperrt. Zu Unrecht. Abends sitzen wir mit fünf Mann auf der Terrasse und spielen Karten. „Wir sollten uns die Joints einteilen", sage ich zu dem Mann. „Am besten wir rauchen heute erst mal drei Stück", füge ich hinzu. Der Mann willigt ein. Doch dann will er immer mehr Joints rauchen. Ich bin schon richtig breit, doch es geht weiterhin ein Joint nach dem anderen rum. Es ist gefährlich, das Pflegepersonal könnte uns erwischen. Es stinkt schon ziemlich stark. Der Tisch an dem wir sitzen, ist zwar etwas entfernt vom Eingang der Terrasse, aber ich denke die Pfleger könnten es riechen.
Doch es geht alles gut. Wir haben dann alles auf einmal weggeraucht. Und waren richtig schön breit.
Ich komme dann ganz schnell, nach ein paar Tagen, raus. Ein Junge von der Psychiatrie ruft mich an, als ich schon zuhause bin. Er will die Nummer des Dealers haben. Ich gebe sie ihm und erkundige mich später, ob alles gut geklappt hat: „Habt ihr das Gras bekommen?" „Ja, aber wir wurden erwischt und alle wurden rausgeschmissen."

In der Psychiatrie habe ich eine beleidigende SMS an Schläger geschickt. Doris erzählte mir: „Der ist überall mit der SMS rum gelaufen und hat die jedem gezeigt. Und dich dann schlecht gemacht."
Ich treffe Schläger und seinen Kumpel, draußen vor meiner Tür. Sein Kumpel beleidigt mich: „Du grüßt mich nicht mehr! Geh dahin wo du hergekommen bist!" Damit machte er eine Anspielung auf meine Mutter, die Türkin ist, denke ich. Denn Schläger und sein schizophrener Kumpel sind rechts. Sie mögen keine Ausländer.
Auch Schläger sehe ich: „Wenn du mich anscheisst, greife ich dich mir!" Ganz klar eine Drohung.
Er hatte wohl mittlerweile Probleme mit der Polizei und dachte, dass ich ihn angeschissen habe. Wollte er mir die Schuld in die Schuhe schieben? Anscheinend schon, denn ich hörte jetzt von mehreren, dass er rumerzählt ich hätte ihn angeschissen.
So kam ich zum Beispiel einmal von meinem Kumpel Wilhelm hier am Marienplatz. Draußen vor der Tür hing der Russe mit einem Typen rum. „Da kommt, der Anscheisser von den Anscheissern!", sagte der Typ wütend. „Wen habe ich denn angeschissen?", fragte ich den Typen verblüfft. „Schläger!", sagte der. Ich wollte ihm am liebsten eine reinhauen, so sauer war ich innerlich. Der Russe kam dann mit mir. „Ich habe Schläger nicht angeschissen. Der hatte wohl die Bullen bei sich, weil er einfach zu offensichtlich hier verkauft hat", sage ich zum Russen.
Bei dem jährlichen Jahrmarkt traue ich mich nicht so recht hinzugehen. Muss aber in die Stadt, da ist nämlich der Russe bei einem Kumpel. Es ist immer unser Treffpunkt. Hier hat der Russe auch angefangen anzubauen. Dies in einer kleinen Abstellkammer bei dem

Typen.

Als ich durch die Stadt gehe nehme ich extra einen kleinen Umweg über eine Seitengasse. Doch ich habe Pech, Schläger sieht mich auf dem Rückweg. Ich laufe Richtung Marktplatz und will gerade in die Seitengasse. Er steht etwas weiter gerade aus, mit ein paar Leuten. Da sieht er mich und brüllt sofort: „Der da bekommt hier auch noch aufs Maul!" Der kranke, schizophrene Kumpel von Schläger rennt mir hinterher in die Seitengasse. Er kommt zu mir und sagt wieder: „Du grüßt mich nicht mehr!" Ich bleibe mit meinem Fahrrad wie angewurzelt stehen. Er nimmt ein Messer und klappt es vor meinem Gesicht auf. Ich sage nur in einem genervten Ton seinen Namen. Er hätte mich so abstechen können. Ich bin nicht weggerannt oder bin auch nicht auf ihn losgegangen. Ich gehe dann einfach weiter. Und nichts passiert. Ich wurde noch nie mit einem Messer bedroht. In dem Moment war ich wie gelähmt.

Gejagt

Ich bin mit dem Fahrrad unterwegs und fahre über den Marienplatz. Hier ist eine freie Fläche, wo immer das Schützenfest einmal im Jahr stattfindet. Die Polizei kommt angefahren. Sie sprechen mich an, ob mein Fahrrad auch wirklich meins ist, und nicht geklaut. Dabei sprechen, die unbekannten Polizisten mich mit meinem Namen an. „Woher kennen sie meinen Namen?", frage ich verdutzt. „Sie sind doch in der Stadt bekannt wie ein bunter Hund!", meint der Polizist ironisch.

Ich sage, dass das wirklich mein Fahrrad ist und dann lassen sie mich auch in Ruhe.

Auf der Arbeit, der Fortbildung zum IT-Techniker ruft, der Hauptkommissar mich an. Ich sehe die Nummer, der

Polizei auf dem Display und gehe raus um ungestört mit der Polizei zu reden. Ich schnauze den Polizisten an: „Woher haben sie meine Nummer!?!"

Ich werde eingeladen aufs Revier. Als ich ankomme muss ich in einen Raum gehen. Hier werden Fingerabdrücke von mir genommen.

Der Hauptkommissar redet noch mit mir und will Namen von den Dealern in der Stadt hören. Doch ich erzähle ihm gar nichts. „Wenn ich die Dealer hier verraten soll, muss ich ins Zeugenschutzprogramm. Die sind sehr aggressiv hier", erkläre ich. Das Gespräch endet in einem Streitgespräch. Am Ende gehe ich im Revier die Treppe herunter. Der Kommissar brüllt mir sauer hinterher: „Hören sie auf mit den Drogen!"

Als ich mit dem Fahrrad nach Hause fahre, komme ich keine hundert Meter weit. Ein Streifenwagen hält mich an. Zwei Polizisten steigen aus. „Sie halten mich bestimmt an, weil ich auf der falschen Straßenseite fahre." „Nein, wir wollen sie auf Drogen kontrollieren. Haben sie irgendwelche Drogen bei sich?" „Ich komme gerade von der Polizei, ich habe bestimmt keine Drogen bei mir." Der Polizist, durchsucht mich. Als er nichts findet, sagt er: „Dann fällt noch eine Strafe von 5 Euro an, weil sie auf der falschen Straßenseite gefahren sind." Ich bezahle das Geld und fahre nach Hause.

Tage später klingelt es an meiner Tür. Vor der Tür stehen drei Polizisten. Es ist auch der Hauptkommissar dabei. Sie fragen mich nach einem Kumpel von Emanuela. Ihn habe ich in letzter Zeit öfter bei ihr gesehen. Er ist ein Schnorrer und ein Dieb. Hat nie was zu Rauchen und schnorrt mich immer an. Einmal kam er zu ihr mit zwei Tüten voll mit Lebensmitteln für sie. Der Hauptkommissar fragt auch, ob er bei mir ist. „Ich habe mit dem Typen nichts zu tun", sage ich abweisend. Später erfahre ich, dass der Typ den Einkauf nicht bezahlt hatte.

Er ist einfach mit den vollen Tüten raus marschiert.
Emanuela musste deswegen sogar zu einer
Gerichtsverhandlung.
Ich und zwei Freunde von mir, Wilhelm und Ella, sitzen
bei mir und wir rauchen Spice. Das sind Kräuter, die man
rauchen kann und die sind mit künstlichen
Cannabinoiden versetzt. Das Zeug gibt es sogar hier in
der Stadt bei einem Tabakladen. Als ich das Zeug, das
erste Mal geraucht habe waren Britta und Wilhelm bei
mir.
Wilhelm lernte ich folgenderweise kennen. Er stand mal
mit seiner Freundin einfach so bei mir vor der Tür. Seine
Freundin Ella hatte mich gefragt, ob ich ihr was zu
Rauchen verkaufen könnte. Und als sie abends zu mir
kam, war der fremde Wilhelm plötzlich dabei. Ich machte
erst große Augen, als der bullige, riesige Typ da auf
einmal stand. Ella wiederum lernte ich durch Eddy
kennen. Ich hatte Eddy mal was gebracht, und da war sie
auch bei ihm. So kam eins zum anderen. Auf der Straße
war sie dann mal unterwegs mit ihrem kleinen Hund. Als
ich sie traf fragte sie mich dann, ob ich ihr was verkaufen
könnte. Ella ist sehr klein und alle ihre Zähne sind
vergammelt. Wilhelm dagegen ist sehr groß, was ein
ziemlich ungleiches Paar ergibt. Wilhelm und Ella
kauften dann immer bei mir. Es war passend für ihn, weil
er auch beim Marienplatz wohnte. Etwas weiter vorne in
den Blocks beim Platz. Und Wilhelm, wurde ein guter
Kumpel von mir. Wir trafen und fast täglich bei ihm zum
gemeinschaftlichen Bong-Rauchen oder bei mir. Ich
baute mit ihm dann auch für Ella einen PC zusammen
und gab ihr dazu eine CD mit Spielen.
Mit ihm rauchte ich dann zum ersten mal Spice. Spice
war zu der Zeit in Mode. Und man konnte es legal
bekomme, weil es noch nicht verboten war. Das kam
dann so nach und nach. Wenn eine Sorte verboten war

kam aber schon schnell die nächste Sorte. Britta war beim ersten mal Spice rauchen auch gerade bei mir. Und ich stürzte total ab. „Könnt ihr etwas bleiben, mir geht es nicht gut. Mein Herz rast so stark." „Wir wollen in die Stadt noch mehr Spice kaufen", sagte Wilhelm eiskalt daraufhin. „Der Laden macht um 3 zu", drängelte er. „Nur 10 Minuten, dann geht es mir bestimmt besser." Sie warteten dann 10 Minuten und ich wollte, dann dass sie noch länger bleiben. Aber sie mussten los. Ich konnte mich irgendwie nicht mehr bewegen. Mein Herz raste so stark. Ich dachte ich bekomme einen Herzinfarkt. Morgens musste ich ja arbeiten, vielleicht kam es deswegen. Mittlerweile arbeitete ich ja bei der Computerfirma als Packer und Mann für Alles. Ich dachte es kam durch die Müdigkeit, weil ich an dem Tag früh raus bin. Auch meine Gedanken rasten durch meinen Kopf. Ich hatte auch eine Art Panikattacke. Nicht, dass ich durchdrehe und eine Psychose bekomme. In die Psychiatrie will ich auf keinen Fall mehr. Ich schlief dann aber schnell ein und der Spuk war vorbei.

An dem besagten Tag als Wilhelm, Ella und ihr Hund bei mir sind rauchen wir das Spice. Wir haben es uns aus dem Internet bestellt. Es klingelt. Vor der Tür steht die Polizei. Als ich die Tür aufmache stürmen sie in den Flur. Ein Polizist drängt mich in die Ecke. „Was ist denn los?", frage ich überrumpelt. Ein Polizist hinter ihm sagt. „Es wurde uns gemeldet, dass sie eine Drogenparty veranstalten." Der Hund von Ella kam dann raus in den Flur. „Das stimmt nicht", verteidige ich mich. Der Polizist geht in meine Wohnung, ohne zu fragen. Er schaut sich um. Er sieht dann, dass nur Wilhelm und Ella bei mir sind und sagt dann: „Zwei Leute, die bei ihnen sind. Alles gut. Es muss ja nicht immer schlecht ausgehen, wenn wir bei ihnen sind." Dann gehen sie. Wilhelm und Ella hatten die Bong schnell versteckt. Wir hatten total Glück, dass wir Spice geraucht hatten. Das riecht nicht. Wenn wir Gras geraucht hätten, würde die ganze Bude nach Gras stinken. Wahrscheinlich hätte ich dann eine Hausdurchsuchung bekommen und sie hätten mir mein Gras weggenommen.

Johannes

Ich kaufe oft bei Johannes. Er gibt mir sogar einmal fast 50 Gramm. Ich habe ihm die 150 Euro dafür gegeben. Aber es fehlt noch ein bisschen. So dass wir uns darauf einigen, dass er mir noch 20 Euro schuldet.
In letzter Zeit will er oft, dass ich fahre. Entweder zur größeren Stadt 30 km entfernt um Stoff zu holen, oder zu Apotheken in die Nachbarstädte um sein Methadon zu holen.
Johannes ist irgendwie komisch. Er hat kriminelle Energien in sich. Ich laufe mit ihm zum Beispiel durch die Stadt. Er zeigt auf die alte Dame, die vor uns läuft und sagt: „Die könnte man jetzt gut ausrauben." Er sagt das so laut, dass die bestimmt Angst bekommen hat. Ich fand das nicht gut. Und wäre auch nie auf so eine Idee gekommen jemanden am helllichten Tag auszurauben. Einmal sind wir bei der Apotheke in einem nahegelegenen Dorf. Er bestellt Spritzen und sein Methadon. Während der Apotheker nach hinten geht stehe ich circa zwei Meter neben Johannes an der Theke. Ich frage den anderen Mitarbeit nach den Tee-Sorten. Wie viel die kosten und so weiter. Dann gehen wir raus. Wieder in meinen Wagen. Als ich so mit ihm nach Hause fahre, bringt er plötzlich einen riesigen Bund an Scheinen zum Vorschein. Er fächelt die Scheine auf zu einem Fächer und zählt es. Dann sagt er Glücklich: „Danke, dass du den Apotheker abgelenkt hast. Ich hab in die

Kasse gegriffen und Geld geklaut." „Was soll das! Die haben bestimmt Kameras da und ich bin jetzt auch verdächtigt", sage ich geschockt. Er ist beim zählen auf 350 Euro gekommen. Dann fällt mir ein, dass er noch 20 Euro Schulden bei mir hat. „Dann kannst du mir auch noch die Schulden geben", meine ich. Er macht es und wirft mir einen 20er entgegen. „Sorry, hatte es vergessen."

Ich habe dann Angst, dass auch ich eine Anzeige bekomme. Aber es kommt zum Glück nichts.

Überfall Tankstelle.

Es macht jemand Sturmklingeln bei mir. Vor der Tür steht ein stadtbekannter Abzieher und Heroin-Junkie und Johannes. Der große Typ mit der Cappy hat einen schwarzen Rucksack bei sich. „Ist die Welt untergegangen, oder was ist los?", frage ich. „Ja, so ungefähr", antwortet der Abzieher. Sie wollen den Rucksack bei mir lassen. Warum, frage ich mich. Ich willige zwar ein, aber denke die ganze Zeit, dass das nicht mit rechten Dingen zu geht. Also nehme ich den Rucksack und fahre mit dem Auto zu der Mutter von Johannes. Sie wohnt in dem Block neben ihm. Ich war ja einer der wenigen, der auch ab und zu dahin gehen durfte, um was zu kaufen. Ich geben den Rucksack bei ihr ab. Wir reden kurz. Dabei erwähnt sie, dass Johannes öfters aggressiv ihr gegenüber wird.

Später erfahre ich, dass Johannes eine Tankstelle hier in der Stadt ausgeraubt hat. Ein Kunde von ihm hat zu dem Zeitpunkt dort an der Kasse gearbeitet. Sie haben wohl gemeinsame Sache machen wollen. Doch der Mitarbeiter hat es dann alles auf Johannes geschoben.

Seitdem versteckt sich Johannes bei meinem Nachbarn

Gabriel.
Es dauert aber nicht lange, da ist Johannes in der
Psychiatrie. Dort wo ich auch war, aber auf der
Drogenstation für Heroinabhängige. Und letzten Endes
kommt er ins Gefängnis. Warum die den Rucksack zu mir
gebracht haben weiß ich nicht genau. Wollten die mir die
Tat anhängen?

Straßenverkehr

Ich werde dann im Straßenverkehr angehalten. Ein
Gramm Weed habe ich blöderweise noch in einem
Tütchen in meiner Socke versteckt. Die Polizisten
wollen, dass ich mitkomme aufs Revier. Ich soll eine
Urinprobe abgeben. Die fällt natürlich nicht so gut aus.
Es wird THC in meinem Urin festgestellt. Ich muss nach
Hause laufen. Etwas später bekomme ich einen Brief von
der Staatsanwaltschaft. Ich verliere meinen Führerschein
einen Monat. Das Gramm in meiner Socke haben sie
nicht gefunden, weil sie mich nicht durchsucht hatten.
Weil ich ja Stress mit Schläger und seinem Kumpel habe
traue ich mich zur Zeit nicht mehr so oft raus. Speziell zu
laufen. Ich fahre dann lieber mit dem Auto. An einem
Abend ruft mich meine Mutter an: „Fahre heute nicht mit
dem Auto. Die Polizei ist wieder unterwegs." Sie erzählte
die Tage vorher von der Polizei, die meinen Bruder
angehalten hat. Die haben sein ganzes Auto durchsucht.
Sie erzählte, dass die Polizei sogar extra hinten bei den
Beifahrersitzen geschaut hat, ob sich dort jemand
versteckt. Und das alles, obwohl mein Bruder nichts mit
Drogen zu tun hat.
Abends will ich mit Eddy in die Dorfkneipe. Doch ich
traue mich in der Nacht nicht hinzulaufen. Also fahren
wir mit dem Auto. Es geht alles gut. Ich komme gut in

der Stadt an. In der Dorfkneipe ist nicht viel los. Eddy will weiter zu einer Freundin von ihm. Ich komme noch mit dahin. Es ist gegenüber vom Rathaus. Dort wo ich auch parke.

Dann irgendwann will ich los. Ich fahre mit dem Auto zurück. Als ich am Marienplatz vorbeikomme, kommt mir die Polizei entgegen. Ich denke, da habe ich ja Glück gehabt, die fahren so an mir vorbei. Doch keine hundert Meter weiter sind die plötzlich hinter mir. Die müssen sofort umgedreht haben. Sie verfolgen mich bis nach Hause. Fahren ganz dicht hinter mir her.

Bei mir zu Hause parke ich. Der Streifenwagen hält genau neben mir. „Mitkommen zur Urin-Kontrolle!", befiehlt der Polizist sofort. „Ich war doch schon da, vor einem Monat! Das dürfen sie nicht einfach so. Das ist Diskriminierung!" „Das hier ist eine Routinekontrolle", sagt der Polizist streng. „Was ist mit einem Alkoholtest?", fragt der andere Polizist denjenigen, der mit mir redet. „Das brauchen wir bei dem gar nicht machen." Der Polizist scheint mich schon zu kennen. „Ich mache das nicht mit. Ich verweigere!", sage ich und gehe ein paar Schritte weiter. Plötzlich, wie ich so etwas weiter laufe, gehen die Polizisten auf mich los. An jedem Arm habe ich einen. Sie versuchen mich auf den Boden zu werfen. Ich schreie: „Was soll das!? Ich bin kein Straftäter!" Ich bin mittlerweile bei dem Rasen neben dem Weg zu meiner Wohnung angekommen. Die Polizisten schaffen es nicht mich auf den Boden zu werfen. Dann ergebe ich mich. Ich liege am Boden. Der Polizist drückt mir das Knie in den Rücken. Der andere fordert Verstärkung an. Meine Hände sind auf dem Rücken. Handschellen werden mir angelegt. Schnell kommt noch ein Polizeiwagen. Sie wollen meinen Autoschlüssel und durchsuchen den Wagen.

Auf dem Polizeirevier schreie ich voll laut rum. Sie

zwingen mich zur Urin-Kontrolle.

Ich höre noch den Polizisten sagen: „Den drücke ich richtig einen rein." Was das bedeutet, sollte sich in der nächsten Zeit zeigen.

Denn ich bekomme diesmal nach ein paar Wochen mehrere Briefe. Erstmal bekomme ich eine Anzeige wegen Widerstand gegen die Vollstreckungsbeamten. Ich muss sogar zu einer Gerichtsverhandlung. Dort bekomme ich eine Strafe von 600 Euro. Ich stottere die Strafe jeden Monat mit 10 Euro ab.

Doch was viel Schlimmer ist. Ich hatte so hohe Werte bei dem Urin-Test. Es ist auch noch ausschlaggebend der Langzeitwert von THC. Denn es gibt zwei Werte. Einmal den Wert, den man an dem Tag geraucht hat. Und einmal der Langzeitwert. Beide waren bei mir zu hoch. In dem Brief heißt es, dass ein regelmäßiger Kiffer, der einen zu hohen Langzeitwert hat, nicht am Straßenverkehr teilnehmen darf.

So verliere ich meinen Führerschein komplett und muss, wenn ich den wieder haben will, eine MPU machen. Das bedeutet Haarproben abgeben und ein Jahr clean sein. Doch wie soll ich das schaffen? Ich will niemals aufhören zu kiffen.

Gewürgt

In der Stadt gibt es einen berüchtigten Abzieher. Er nimmt auch Heroin und Methadon, hat aber trotzdem seit vielen Jahren eine gutaussehende Freundin. Bei Sören war er auch immer und genauso bei Johannes. Er will immer, dass man ihm Geld mitgibt und er würde dann was besorgen. Doch die Ware bekommt man nie und er ist mit dem Geld auf und davon.

Wir gehen im Winter mal was zusammen besorgen, da

hat er mich nicht abgezogen. Mit dem Auto fahren wir in die Stadt. Schläger sitzt auch mit drinnen. Ich weiß, dass er zu Volker geht und da das Gras bekommt. Aber ich warte mit Schläger im Auto. Da geht noch alles gut.

Auf meinem Handy ruft er dann mal an und will was haben. „Nein, das geht leider nicht. Ich habe schon genug Kunden und kann nicht noch mehr Kunden aufnehmen. Auch wegen der Arbeit und so", sage ich fieser Weise.

Abends ist Britta bei mir. Sie kommt in letzter Zeit öfter vorbei. Genauso wie ihr Freund Ismael. Abends will dann auch noch Psycho vorbeikommen. Auf dem Tisch liegen schon seine zwei Gramm Gras bereit.

Es klingelt an der Tür, wie ständig in letzter Zeit. Ich mache auf und direkt vor der Tür steht der Abzieher. Er stürmt sofort rein. Ich erschrecke mich und packe ihn. Dies obwohl er viel größer ist und vielleicht auch stärker als ich. In seiner Hand hält er eine Bierflasche. Hinter ihm ist noch ein Typ und ein Mädchen. Wie ich ihn so packe, schauen die aber ganz ängstlich und überrascht drein. Ich bin doch stärker als er. Drücke ihn zurück. Doch er will unbedingt in meine Wohnung. Immer wieder drückt er sich ein Stück nach vorne. Ich drücke ihn dann wieder zurück, mit meinen Händen an seinem Kragen. Dann sagt er: „Warte kurz. Ich will nur was schauen." Ich halte inne. Er geht ins Wohnzimmer. Ich bin voll perplex und verwirrt. Dann nimmt er den Zwanziger Gras von Psycho und geht.

Ich bin bei der Telefonzelle in der Nähe von der Wohnung von Johannes. Es kommt zufällig Emanuela, die Ex-Freundin von ihm vorbei. Der Audi von meiner Mutter parkt neben der Telefonzelle. „Wie machst du das immer?", fragt sie mich und lacht. Ich verstehe die Frage nicht so ganz. Ist das eine Anspielung auf das tolle Auto? Im laufe des Gesprächs frage ich sie, ob sie mit zu mir kommen will, etwas Gras konsumieren. Sie willigt ein. Seitdem kommt sie immer vorbei und wir werden gute Freunde.

Eine Woche später. Ich hab vom Russen 20 Gramm Gras bekommen. Schreibe dann der Ex-Freundin von Johannes: „Du kannst vorbeikommen. Es lohnt sich." Emanuela chillt in letzter Zeit öfter bei mir. Im Gegensatz zu Britta und Doris kauft sie, aber nicht oft bei mir. Sie hat nie richtig Geld. Ich lasse sie aber immer etwas mitrauchen. Sie ist dann immer stark müde und schläft bei mir auf der Couch. Manchmal will sie auch eine Tablette von meiner Medizin, wenn sie nicht schlafen kann. Johannes hat die Tankstelle in der Stadt ausgeraubt. Er ist dann ganz schnell in den Knast gekommen. „Während er im Knast ist, rauchen wir zusammen ein Kilo weg", sage ich zu Emanuela.

Abends sind Psycho und der kleine Eddy bei mir. Beide wollen nur schnell ihr Gras und wieder abhauen. „Wenn man hier was kauft, muss man auch etwas da bleiben. Sonst gibt es hier voll das rein und raus Gerenne. Das ist zu auffällig", sage ich vorwurfsvoll zu beiden. Psycho sagt: „Ok, ich bleibe noch etwas." Er hat ja auch keine Wahl, da ich ihm das Zeug nicht sofort gegeben habe und noch etwas warte. Das die hier bleiben sollen, hab ich von meinem Dealer aus Stuttgart. Bei Michael musste man ja immer eine Stunde bleiben, wenn man was haben wollte.

Ich gebe dann Eddy sein Gramm. Es klingelt Emanuela und hat Brunos kleinen Bruder dabei. Hat sie es rumerzählt, dass ich was habe? Anscheinend wohl. Ich habe Psycho schon ein halbes Gramm gegeben. Plötzlich klopft es an der Terrassentür. Psycho macht einfach auf ohne zu fragen, wer das überhaupt ist. Er erschreckt sich dann, denn es will jemand reinstürmen. „Hey!", sagt er überrumpelt. Er will denjenigen aufhalten. Doch der drückt sich einfach an ihm vorbei. Es ist der Abzieher, der ja schon vor einer Woche hier war. Eddy rennt einfach los aus der Wohnung. Später merkte ich, dass der die Haustür dabei einfach auf gelassen hat. Erst setzt der Abzieher sich einfach vor mir auf den Stuhl. Er will das ich mein Gras rausgeben. Habe es in der Tasche und werde es aber nicht so ohne weiteres rausgeben. Psycho will los gehen. „Du lässt mich jetzt nicht alleine mit diesen Typen. Du hast die Tür aufgemacht!", maule ich ihn an. Emanuela und der andere Typ gehen dann aber.

Dann geht es los. Der Abzieher jagt mich um den Tisch. Er reißt mir meine Tabak-Packung aus der Hand. Ich schreie laut um Hilfe. Doch keiner hört mich. Weil ich das Gras nicht rausgeben will würgt er mich sogar. Seine Hand ist an meinem Hals. Psycho reißt ihn letzten Endes von mir los.

Ich sage zu Psycho: „Gib du ihm erst mal das was ich dir gegeben habe. Du kriegst es später von mir wieder."
Doch Psycho will nicht.

„OK, OK. Ich gehe in die Küche und hole das Gras", beruhige ich ihn. In der Küche überlege ich, ob ich ein Messer nehmen soll. Doch ich pule erstmal vorsichtig etwas Gras aus meiner Tasche. Es ist ungefähr ein halbes Gramm.

Der Abzieher ist damit aber nicht zufrieden: „Damit willst du mich abspeisen?"

Letzten Endes gehe ich wieder in die Küche. Ich pule vorsichtig noch etwas Gras aus meiner Tasche. Ich will die große Tüte nicht rausholen. Was ist wenn er mir folgt, und mir die Tüte aus der Hand reißt. Ich überlege, ob ich die Polizei holen soll. Doch bei der Menge Gras, die ich hier habe, will ich das nicht. Nachher nehmen die mir noch mein Gras weg.

Ich gebe ihm noch ein Gramm. Nach circa einer Stunde

ist er weg.

Ich berichte Sophia und Gerriet davon. Sie wohnen ja jetzt auch im Haus. Und wollte denen eigentlich heute ja auch was bringen. „Du musst dann wohl eine Anzeige machen", sagt Gerriet. Ich überlege mir was: „Könnte ich meine Gras bei dir lassen und meine Bong? Ich hole dann jetzt die Polizei." Gesagt getan. Ich bringe alles zu ihm. Dann rufe ich die Polizei. Obwohl es um Drogen ging. Sie kommen zu zweit. „Warum ist es hier so aufgeräumt, wenn sie ausgeraubt wurden? Ging es um Drogen?", fragt der Beamte. Ich habe ein Joint-Blättchen vergessen. Es liegt auf einem Regal. „Ich sehe hier noch Spuren", meint er und schaut auf das Blättchen.

Ich schreibe am nächsten Tag einen Bericht, was alles in der Nacht passiert ist. Das gebe ich bei der Polizei ab. „Der spinnt wohl", meint der Beamte, als ich den Bericht abgebe. Ich mache eine Anzeige. Der Beamte sagt: „Das war eine räuberische Erpressung."

In der Stadt hat der Vorfall auch die Runde gemacht. Jeder weiß Bescheid.

Dann kommt die Gerichtsverhandlung ziemlich schnell. Die Freundin von dem Abzieher sitzt auch im Saal. Vor dem Saals sitze ich mit meiner Mutter. Emanuela und Psycho sitzen auch hier. Ich fange an zu weinen. Es war wohl alles zu viel für mich in letzter Zeit.

Als Psycho dann nach einer Zeit aus dem Gerichtssaal raus kommt sagt er, dass er für mich ausgesagt hat. Er hat bestätigt, dass ich gewürgt wurde. Er wollte bei der Wahrheit bleiben.

Emanuela wurde nur gefragt, ob der Abzieher an dem Tag bei mir war.

Ich sage, als ich vor dem Richter treten muss, dass ich in letzter Zeit immer Angst hatte, raus zu gehen. Was auch stimmte. Hatte immer starke Angst in die Stadt zu gehen, und ihm vielleicht über den Weg zu laufen.

Dann kommt die Verkündung der Strafe. Als ich in den Gerichtssaal komme, steht der Abzieher auf und kommt zu mir. Er reicht mir die Hand und entschuldigt sich.
Der Richter liest, die derzeitigen Vergehen von dem Abzieher auf. Er hat viele Straftaten in den letzten Jahren begannen. Autoreifen zerstochen, Leute beim Jahrmarkt zusammengeschlagen, Raub, Diebstahl und, und, und. Fünfzehn Vergehen hat er getätigt.
Als der Richter, die Strafe verkündet, sagt der Abzieher: „Oh, nein!" Denn er bekommt 1,7 Jahre und muss ins Gefängnis.
Obwohl es um Drogen ging habe ich die Anzeige gemacht. Ich selber habe keine Strafe bekommen. Ich hörte davon, dass die Richter solche Leute wie mich schützen wollen. Oft trauen sich die Drogenabhängigen, die so was erleben, nicht eine Anzeige zu machen. Aber wenn sie dann doch eine Anzeige machen, werden sie geschützt, und es geht dann nur um das angezeigte Vergehen. Die Drogen werden ignoriert.
Doch es kam noch etwas.
Es klingelte wieder an meiner Tür. Mein Betreuer war gerade da. Es ist die Polizei. Ich sage schnell: „Sie wollen bestimmt zu meinem Betreuer." Dann drehe ich mich um. Doch als ich wieder rein gehen will, packt der Polizist mich stark am Arm. Jetzt erst sehen ich den Hund und die andere Beamtin. „Es wurde ein Hausdurchsuchung angeordnet", sagt der Polizist.
Sie fragen mich dann in meiner Wohnung heftig aus. Mein Betreuer ruft einen Rechtsanwalt an. Der kommt auch vorbei. Sie finden dann drei Gramm bei mir. Die Polizisten, zu denen noch ein paar andere gekommen sind, hören nicht auf mich auszufragen. „Sie gehen jetzt in die Küche und beantworten keine Fragen mehr!", sagt mein Betreuer.
Am Ende bekomme ich Wochen später einen Brief vom

Richter. Dort steht drinnen, dass drei Gramm gefunden wurden. „Ich lasse die Anzeige ausnahmsweise fallen", steht dann zum Glück dort. Das „ausnahmsweise" wurde dick gedruckt.

Sie versuchen alles

Ich muss am Montag zur Arbeit gehen und bin auf dem Sofa eingeschlafen. Muss dann zur Computerfirma, die nicht weit weg von meiner Wohnung gelegen ist. Ich kann dort sogar hinlaufen. Es war das Wochenende nach dem jährlichen Jahrmarkt in der Stadt. Das Wochenende, wo ich mich nicht richtig zum Jahrmarkt getraut habe. Ich bin am ersten Tag nachmittags zu einem Kumpel in die Stadt gefahren. Bei dem Kumpel treffen wir uns immer. Also ich, der Russe, sowie der Kumpel. Dort verkauft er mir dann immer was zu Kiffen. Mit dem Fahrrad bin ich extra einen Umweg gefahren, und über eine Seitengasse in Richtung meines Kollegen gefahren. Dann auf dem Rückweg passierte das mit dem Messer. Habe dadurch dann dieses Jahr nachts richtig Angst zum Jahrmarkt zu gehen. Wir treffen uns am nächsten Tag wieder beim Kumpel, und ich gehe lediglich mit dem Russen zu einem chinesischen Stand, wo wir uns was zu essen holen. Die Tüte soll ich tragen. Bei der Dorfkneipe sehe ich Schläger und ein paar andere Leute aus der Drogenszene. Schläger ist weiter hinten mit seiner Freundin beschäftigt. Sie scheinen sich zu streiten. Viele kommen angerannt und wollen mit dem Russen reden. Ein Typ, auch ein Kollege von Schläger, kommt an und macht mich dumm an, ich solle keine Scheiße über ihn reden. Da bekomme ich wieder Angst, aber nichts passiert zum Glück.
Um fünf Uhr morgens am Montag nach dem Jahrmarkt

klingelt es an der Tür. Erst mache ich nicht auf. Doch es hört nicht auf zu klingeln. Da macht jemand richtig Sturmklingeln. Irgendwann noch im Halbschlaf öffne ich die Tür. Es steht eine richtige Mannschaft an Polizisten vor der Tür. Sie sagen, dass sie eine Hausdurchsuchung vornehmen. Sie finden drei Gramm bei mir. Ich habe Glück, dass ich nicht viel da habe. Auch finden sie eine Lampe, die ich in der kleinen Abstellkammer aufgehangen habe. Die Lampe ist für den Anbau von Gras, hat aber eine zu schwache Birne. Deshalb war sie nicht geeignet, um gutes Gras anzubauen. Ich habe sie gar nicht benutzt. Der Russe hat mich gedrängt sie für 50 Euro zu kaufen. Kein Ahnung warum ich das gemacht habe. Wahrscheinlich weil ich nicht richtig Nein sagen kann. Ich erkläre den Polizisten, dass ich die Lampe gar nicht benutzt habe. Sie stellen die Lampe in der Küche auf und machen Fotos davon.

„Wo hast du deinen Bunker!", macht mich ein Polizist dumm an. „Ich habe keinen Bunker. Ich bin kein Dealer, sonst hätte ich doch mehr Gras hier. Zu mir kommt auch niemand, hab mit niemanden was zu tun", verteidige ich mich.

Ein Polizist sagt: „Die anderen sagen alle sie dealen!" Das macht mich stutzig. Mich beleidigt Schläger als Anscheisser, aber er und alle anderen scheißen mich an. So ist es immer.

Ein anderes mal ist ja das als mein fieser Betreuer gerade bei mir ist. Es klingelt. Ich gehe zur Tür. Da stehen zwei Polizisten. Ich sage: „Sie wollen bestimmt zu meinem Betreuer." Dann drehe ich mich um und will zu ihm zurück in Wohnung. Doch ich kann nicht. Der Polizist packt mich fest am Arm. Aber sie finden ja nicht viel. Ich hab immer Glück, weil beim Russen einfach nicht so viel geht. Ab und zu bekomme ich dreißig Gramm, aber ich verkaufe es immer extra ganz schnell. Kunden zu genüge habe ich ja. Zum Glück habe ich bei den beiden Fällen nicht viel da.

Die dritte Hausdurchsuchung bekam ich wegen dem Abzieher mit dem ich die Gerichtsverhandlung hatte. Aber auch die geht gut aus.

Die Polizisten waren zu der Zeit sehr heiß. Wahrscheinlich weil es 2010, hier in der Stadt, die Heroin-Zeit gab. Auch weil ziemlich viele kifften.

Bei mir versuchten die Polizisten alles um mich von dem Stoff wegzukriegen oder in das Gefängnis zu bringen. Sie jagten mich im Straßenverkehr, brachten mich in die Psychiatrie und machten Hausdurchsuchungen. Aber trotz all diesen Unternehmungen, kam ich nicht ins Gefängnis.

Nach der Psychiatrie

Nachdem mich mein Betreuer ein paar Tage in die Psychiatrie gebracht hatte, kam als erstes Britta zu mir. Sie sagte, dass Gabriel jetzt mit der hübschen Sophia und Gerriet rumhängt. Keine Ahnung wie er das so schnell geschafft hat. Wir hatten beim mir gezockt und da hatte er sie bei mir gesehen. Er hat mich dann richtig aggressiv nach ihr ausgefragt. Ich erwähnte ja vor Sophia und Gerriet, dass mein Nachbar ein Heroin-Junkie ist. Das hat sie wohl dazu bewogen mit ihm abzuhängen. Hat er die Tür aufgemacht und ihnen was angeboten, als sie an dem Abend gegangen sind? Hat er sie bei Johannes dem Dealer gesehen und ihnen angeboten bei ihm vorbeizukommen? Er machte es ja immer so, dass er sich Stoff geholt hat und die Leute sollten dann bei ihm vorbeigekommen, um dann was mit ihm zu konsumieren. Er suchte immer durch mich Leute mit denen er abhängen kann. Alle sein Freunde und den Dealer

Johannes hatte er durch mich kennengelernt.

Britta erzählt: „Sophia hat Gabriel am Ohr rumgeleckt, obwohl Gerriet daneben saß. Jetzt ist Gabriel mit Sophia zusammen."

Es klopft dann ein paar Tage später bei mir. Ich brüllte: „Wer ist da!" Es antwortet Sophia. Sie will wohl was bei mir kaufen. „Ich will mit euch nichts mehr zu tun haben. Das hatte ich Gabriel auch schon gesagt!", brülle ich noch mit geschlossener Tür. Auch rufe ich: „Ihr schuldet mir noch 20 Euro, die will ich wieder haben!" Ich hatte als Pfand ein Handy von denen einkassiert. Sie würden das Handy erst wieder bekommen, wenn ich das Geld wieder bekomme. Es kam dann auch mal Psycho zu mir und wollte, das Handy haben. Er sagte, dass er von Gerriet zu mir geschickt wurde. Aber da er ohne Geld kam, gab ich das Handy nicht raus.

Es folgten Tage in denen Gabriel viel Party machte. Die Leute gingen wohl gerne zu ihm, weil er Heroin da hatte, und natürlich weil Sophia bei ihm war. Ständige schallte laute Musik durch meine Wohnung und die Musik kam nicht von mir. Ich rief dann immer die Polizei an wegen Ruhestörung. Die Polizei war oft richtig genervt und sagte: „Wenn wir da sind ist die Musik doch eh wieder leise." Aber ich hörte nicht auf. Denn er hörte auch nicht auf mit der lauten Musik. Ich zählte über 30 Anrufe bei der Polizei, wegen Ruhestörung. Einmal nahmen sie sogar die Anlage von Gabriel mit. Aber er holte die sich einfach wieder und machte weiter. Er machte es wahrscheinlich extra, um mich zu ärgern. Gerade weil es mich ärgerte. Psycho, der über Gabriel wohnte machte gar nichts. „Warum holst du nicht mal die Polizei?", frage ich ihn. Bei ihm klirrten, wegen der lauten Musik sogar die Gläser im Schrank. Die Musik war teilweise so laut in den hellhörigen Wohnungen, dass man den eigenen Fernseher nicht verstand. Und ich musste immer früh raus zur Arbeit bei der PC-Firma. Der wortkarge Psycho sagte nur: „Ich hab Bammel."

Ich hab bevor ich in die Psychiatrie gekommen bin einen Laptop von Gabriel gekauft. 200 Euro hat er dafür bekommen. Meine Großeltern hatten mir das Geld überwiesen, weil ich sie gefragt hatte. Das Notebook war noch ziemlich aktuell und auch sehr gut. Man konnte sogar Spiele damit spielen, weil es ein Gaming-Notebook war. Ich schaute im Internet nach, wie viel es neu kosten würde und da stand 1000 Euro. Ich schuldete Gabriel nur noch 20 Euro.

Gabriel hatte mal Ärger mit einem Typen von gegenüber. Sie hatten draußen vor der Tür eine Auseinandersetzung. Was mir immer in Erinnerung war, war dass Gabriel dabei die ganze Zeit ein Messer hinter seinem Rücken versteckte.

Gabriel klingelte dann bei mir. Es war auch Gerriet dabei. Als ich die Tür aufmachte, stemmte Gabriel schnell seinen Fuß in die die Tür, so dass ich die Tür nicht schließen konnte. Er schrie mich an: „Ich will mein Geld!"

Er ging zu mir in die Wohnung und brüllte die ganze Zeit: „Ich will mein Geld!" Ich hatte Angst, dass er oder Gerriet wieder ein Messer dabei hatten. Aber das hatte er nicht. Ich schloss die Tür, so dass Gerriet nicht rein kommen konnte. „Du kriegst schon dein Geld. Du weißt doch das ich korrekt bin", beruhigte ich ihn. Dann ging er wieder ohne das was passierte. Es war Hausfriedensbruch.

Ich machte dann eine Abmachung mit ihm. Er würde die fehlenden 20 Euro von Gerriet und Sophia bekommen und dann wären wir alle Quitt. Außerdem gab ich ihm die Laptop-Tasche zurück, die ursprünglich dabei war. Ich konnte ja eine bei der Arbeit bekommen. Er willigte ein. Doch wir waren seitdem Feinde. Natürlich auch weil ich immer die Polizei wegen der Ruhestörungen geholt hatte. Er schrieb mir dann einmal beleidigende SMS. „Wenn die nicht meine Freund bist, dann bist du mein Feind", stand in einer. Auch stand in einer anderen SMS: „Wirst ja sehen was mit deinem Führerschein passiert." Und er hatte recht, meinen Führerschein verlor ich ja. Auch durch sein zu tun. Denn ich lauschte immer durch die Tür, wenn die Polizei wegen der lauten Musik kam. „Der fährt bekifft Auto!", sagte Gabriel mal zu der Polizei. Oder: „Der Dealt mit Marihuana." Er hatte mich richtig angeschissen. Er war ein Anscheisser ohne Gewissen. Ein anders mal, ich wollte morgens, zur der IT-Fortbildung. Da machte er die Tür auf und bedrohte mich grinsend mit einem Besenstiel. Er fühlte sich stark, weil Schläger gerade bei ihm war. Ich war überrumpelt, flüchtete nach draußen. Das war ziemlich blöd. Doch man reagiert in solchen Situationen nicht rational. Dann rief ich die Polizei an. Ich hatte meine Haustür offen gelassen und der Schlüssel steckte noch im Schloss. Nicht dass er jetzt in die Wohnung geht und meine Laptop klaut. Die vordere Haustür war jetzt zu. Ich konnte nicht rein. Ich musste meinen Haustürschlüssel wieder bekommen.

Als die Polizei kam. Machte Schläger die Tür auf und ließ mich rein.

Ich wartete nicht ab, was die Polizei machte, sondern stieg schnell in meinen Wagen und fuhr zu der Fortbildung. Es passierte wieder nichts.

Ich zeigte Gabriel dann an, wegen dem Hausfriedensbruch, als er mich so angeschrien hatte. Er wollte mir doch dabei bestimmt aufs Maul hauen. Und das sogar zusammen mit Gerriet. Doch er hat sich im letzten Moment nicht getraut.

Ich traf dann Gabriel auf der Straße. Er erzählte, dass er zur Polizei musste, wegen der Anzeige. Da wir die Sache geregelt hatten, also die Vereinbarung getroffen hatten, dass er das Geld von Gerriet bekommt, war die Sache eigentlich erledigt. Ich sagte zu ihm, dass ich die Anzeige zurück nehmen werde. Er war vorbestraft, wegen dem Heroinhandel in seiner Heimatstadt. Wenn er noch eine Strafe bekommt, dann würde er ins Gefängnis kommen. Doch ich konnte die Anzeige nicht mehr zurück nehmen. Das Gericht sah an der Anzeige ein öffentliches Interesse. Es gab dann die Gerichtsverhandlung. Doch Gabriel erschien nicht. Er hatte sich verpisst. Zusammen mit Sophia ist er in seine Heimatstadt untergetaucht. Die Polizei kassierte ihn dann aber ein, als er wieder da war. Er musste drei Wochen ins Gefängnis, bis zur erneuten Gerichtsverhandlung.

Bei der Verhandlung ging es um räuberische Erpressung. Der Polizist auf dem Revier hatte es so, nach meiner Aussage, eingestuft.

Ich sagte vor dem Gericht: „Er braucht keine Strafe bekommen. Die drei Wochen Gefängnis reichen wohl aus." Ich rechnete mir wenig Chancen ein, diese Verhandlung zu gewinnen. Dies weil ich keine Zeugen hatte. Es stand ja Aussage gegen Aussage. Und so was wird immer fallen gelassen.

So war es dann auch. Er wurde frei gesprochen.

Ich saß nach der Verhandlung zuhause und da klingelte es auch bei mir. Er stand vor der Tür, zusammen mit seinem Bruder. Ich sollte ihm unsere gemeinsame Haustür öffnen, weil er den Schlüssel dafür verloren hatte. So konnte er wieder in seine Wohnung.

Ich machte mir dann einen Spaß daraus, die vordere Haustür immer abzuschließen. So konnte er niemanden dort reinlassen und auch selber nicht da durch. Er musste immer durch die hintere Terrassentür raus. Wenn er einkaufen ging musste er so seine Wohnung auf lassen. Denn die Terrassentür konnte er nicht von außen abschließen. Er ließ sie dann immer auf.

Ich fuhr, in der Zeit, dann mit meiner Mutter zum Vater von Sophia. Hier wohnten Gerriet und Sophia. Es war in der Nachbarschaft von einer alten Freundin, die von allen Biene genannt wurde.

„Ich wollte, dieses Handy hier abgeben. Das gehört Sophia", sagte ich zum Vater an der Haustür und gab ihm die Tüte mit dem Handy. Sophia hatte bei den Polizeieinsätzen, wegen der lauten Musik einmal zu der Polizei gesagt: „Der hat unser Handy und will es nicht rausgeben!" „Dann müssen sie eine Anzeige machen", erwiderte der Polizist damals. Ich stand zu der Zeit an meiner Haustür uns lauschte.

Als ich das Handy bei dem Vater abgegeben hatte, und bevor ich mich umdrehte, um zu gehen, sagte ich noch fieser weise: „Scheiß Heroinabhängige!" Ich war einfach sauer.

Der Vater schmiss Gerriet sofort raus. Er kam bei dem kleinen, schwulen Eddy und natürlich Gabriel unter. Oder auch dem Ex-Freund von Eddy, der in den Blocks weiter vorne am Marienplatz wohnte. Alles die Leute, die er durch mich kennengelernt hatte. Ich war mal wieder der Anfang und das Ende. Der Ursprung aller Lebensweisen. Der Motor, der alles antreibt.

Erst prahlte Gerriet immer davon, dass er eine schöne Drei-Zimmer-Wohnung, gegenüber dem Marktplatz, in Aussicht hat. Aber daraus wurde natürlich nichts. Ich hing trotzdem noch mit Gerriet rum. Er und Eddy bekamen ja öfter Weed von mir. Auch startete ich ein paar mal den Versuch mit Gerriet zu zocken, indem ich meinen PC mit dem Notebook von Gabriel verband. Aber Gerriet war immer auf Heroin und pennte die ganze Zeit ein. Ich hatte einmal sogar richtig Probleme ihn aus der Bude zu bekommen. Mit der Zigarette in der Hand schlief er im Sitzen, auf meiner zweiten Couch, und reagierte nicht auf mein rufen.

Als Gerriet eines Tages, nachdem er bei Gabriel gepennt hatte, zu mir kam, sagte er ganz stolz: „Heute morgen habe ich sie schon wieder gefickt." Dies obwohl Sophia offiziell mit Gabriel zusammen war.

Ich hörte es sogar ab und zu, wenn Gabriel Sex mit Sophia hatte. Die Wohnungen waren einfach zu hellhörig. Gerriet besuchte in letzter Zeit auch gerne Liane, die es ja vor Sophia mit Gabriel getrieben hatte. Ganz schön abartig, dass Gabriel mit Liane was angefangen hat. Sie wohnte ganz vorne im Gebäude, meldete sich aber seltener bei mir. Sie würde gerne mit Gerriet was anfangen, doch er wollte nicht. Liane will ja mit jedem was anfangen, ist aber nicht attraktiv genug, so dass sie immer Körbe bekommt.

Letzten Endes gab ich Gerriet, die Telefonnummer unserer Hausverwaltung.

Die Wohnung bekam er ganz schnell. Er sagte, dass er obdachlos ist. So konnte er sofort in die Wohnung. Möbel hatte er noch nicht. Ich gab Gerriet den Tipp, dass er zur Diakonie in die Nachbarstadt gehen könnte. Hier gab es ein Lager mit alten Möbeln, die Bedürftige umsonst bekommen könnten. Gesagt getan, er bekam ein paar alte Sachen. Ein altes Regal, einen Fernsehtisch und ein großes Bett, was das Zentrum des Raumes ausmachte. Hier hielt er sich meistens auf. Neben dem Bett, stand bald mein zweites Sofa. Denn ich kaufte mir ein neues, richtig hübsches Ledersofa, das über Eck ging. Es hatte schwarzes Leder und war von Otto. Dort kostete es 1000 Euro, war aber zur Hälfte runter gesetzt, wegen irgend einer Aktion. Meine Mutter half mir bei der Finanzierung. Emanuela war auch stolz auf mich. Sie erzählte es meinen Kunden, dass ich ein neues Sofa hatte. Für sie war es ja gut, denn sie schlief ja immer darauf, wenn sie zu dicht war um nach Hause zu gehen.

Der Russe war aber nicht so respektvoll. Bei unseren nächtlichen Zocker-Abende, nahm er immer den Hund mit. Der war nicht so gut erzogen. Der Russe wollte immer, dass ich die Terrassentür aufmache. „Dann kommen doch wieder die Insekten hier rein!", beschwerte ich mich. Aber er als mein Dealer gab nichts auf meine Meinung. Er führte sich auf als ob dies seine Wohnung war. „Ich hab Kopfschmerzen", war seine Begründung. Dadurch dass immer wieder große Mücken hier rein kamen, drehte der Hund durch. Er jagte die Viecher und sprang oft gegen mein Sofa. „Macht der der auch keine Kratzer in mein schönes Sofa?", fragte ich um ihn dazu zu bewegen, was dagegen zu tun. Doch es kümmerte ihn nicht: „So spitz sind seine Krallen nicht!" Ein paar mal hörte ich aber wie seine Krallen ganz doll über das Leder kratzten. „Hat er gerade nicht einen Kratzer ins Leder gemacht?", fragte ich wieder. „Nein, das geht nicht. Das Leder ist sehr dick", erwiderte der unvorsichtige Russe. Als er weg war und ich alleine mit Emanuela, so auf dem Sofa saß, viel mir ein langer Kratzer auf. Ich wurde richtig sauer und enttäuscht. Der Russe wohnt noch zuhause, obwohl er über dreißig ist. Er war sein Leben lang arbeitslos und hat nie was tolles besessen oder sich geleistet. Er kann gar nicht schätzen, was es bedeutet, sich was tolles zu leisten und gut darauf aufzupassen. Vor Emanuela gehe ich richtig an die Decke. Und dann entdecke ich zu allem Unglück sogar noch einen zweiten Kratzer. Beide sind über 10 Zentimeter lang, aber zum Glück nicht sehr tief. Ich schreibe dem Russen. Er streitet alles ab und ist sauer. Auch gibt er die Schuld dem Hund von Ella. Doch der Hund ist ja nie auf meinem Sofa, oder dreht so durch wie der Hund vom Russen.

„Normalerweise müsste deine Versicherung das bezahlen", sagte ich zum Russen. Doch der hat natürlich keine Versicherung.

Sein verhalten ist total scheiße. Ich bekomme hauptsächlich nur was zu rauchen, wenn er auch mit ihm rumhänge. Aber ich will gar nicht mit dem rumhängen. Ich will nur meinen Stoff und alleine in meiner Bude sein. Vielleicht noch mit Emanuela, aber auf jeden Fall nicht mit so einem Typen, wie dem Russen. Er hat eine ekelhafte Art. OK, das PC-Spielen macht wohl Spaß, aber muss nicht so oft sein. Ich möchte auch gerne mal alleine sein. Was mich auch stört ist, dass er sein Hundefutter mit zu mir nimmt. Er hat einen Hundenapf mitgebracht. Doch der Hund nimmt das Fleisch daraus und schleppt es durch die Wohnung. „Der macht meinen ganzen Teppich fettig!", sage ich vorsichtig. Doch das ist dem Russen egal. Ist ja nicht seine Wohnung. Ich will dann, dass unter dem Napf eine Tüte liegt und eine Decke über die Rückenlehne des Sofas. Ob das was bringt?

Auch hat der Russe einmal mehrere Kilos Granat bei mir in den Kühlschrank getan. Er hat das aber nicht abgeholt. Ich rief ihn dann an: „Kannst du die Krabben abholen, die stinken schon!" „Kann gar nicht sein, frisches Fisch stinkt nicht." Er meckerte immer dagegen an, anstatt es einfach einzusehen und verständnisvoll zu sein. Zu akzeptieren, dass dies meine Wohnung ist und er der Gast. Somit er sich danach richten muss, was ich in meiner Wohnung möchte. Doch das war bei ihm fehl am Platz.

Gabriel war dann bald nicht mehr da. Er und Sophia hatten eine Anzeige wegen einfuhr von Heroin bekommen. Die haben sich dann bei der Gerichtsverhandlung gegenseitig angeschissen. Er ist wieder zurück in seine Heimatstadt zu seiner Mutter und seinen Brüdern.

Ich sehe dann zufällig einen alten bekannten im Garten umher laufen. Es ist Aaron, der Bruder von Aalina, mit der ich was hatte. Was tappst der hier denn über den

Rasen?

Neben mir zieht nach Gabriel jemand neues ein. Wieder ein Jugendlicher. Wieder einer, der immer laute Musik macht.

Laut

Nach Gabriel wurde ein Jugendlicher mein Nachbar, der auch wieder den ganzen Tag nur laute Musik machte. Ich beschwerte mich beim Hausmeister. Er flog raus. Als nächstes kam ein Russe aus dem Knast, der genauso immer laute Musik machte. Ich holte immer die Polizei. „Ich beschwere mich dann auch wenn es im Flur nach Gras riecht!", hörte ich ihn durch die Tür sagen. Und er hörte nicht auf. Egal wie oft ich die Polizei holte, er fing immer wieder an. Diese Typen machten es extra, weil sie auf Streit aus waren. Weil es mich störte, machten sie es absichtlich.

Einmal kam die Polizei. Ich machte die Tür auf. Der Russe wich zurück und hatte Angst, wie ich so aus der Tür platzte. „Wow, ganz ruhig!", sagte er und hebt die Hände abwehrend vor den Körper. „Spinnst du immer so laute Musik zu machen?", maulte ich ihn an.

Ein anderes mal, machte der Russe der Polizei vorne die Tür nicht auf. Ich gab denen den Tipp hinten rum, ums Haus, zur Terrasse zu gehen. Das machten sie dann auch. Er machte dann auch die Musik leise, als sie da ankommen waren. Dann gingen sie wieder ums Haus zurück zu ihrem Polizei-Wagen. Kaum waren sie bei unserer vorderen Tür angekommen, drehte er wieder die Musik auf. So dass sie wieder bei ihm klingelten.

Der Russe wurde dann auch immer aggressiv. Er drehte mir im Flur zum Beispiel die Sicherung raus.

Als Emanuela einmal bei mir schlief, hörte ich plötzlich

Schläge an der Tür. Das kannte ich noch von Gabriel. Die traten auch immer gegen meine Tür und wollten die einschlagen. Ich sah dann auch immer Schuhabdrücke an der Tür. Doch die Tür ist sehr massiv und man kann die nicht einfach eintreten.

Als nächstes hörte ich einen Schlag gegen die Scheibe. Ich schaute nach draußen. Dort lag ein Holzbrett. Er hatte das Brett gegen die Scheibe geworfen. Mein Bett stand genau an diesem Fenster. Er wollte die Scheibe einschlagen. Ich wäre von Scherben begraben worden. Also rief ich die Polizei und schilderte es denen. Sie kamen sofort. Ich vermute, die haben ihn dann mitgenommen, denn dann war erst mal ein paar Tage Ruhe.

Der Russe ist dann irgendwann ausgezogen. Ich vermute er kam in den Knast.

Nach dem Russen kam, der Bruder von Johannes. Johannes war ja im Knast, weil er die Tankstelle ausgeraubt hatte. Mit seinem Bruder war nicht zu spaßen. Eines abends klingelte er bei mir. Er war total betrunken und fand seinen Schlüssel nicht. Er versuchte dann seine Tür aufzubrechen. „Schau mal in deinen Taschen nach, ob du den Schlüssel dort irgendwo hast." Es kam ein Messer zum Vorschein, aber kein Schlüssel. „Dann musst du wohl zu deiner Mutter und dort schlafen", sagte ich zu ihm.

Ich hörte öfter wie er Sex mit seiner Freundin hatte. Und als er einzog, bat ich ihn keine laute Musik zu machen. Doch das machte er trotzdem. Ich traute mir bei dem Typen aber nicht die Polizei zu holen.

Vier Jahre lang wurde ich mit lauter Musik zugedröhnt. Psycho oben drüber hat nie was gemacht. Sein Nachbar über mir hat einfach ein paar mal von seinem Balkon runter gebrüllt. Der Nachbar unten neben der lauten Wohnung, auf der anderen Seite, machte auch nichts.

Dann kam die Wohnung von Aaron, der hier neu eingezogen war. Er hörte die Musik dort auch, aber natürlich nicht so laut.

Ich wollte da weg. Doch das Amt bewilligte mir den Umzug nicht. Ich bat meinen Betreuer mir zu helfen, doch der sagte er sei dafür nicht zuständig.

Ich schrieb Briefe ans Amt, dass die Wohnung unzumutbar ist, dass dort Schimmel ist, und dass ich oft die Polizei geholt habe. Doch es nützte alles nicht. Die wollten nicht bewilligen, dass ich umziehen kann.

Viele Beleidigungen

Mein Betreuer war ziemlich unfreundlich. Es interessierte ihn auch verdächtig oft, dass ich kiffe. Ständig kam er vorbei und checkte die Lage. Wahrscheinlich um mich wieder bei der nächsten Gelegenheit einzuweisen, wenn er die Möglichkeit dazu hatte.

„Wie läuft es bei der Arbeit? Wahrscheinlich schlecht", war mal eine Aussage von ihm.

Oder er sagte: „Wenn ich mitbekomme, dass sie dealen, dann sorge ich dafür, dass sie ihren Führerschein abgeben müssen." Das versuchen die ja immer bei Kiffern.

Ich wollte ihn einmal nicht rein lassen, als er bei mir klingelte. Ich öffnete die Tür und sah ihn. Dann wollte ich schnell die Tür wieder schließen. Er wurde sauer und drückte gewaltsam gegen die Tür.

Auch war ich sauer, dass er mich eingewiesen hat.

Ich machte dann was ganz bescheuertes. Ich schickte ihm beleidigende SMS aus dem Internet. Er konnte so nicht sehen wer die geschickt hatte. Immer wieder überkam mich in der Wohnung eine große Wut. Ich fing dann, im Drogenrausch, an ihn beleidigende SMS von meine Handy aus zu schicken. „Du fettes Nazischwein!", schrieb ich oft. Oder: „Du dummer Realschüler!" Auch mit meiner Mutter hatte ich Streit und machte das selbe. Beleidigte sie per SMS.

Dann trudelte eine Anzeige bei mir ein. Wegen Beleidigung.

Ich beantragte dann schriftlich einen neuen Betreuer. Ich wollte einen mit Abitur und nicht so einen dummen Realschüler, der neidisch auf mich war. Dies da ich ja auch Abitur habe. Das kommunizierte ich offen mit den zuständigen Leuten vom Gericht.

Es wurde genehmigt. Und der neue Betreuer war richtig nett. Er sagte, dass er nie Leute einweist. Nicht so wie der Vorige, der immer darauf pochte mich einzuweisen.

„Ich weise sie höchstens ein, wenn sie mit der Axt durch die Stadt laufen", sagte der neue Betreuer.

Bei der Besprechung, und der Vorstellung des neuen Betreuers beim Gericht, sagte die Richterin: „Der neue Betreuer hat sogar Abitur." Und das merkte man auch. Er war zwar schon sehr alt, aber er kümmerte sich gut um meine Angelegenheiten. Und das ausschließlich. Denn er kam nie vorbei, um mich zu diskriminieren. Er kam einfach nie vorbei. Immer wenn was zu tun war, rief ich ihn an. Wie ein Privatsekretär kümmerte er sich dann um die Angelegenheit. Wenn er irgendwas von mir brauchte, kam er kurz vorbei. Zum Beispiel eine Unterschrift.

Das Jobcenter sagte für die Genehmigung des Umzugs sollte ich Beweise von der Polizei holen. Beweise dafür dass es immer die Einsätze wegen Ruhestörung gab. Ich ging mit dem Betreuer dann zur Polizei. Denn mein neuer Betreuer wollte mir helfen eine neue Wohnung zu bekommen. Doch die Polizei sagte, solche Informationen dürfen sie nicht rausgeben. Der Beamte von der Polizei an dem Fenster im Warteraum sagte: „Das Jobcenter muss die Informationen selber anfordern."

Ich zog dann trotzdem um. Diesmal in eine Zwei-

Zimmer-Wohnung in der schlechtesten Siedlung der Stadt. Hier standen viele Blocks. Ich wohnte aber am Rande der Siedlung. Hier war es überraschenderweise schön ruhig.

In meinem Haus wohnten vier Leute. Neben mir eine alte Dame. Darunter in der Wohnung eine Mutter mit ihrem geistig behinderten Sohn. Und unter mir ein alleinerziehender Vater mit seinem Sohn. Sie waren alle sehr nett und vor allem ruhig. Das gute war auch, dass ein Supermarkt in der Nähe war. Ich musste nur circa hundert Meter laufe, dann konnte ich einkaufen. Die Wohnung war eigentlich eine Drei-Zimmer-Wohnung, aber ich durfte den dritten Raum nicht nutzen. Benutzte den Raum aber trotzdem, um dort ein paar Sachen zu lagern und Wäsche zu trocknen. Die Hausmeisterin sagte zu mir ich dürfte lediglich meinen Staubsauger dort hinstellen. Aber dass ich den Raum trotzdem nutze wurde nie kontrolliert. Das Jobcenter bezahlte mir aber nicht die volle Miete, da ich gegen ihre Zustimmung umgezogen war. Ich bekam jeden Monat 50 Euro von meinem Geld abgezogen. Dies weil sie nur eine Miete genehmigten, die genauso hoch war wie die der alten Wohnung. Das war ja aber eine Ein-Zimmer-Wohnung, und eine der billigsten Wohnungen der ganzen Stadt.

Mein Betreuer half mir auch hier. Er machte eine Anzeige gegen das Jobcenter. Ging dafür auch zu einer Rechtsanwältin. Das ganze lief über das Sozialgericht. Nach zwei Jahren mussten wir dann in eine nahegelegenen Großstadt zur Gerichtsverhandlung. Bei der Verhandlung war mein Betreuer Zeuge. Er sagte aber, dass er immer Rockmusik hörte, was nicht ganz genau stimmte. Der Russe machte ja immer russische Musik und die anderen Techno und Rap. Aber egal. Die Rechtsanwältin, sagte die neuer Wohnung ist nicht zu teuer, sondern im Bereich was das Jobcenter normalerweise bezahlt. Auch die Fotos vom Schimmel wurden eingereicht.

Am Ende gewann ich und bekam das ganze Geld wieder zurück, was mir das Jobcenter abgezogen hatte.

Wegen den Beleidigungen gegen meinen alten Betreuer, bekam ich ja eine Anzeige. Ich sollte dann zu einem psychologischen Gutachten, damit ich keine Strafe bekam. Ich fuhr mit meinem neuen Betreuer da hin. Es war eine weite Strecke von hundert Kilometern. „Sie haben ja ordentlich aufgetragen. Die Beleidigungen sind heftig", sagte der Arzt. Der Gutachter war aber trotzdem nett, er sagte ich würde keine Strafe bekommen. Dafür wurde ich für die Zeit unzurechnungsfähig gesprochen. Da ich ja zu der Zeit viel Stress hatte.

Ich wollte dann eine Ausbildung als Altenpfleger anfangen. Eine Ausbildung, obwohl mir ja mein zuständiger Mitarbeiter vom Jobcenter sagte, ich sei für eine Ausbildung zu alt.

Aber ich bewarb mich und wurde angenommen.

Doch bevor ich den Vertrag bekam, wurde ich zur Berufsschule gerufen. Die Zuständigen für meine Ausbildung wollen mit mir reden.

Ich lief zu Fuß dahin. Hatte Angst. Irgendwas stimmte nicht. Ich wusste nicht was die noch von mir wollten. Alles eingereicht für die Ausbildung hatte ich. Die Berufsschule war nicht weit entfernt, eigentlich perfekt.

Zwei Damen saßen dann da im Büro. Eine davon war die Schulleiterin. „Sie haben einen Eintrag in ihrem Führungszeugnis. Dort steht 14-fache Beleidigung", sagte die Schulleiterin.

Ich verteidigte mich und log: „Mir ging es zu der Zeit nicht gut und ich hatte Streit mit meiner Mutter." Es ging alles gut und ich wurde angenommen.

Aaron

Ich sehe Aaron bei mir hinter dem Haus auf der Wiese
langlaufen. Was macht der denn hier? Er war ja in der
Vergangenheit mal bei mir und hatte was gekauft,
genauso wie ich bei ihm.
Vor allem was will er dahinten, hinter dem Haus?
Aaron, der Bruder von Alina, ist genauso groß wie ich
und hat eine Brille auf, sowie eine Cappy. Trägt er die
Cappy nicht sieht man seine sehr kurzen Haare und zwei
große Geheimratsecken. Mit seiner Schwester Alina bin
ich ja im Bett gelandet.
Ich laufe einfach mal zu ihm, überlegte ich mir. Zwei
Wohnungen weiter, auf der Terrasse von Eddys alter
Wohnung steht er dann da. Eddy ist ausgezogen.
Vielleicht sogar rausgeflogen. Es hatte sich herum
gesprochen, dass als er ausgezogen ist, seine Bude stark
verdreckt war. Überall soll Katzenscheiße rumgelegen
haben. Überall! Unter dem Bett, den Schränken und
Regalen. Jetzt will Aaron dort einziehen.
Die letzten Zeiten waren turbulent. Der Streit mit Gabriel
und Schläger war heftig. In der Zeit wurden hier im Haus
viermal die Scheiben neben den Wohnungseingängen
eingeschlagen. Zwei mal bei Eddy, einmal bei mir und
einmal bei Gerriet.
Für Eddy war es auch nicht so schön. Seine Beziehung
ging zu Grunde. Der Freund von ihm stand sogar mal,
mit einem Abschiedsbrief, vor meiner Tür. Wir
alarmierten damals die Polizei, denn Eddy war nicht
anzutreffen. Er war in der Vergangenheit wohl mal bei
Psycho und zeigte uns kurioser Weise seine beiden Arme,
die damals übersät mit Schnitten waren. Das kam von
seiner Borderliner Krankheit.
Als er seinen Selbstmordbrief schrieb, erzählten wir es
der Polizei, vor der Wohnung von Eddy. Der Polizist

maulte uns an: „Das ist nicht witzig!" Obwohl wir gar nicht gelacht hatten.

Sie fanden Eddy dann im Stadtpark. Er kam aber nur drei Tage in die Psychiatrie.

Jetzt wohnt Aaron dort. Wir wurden gute Freunde. Jeden Tag ging ich rüber und oft kam er zu mir zum zocken. Der Russe wurde neidisch. Einmal war er bei mir und ich sollte was zu rauchen kriegen. Ich saß am Tisch am spielen und Aaron auf der Couch am Laptop. Anstatt mitzuspielen legte der Russe die drei Gramm auf den Tisch und ging. Als ich ihn zur Rede stellte sagte er: „Du hast gar nicht mit mir geredet." Aber ich war ja auch am spielen. Weed bekam ich dann von Aaron. Er war scharf darauf Sophia kennen zu lernen. Doch ich brachte ihn nicht mit denen zusammen. Ich nahm immer den Siebziger für Gerriet und Sophia und brachte denen das Zeug. Meistens ging ich hinten rum, über die Terrasse von Gerriet. Sophia war neugierig: „Kifft der Typ, der da neu eingezogen ist?" „Nein, das ist ein Alkoholiker, der alles ficken will was nicht bei drei auf dem Baum ist." Das hat Gerriet wohl abgeschreckt. Er wollte Sophia nicht noch einmal verlieren. Zwar waren die beiden nicht mehr offiziell zusammen, doch man merkte, dass er noch Besitzansprüche hegte.

Sophia fragte ihn mal, als schönes Wetter war, ob sie mit mir und einem Bikini an nach draußen darf. Er verbot es. Dabei waren die gar nicht mehr zusammen.

Sie war dann mal bei mir und zog ihr T-Shirt hoch. Unter dem T-Shirt zeigte sie mir ihren neuen Bikini. Ich machte total große Augen, warum sie mir ihre Oberweite zeigte. War das so was wie ein Annäherungsversuch?

Ich arbeitete dann in der Altenpflege. Wenn ich nach der Arbeit zu Aaron kam und er mich so total durchgeschwitzt sah sagte er lachend: „Was hast du denn gemacht? Du bist ja total durchgeschwitzt." „Ich musste

20 Leute ins Bett bringen. Glaube ich hab immer noch Scheiße irgendwo an meiner Kleidung hängen", sagte ich dann scherzend.

Vor der Ausbildung lief es beim Russen sehr schlecht. Ich rief oft bei ihm an. Doch er kam immer erst so um 21 Uhr vorbei. Dann wollte er mit mir zocken. Zum Kiffen hatten er meistens nur einen 10er oder 5er, so dass ich ihn am nächsten Tag wieder kontaktieren musste. Da war es bei Aaron schon besser. Ich konnte bei Aaron auch 20 oder 30 Gramm bekommen. Doch Aaron kiffte nicht durchgängig. Er legte immer Pausen ein. Gab dann nicht viel ab oder holte erst mal kein neues Gras. Er zelebrierte immer große Alkoholexzesse. Dann kamen einige Leute und seine Schwester und es wurde harter Alkohol konsumiert. Wenn ich dann seine Bong nahm und einen Durchziehen wollte, sagten die Leute: „Du willst doch nicht etwa hier kiffen? Davon bekomme ich Kopfschmerzen." Ich sollte dann in die Abstellkammer. Die Leute und seine Schwester hatten was gegen das Kiffen. So ist das bei Hartalkies. Die hassen das Kiffen total. So dauerte es oft drei Wochen bis ich wieder was neues hatte. Ich war ja ein Hartcorekiffer und es viel mir sehr schwer. Versuchte dann immer vergeblich Aaron zu überreden. Doch er bekam auch oft nichts. Sein Dealer wohnte in einer anderen Stadt und wir hatten keinen Fahrer.

In der Altenpflege war ich sehr ehrgeizig. Nach der Spätschicht kam ich um 21 Uhr nach Hause. Dann ging ich immer zu Aaron und rauchte ein paar Bong-Köpfe. Danach lernte ich immer noch bis 23 Uhr bei mir für die Klausuren. Wir schrieben in der Berufsbildenden Schule viele Klausuren und dazu auch Lernkontrollen. Trotz des Kiffens, war ich sehr gut in der Schule. Ich schrieb viele Einsen. Der Stoff war ja auch interessant. Es ging um den menschlichen Körper, der Ernährung oder der Arbeit als

Altenpfleger. Wir hatten aber auch das Unterrichtsfach Religion oder Englisch.

Ich hing in der freien Zeit immer mit Aaron, Wilhelm oder dem Russen rum. Aber nur anfänglich mit dem Russen. Denn der Russe kapselte sich von mir ab und später hatte ich keinen Kontakt mehr zu ihm. Ansonsten waren da noch ein paar von meine Kunden, wie zum Beispiel Gerriet oder Sophia.

Die Arbeit als Altenpfleger war gewöhnungsbedürftig. Man musste sich an die Gerüche gewöhnen. Hatte Angst war falsch zu machen. Zum Beispiel, die Schuhe nicht im Weg liegen zu lassen, so dass eine alte Dame fällt. Und es war oft sehr eklig. Die Leute schissen sich richtig ein. Da sah eine Toilette zum Teil echt schlimm aus. Ich musste dann immer alles alleine sauber machen.

Ein Bewohner hatte sich mal so richtig eingeschissen. Ich machte ihn und die Toilette alleine sauber. Am nächsten Tag sagte die Stationsleitung bei der Besprechung vor allen anderen Mitarbeitern, dass überall noch Scheiße klebte, sogar an seinen Socken. Ich bekam Ärger. Aber sie beruhigte mich auch: „Du kannst sonst auch andere fragen, ob sie dir helfen, wenn es zu viel wird."

Altenpflege

In der Altenpflege erlebte ich viele krasse Sachen. Es herrscht ein Mitarbeiter-Mangel vor. Vieles was man eigentlich nicht alleine machen darf, muss man alleine machen.

So sagt ein Mitarbeiter zum Beispiel, dass ich eine Bewohnerin zum Kuchen-Essen aus dem Bett holen soll. Doch als ich zu ihr in das Zwei-Bett-Zimmer gehe, will sie nicht. Sobald ich sie aufrichten will, fängt sie an zu schreien. Ich zucke zurück. Gehe wieder zu dem

Mitarbeiter. Es sagt im lauten, aggressiven Ton: „Die muss jetzt raus zum Essen!" Er geht dann mit. Richtet sie auf. Sie fängt wieder an zu kreischen. Dann nimmt er trotzdem ihre Beine und zieht sie so, dass sie zur Bettkante zeigen. Als letztes hebt er sie in den Rollstuhl. Das alles gegen ihren Willen, und obwohl sie die ganze Zeit in einem hellen Ton geschrien hat.

Es wird in der Altenpflege eine Art Gewalt angewendet. So muss ich immer in ein Zimmer, von einem Bewohner, der einen ansteckenden Darmvirus hat. Dazu muss man sich erst, vor dem Zimmer, Schutzkleidung und Handschuhe anziehen. Ich reiche ihm Essen an.

Dann kommt ein Arbeitskollege, der auch ab und zu Stationsleitung ist. Er sagt, wir müssen den Mann jetzt auf die Toilette bringen und dann ins Bett. Doch der Mann will nicht auf die Toilette. Als wir ihn von dem Sessel hochheben wollen, wehrt er sich. Er drückt dagegen an. Ich an einem Arm und mein Arbeitskollege am anderen Arm zerren ihn dann zur Toilette. Er drückt immer dagegen und es ist ein schwerer Prozess. Ich habe Angst, dass er vielleicht fällt und ich ihn aus Versehen loslasse. Doch Schritt für Schritt bekommen wir ihn in Richtung des Badezimmers. Dann soll ich ihn alleine halten. Mein Arbeitskollege zieht ihm schnell die Hose herunter und schiebt ihn auf die Toilette. Geschafft. Was für ein Akt.

Es werden oft Sachen gemacht, gegen den Willen der Bewohner. Eine Dame trinkt gerne Cola. Weil sie etwas adipös ist, trinkt sie kleine Flaschen Cola-Zero. Doch an einem Tag wollen meine Arbeitskolleginnen ihr dies verwehren. Sie soll ins Bett und keine Cola mehr trinken. „Warum gebt ihr der Dame nicht die Cola-Zero?", frage ich eine andere Auszubildende. „Weil sie dann immer das ganze Bett voll kleckert." Ich akzeptiere es. Die Mitarbeiterin ist länger da als ich. „Ich will meine Cola!

ich will meine Cola! ich will meine Cola!", schallt es von der Bewohnerin.

Am Ende frage ich auf dem Raucherhof noch einmal nach: „Wenn die Bewohnerin Cola trinken will, darf man ihr das dann verbieten?" „Die Bewohnerin ist adipös und psychisch krank. Weil sie so dick ist kann sie schon nicht mehr laufen und ist im Rollstuhl. Deshalb ist Cola nicht gut. Sie will dann aber trotzdem immer ihren Willen durchsetzen." „Aber das ist doch Cola-Zero, da sind doch keine Kalorien drinnen", argumentiere ich. „Cola-Zero macht auch dick!", verteidigt sich die Auszubildende. Was in Wahrheit gar nicht stimmt. Außerdem hatte ich was anderes in der Schule gelernt. Wenn die Bewohner einen Wunsch haben, sollte man ihnen den erfüllen.

Die gleiche Bewohnerin in soll ich dann mal auf die Toilette bringen. Sie hielt sich gerade auf dem Balkon auf und war am rauchen. Die Auszubildende befahl mir, sie mit ihrem Rollstuhl in ihr Zimmer zu fahren und dann auf die Toilette zu setzen.

Ich gehe also auf dem Balkon. Doch die Bewohnerin will nicht auf die Toilette. Also gehe ich wieder zurück zur Auszubildenden. Ich sage: „Die möchte nicht auf die Toilette." „Du bringst sie jetzt auf die Toilette!", brüllt die mich dann plötzlich an. Das machte mich sauer. Ich fand den Ton unangemessen. Und man kann die Bewohnerin ja nicht zwingen, wenn sie nicht will. Also gehe ich ins Büro und beschwere mich. Im Büro sind die sehr verständnisvoll. Sie wollen mit der Auszubildenden reden. Um elf Uhr sehe ich die Auszubildende wieder. Sie deckt gerade einen Tisch, mit ganz vielen Brötchen, Käse und Wurst. Was alles für uns war, damit wir auch mal kurz Frühstücken können. Die Auszubildende kommt beim Frühstück dann auf mich zu und entschuldigt sich. Was ich sehr nett fand.

Bei der Altenpflege ist es so, dass bei der Frühschicht am

Anfang immer viel zu tun ist. Die Bewohner müssen aus dem Bett geholt werden, angezogen werden, müssen rasiert werden und die Zähne müssen geputzt werden. Dann wird es etwas ruhiger. Man reicht den Bewohnern das Essen an und sie machen dann einen Mittagsschlaf. Zum Mittagessen kommen sie wieder raus. Und später so um 14 bis 15 Uhr gibt es Tee und Kuchen. Dann kann man selber auch etwas Tee trinken.

Bei der Spätschicht ist es anders herum. Ganz am Ende, nach dem Abendessen müssen alle Bewohner für die Bettruhe vorbereitet werden und müssen ins Bett gebracht werden. Ich bringe immer viele Bewohner ins Bett. Einmal hilft eine Kollegin gar nicht. Sie unterhält sich die ganze Zeit mit einem älteren Herren. Ich muss bestimmt 20 Leute ins Bett bringen. Zwischenzeitlich gehe ich runter zur Stationsleitung und erzähle ihr, dass die Mitarbeiterin nicht hilft. Ich muss dazu meinen ganzen Mut zusammen nehmen, weil ich Angst davor habe mich zu beschweren. Es kostet mir viel Überwindung. „Am besten du gehst zu ihr und sagst es ihr", meint die Stationsleitung. Also nehme ich wieder meinen ganzen Mut zusammen und frage die Mitarbeiterin, warum sie mir nicht hilft. „Der Herr hatte Redebedarf", sagt sie ganz ruhig, als ob es selbstverständlich ist. Ich erzähle meiner Mutter davon. Sie gibt mir einen Tipp: „Redebedarf kann mal passieren, aber nicht bei der Abendpflege, wenn alle ins Bett gebracht werden müssen."

Es passieren immer wieder verrückte Sachen. Eine Mitarbeiterin setzt nach dem Duschen eine Bewohnerin auf die Toilette. Ich schaue, ob ich helfen kann. Aber sie hat wohl alles im Griff. Dann geht die Mitarbeiterin. Ich halte mich gerade auf dem Flur auf. Da kommt die Bewohnerin nackt auf den Flur. Ich stelle mich vor ihr, halt die Hand hoch und sage: „Halt!" Die nackte Dame bleibt auch stehen. Wo ist die Arbeitskollegin? Sie kann die Bewohnerin, doch nicht alleine auf der Toilette lassen! Die Bewohnerin könnte auch hinfallen, wenn sie nicht gut laufen kann. Und wie ich die Dame, dazu bewege stehen zu bleiben, passiert was sehr kurioses. Sie pinkelt auf einmal los. Im Stehen und mitten auf den Flur. Etwas ähnliches passiert mit einer anderen Dame. Ich bringe sie zur Toilette, helfe ihr aus dem Rollstuhl, hebe sie vor die Toilette zum Griff. Sie steht neben der Toilette und hält sich am Griff fest. Dann ziehe ich ihr die Hose herunter. Will sie leiten dann sie sich auf die Toilette setze. Plötzlich kann sie es nicht mehr aushalten. Sie macht ihr Geschäft im Stehen mitten auf den Boden. Es ist ihr auch wohl sehr peinlich. Als ich sie ins Bett bringe, entschuldigt sie sich. „Das macht doch nichts", sage ich verständnisvoll.

Ständig passieren solche Sachen. Doch ich kann überraschenderweise gut mit den ganzen Fäkalien und Gerüchen umgehen. Auch wird mir bei der Wundversorgung nicht schlecht, wie es bei manchen Mitarbeitern wohl der Fall ist.

Ich telefoniere trotzdem mit dem Betreuer auf der Toilette. Ich habe gemerkt, dass ich immer noch eine Ausbildung machen kann. Es stimmt nicht was der Typ vom Jobcenter gesagt hatte. Dass ich zu alt wäre. Die Arbeit als Altenpfleger macht Spaß, aber ich bin ängstlich, dass etwas Schlimmes passiert und den Bewohnern was zustößt. Ich hätte nicht gedacht, dass ich die Arbeit verrichten kann. Alle sagen immer: „Altenpflege, das könnte ich nicht!" Aber ich kann das. Ich frage dem Betreuer jedoch am Handy, ob er einen Termin beim Amt machen könnte. Ob es noch weitere Möglichkeiten geben könnte, was ich machen könnte. Ich wollte mich wegen meinem Abitur, in der Altenpflege hocharbeiten. Pflegedienstleitung werden oder vielleicht

Heimleitung machen. Aber ich kann mir irgendwie nicht vorstellen, den Beruf ewig auszuüben. Es ist aber schön den Beruf kennengelernt zu haben. Nachzuvollziehen was meine Mutter schon ihr Leben lang macht. Wie schwer sie es hat. Was für einen schweren Beruf sie ausübt. Mit den ganzen fiesen Kollegen und dem Mitarbeiter-Notstand, sowie der anstrengenden Arbeit. Meine Mutter ist eine zierliche Person. Wie schafft sie es eigentlich immer, die adipösen Bewohner in den Rollstuhl zu heben oder sie zu waschen und zu duschen? Auf der Toilette telefoniere ich ja mit meinem Betreuer. Es ist mein Geheimnis, dass ich einen habe und ich habe das meinen Vorgesetzten gar nicht mitgeteilt. „Ich fühle mich unterfordert, können sie einen Termin mit dem Jobcenter ausmachen. Ich kann mir nicht vorstellen, den Beruf ein Leben lang zu machen. Würde gerne was anderes machen." Dabei höre ich immer leises Geraschel von der Toilette. Aber da kommt keiner raus. Und da ist wohl keiner. Hab ich mir wohl nur eingebildet.
Später werde ich ins Büro gerufen. Die Stationsleitung sagt mit einem fiesen Gesichtsausdruck: „Der Drucker geht nicht." Ich habe davon eigentlich auch keine Ahnung, denke ich mir, doch schaue kurz nach. Der Strom-Stecker ist raus gezogen und liegt hinter dem Drucker. Das hat die Stationsleitung ganz klar selber gemacht! Alles ist nur ein Vorwand hier mit mir zu reden. „Hast du keinen Bock auf die Arbeit und bist unzufrieden?", fragt sie mich. Ich verneine und halte es geheim, dass ich die Ausbildung nicht weiter machen will. Später spricht mich auch die aus dem Büro an, ob alles in Ordnung wäre. Ich bekomme heraus, dass die Putzfrau, wohl auf der Toilette war. Sie ist danach gleich zur Stationsleitung gegangen und hat ihr von meinem Telefonat berichtet. Das herausgezogene Kabel war nur ein Vorwand, mich ins Büro zu bitten. Ich bleibe dann bei

der Ausbildung und mache sie weiter.

In der Schule läuft es sehr gut. Ich schreibe reihenweise Einsen. Fast jede zweite Klausur von mir ist eine Eins. Der Schulstoff ist interessant und macht Spaß. Ich lerne aber auch immer viel nach Feierabend. Und verwunderlich ist, dass obwohl ich kiffe, ich gute Noten schreiben kann.

Ich habe einen Kumpel in der Schule. Ihn mögen die anderen aber nicht. Er popelt immer im Unterricht, ist dick und kratzt sich mitten auf dem Schulhof am Hintern. Sein Name ist Gerhard. Ein Schulkollege sagt zu mir auf dem Heimweg nach einem Schultag: „Von dem würde ich nicht meine Mutter pflegen lassen."

Eine Schulkollegin äußerst sich im Unterricht abfällig über Ausländer: „Meine Kinder werden in der Schule von Ausländern gemobbt!" Ich nenne sie im Unterricht: „Nazi". Das sorgt für Furore.

Gerhard sagt immer sie sei fett.

Auf dem Raucherhof mache ich Witze über sie. Doch als ich die Witze auf dem Schulhof mache sind einige andere Mitschülerinnen dabei. „Ihr Lieblingstier ist bestimmt ein Wal!", sage ich scherzend. „Die kann bestimmt gut schwimmen, weil fett schwimmt ja oben!", lege ich nach. Doch die anderen finden das gar nicht witzig. „Gerhard ist auch dick!", sagt eine Mitschülerin abwertend.

Am nächsten Tag auf dem Raucher kommt die dicke Nazi-Tussi zu mir. Sie wird begleitet von zwei anderen Mitschülern. „Ich finde es nicht gut, dass du vor den andern schlecht über mich redest und mich dick nennst", sagt sie eigentlich ganz ruhig. „Das war nur Spaß", verteidige ich mich. Doch es macht mich sauer, dass sie sogar mit Verstärkung bei mir ankommt. Ich habe Angst, dass sie sich bei den Lehrern über mich beschwert. Ich könnte wegen Beleidigung aus der Ausbildung fliegen. Doch es passiert nichts. Aber ich mag sie immer noch nicht. Sie ist ja rechts.

Wir müssen eine Praktische Prüfung absolvieren. Dies im Heim mit einer Bewohnerin. Dazu müssen wir eine 15-seitige Ausarbeitung schreiben. An dem Tag bin ich sehr aufgeregt. Die Lehrerin fragt mich im Vorfeld viele Sachen. Ich soll richtig meine Hände desinfizieren. Zeigen wie man es richtig macht und es erklären. Ich mache es wohl nicht so gut. Hatte zu viel Desinfektionsmittel genommen, so dass es ins Waschbecken getropft ist.

Auch das Gespräch mit der Bewohnerin läuft nicht gut. Ebenso das Gespräch danach, warum ich Altenpflege machen möchte. Ich bekomme eine Fünf.

Es ist Sylvester. Ich wohne noch am Marienhof in der Ein-Zimmer-Wohnung. Der Bruder von Johannes ist neben mir eingezogen. Ich habe einen Schock bekommen. So ein aggressiver Typ, neben mir. Der immer so laute Musik macht. Auch rennt er immer mit einem Messer durch die Gegend. Ich habe Angst vor diesen Typen. Will mich nicht mit ihm anlegen. Deshalb hole ich bei ihm nicht die Polizei, wenn er laute Musik macht.

Silvester macht er eine riesige Party. Die ganze Nacht ist es tierisch laut. Ich lasse mich am nächsten Tag krank schreiben.

Es geht aber langsam zu ende. Auch lasse ich mich in letzter Zeit öfter krank schreiben.

Ich begreife, dass ich den Beruf nicht ewig ausüben möchte. Es war alles so demotivierend. Ein Mädchen aus der Schule sagt, dass die Stationsleitung mich nicht mag. Mein Betreuer sagt: „Mit dem Beruf werden sie nie arbeitslos. Es werden immer Altenpfleger gebraucht. Es ist ein krisensicherer Beruf."

Doch ich breche ab.

Ich ziehe ja um in die größte Ghetto-Siedlung in meiner
Heimatstadt. Gut ist auch, dass ein Supermarkt ganz in
der Nähe ist. Ich bekomme eine Zwei-Zimmer-Wohnung,
mit einem dritten Raum, den ich nicht benutzen darf. Ich
nutze ihn aber trotzdem, als Abstellkammer und um dort
meine Wäsche aufzuhängen. Es wird ja nicht kontrolliert.
Plötzlich habe ich keine Freunde mehr. Mit dem Gras lief
es bei Aaron sehr schlecht. Es dauert immer drei Wochen
bis er was neues hat. Mit dem Russen habe ich auch
keinen Kontakt mehr. Er war wohl neidisch, dass ich so
gut mit Aaron auskam.
Ich zocke immer mit dem Nachbarn von Aaron. Sein
Name ist Niklas. Er ist sehr dick, Einzelkind und sehr
temperamentvoll. Ich rufe ihn meistens an und dann
kommt er am Wochenende immer vorbei. Wir spielen
dann PC. Spgar oft bis 6 Uhr morgens. Ab und zu
schauen wir auch zum Abschluss einen Film. Und wir
machen uns dann immer was zu Essen. Meistens aber nur
Pizza oder Baguettes.
Eines Tages steht Gerold vor meiner Tür. Keine Ahnung
woher er weiß, dass ich hier wohne. Ich hatte ihn durch
die Sauf-Partys bei Aaron kennengelernt. Doch er ist
sauer auf Aaron. Aaron sagt öfter fiese Sachen und sitzt
nur in seiner Bude ohne mal vorbeizukommen. Zum
Beispiel verbreitet Aaron das Gerücht, dass Gerold
schwul ist. Dies weil er noch nie einer Freundin hatte.
Gerold und ich werden gute Kumpels. Er kommt seitdem
jeden Samstag zum Kaffee vorbei.
Aaron steht noch einmal vor meiner Tür und hat sogar
Gras dabei. Doch das war dann auch das letzte mal.
Ich will meinen guten Kumpel Wilhelm am Marienplatz
besuchen. Doch keiner macht auf. Auch sind keine
Vorhänge mehr zu sehen. Er ist weggezogen. Nach der

Trennung von Ella ist er mit seiner neuen Freundin in die Nachbarstadt gezogen. Klammheimlich, ohne mir Bescheid zu geben war er plötzlich weg. Genau wie Emanuela. Die wollte ich auch besuchen und stand vor verschlossener Tür. Sie ist auch in die nahe gelegene Großstadt gezogen. Ich hatte sie dann mal dort besucht. Sie hat einen neuen Freund da, der auch dealt. Bekam auch was zu kiffen von ihm. War aber sehr unkorrekt. Er scheint wohl ein Abzieher zu sein.

Ich beschließe dann ein Jahr mit dem Kiffen aufzuhören. Wenn man so selten was bekommt, dann kann man auch aufhören. Hatte mich mittlerweile daran gewöhnt, ohne was klar zu kommen. Ich wollte die MPU machen und meinen Führerschein wieder zurück bekommen. Lerne mich zu beschäftigen ohne zugedröhnt zu sein. Kiffen ist auch eine Beschäftigung. Man besorgt es, macht sich immer eine Mischung und konsumiert es dann. Gehe jetzt in einen Sportverein und spiele dort Tischtennis, zwei mal die Woche. Ich lese auch neuerdings viele Bücher mit meinem Handy. Ich hole mir Internet, spiele PC oder schaue Filme.

Abends kann ich auch so chillen. Ich gehe zwar spät ins Bett, aber muss nicht kiffen, um schlafen zu können. Vielleicht hilft dabei auch das Medikament, dass ich nehme.

Ich bewerbe mich ganz oft für eine Ausbildung im IT-Bereich. Doch werde nie genommen. Auch bewerbe ich mich beim Rathaus und dem Finanzamt. Aber die Bewerbungstest sind sehr schwer und auch das klappt nicht. Ich gebe aber nicht auf und bewerbe mich immer wieder für die gleich Stelle im IT-Bereich. Irgendwann werde ich zum Bewerbungstest eingeladen. Er ist sehr schwer. Noch nie hat einer den komplett ohne Fehler gelöst. Es sind sehr viele dort beim Bewerbungstest. Bestimmt 40 Leute. Und ich treffe dort einen alten

Kollegen. Es ist der dicke Gerhard. Ich komme eine Runde weiter. Beim Bewerbungsgespräch, sagen die Leiter des Instituts, dass mein Test gut lief. Vor mir haben sie einige PC-Teile aufgebaut. Ich sollte erklären, was das alles ist. Eine Diode liegt auch dort. Und ein Kondensator. Aber von elektrotechnischen Bauteilen habe ich ja keine Ahnung. Ich bin auch etwas zu alt für die Ausbildung. Trotzdem komme ich auf die Warteliste. Als Nachrücker falls jemand abspringt. Mein Bruder bewirbt sich auch dort und wird gleich genommen. Wahrscheinlich passt sein Alter besser. Er ist ja zehn Jahr jünger als ich.

Dann irgendwann klingelt mein Telefon. Es ist eine Mitarbeiterin des Instituts. Es ist jemand abgesprungen und ich werde genommen. Ich bin überglücklich.

Die MPU dauert. Den ganzen Papierkram zu erledigen nimmt Zeit in Anspruch. Meine Mutter erledigt eigentlich alles mit der Genehmigung der MPU, dem Papierkram und dem was ich machen soll. Ich gebe dann Haarproben ab, das kostete jedes mal über 100 Euro. Ein Jahr lang muss ich Haarproben abgeben. Ich gehe dann zusätzlich noch zu einer Fahrschule zu einem MPU-Vorbereitungskurs. Dort redet aber einfach ein Mann mit mir und berät mich bei meinen Fragen. Das habe ich zwei mal gemacht und kostete jedes mal 150 Euro. Und ich gehe zur Diakonie zu einer Beratung. Die Frau dort ist sehr nett. Aber was das alles bringen soll, weiß ich auch nicht. Nach ganzen drei Jahren muss ich in eine weit entfernte Großstadt, zur MPU-Stelle. Zum Idiotentest, wie man ihn nennt. Diese Prüfung kostet weiterhin 500 Euro. Insgesamt hat mich die MPU 1600 Euro gekostet. Bei der Prüfung warte ich sehr lange im Aufenthaltsraum. Man kann zum Glück dort Kaffee trinken. Der Wartesaal ist voll. Erst muss ich zu einer Dame und mit ihr reden. Sie will dann eine Urin-Kontrolle mit mir machen. Aber ich kann dann plötzlich nicht pinkeln. Immer wieder ruft sie mich in die Toilette. Doch es klappt einfach nicht. Wahrscheinlich weil ich so aufgeregt bin. Nach drei Versuchen sagt sie im ernsten Ton: „Wenn sie es das nächste mal nicht schaffen, müssen sie ein anderes mal kommen. Dann müssen wir das hier abbrechen." Doch beim nächsten mal kann ich pinkeln.

Als nächstes muss ich einen Reaktionstest an einem PC machen. Dazu gibt es eine Vorrichtung mit Knöpfen, die ich rechtzeitig drücken muss.

Ich sitze danach wieder im Aufenthaltsraum. Es kommt als nächstes noch ein Gespräch, soweit ich weiß. Doch ich komme irgendwie nicht dran. Einer nach dem anderen aus dem Aufenthaltsraum kommt dran. Die meisten kommen nicht durch. Sie haben keine Abstinensznachweise. Sind einfach so zur MPU gegangen. Die meisten haben eine Story, die sie erzählen, dass sie zu unrecht zur MPU gekommen sind. Einer erzählt, er sei gar nicht gefahren. Er saß einfach so betrunken im Auto. Einer erzählt, er wurde überholt und wurde so mit geblitzt. Er sei gar nicht zu schnell gefahren. Manche wurden zuhause mit Drogen erwischt, aber sind gar nicht Auto gefahren. Die mussten trotzdem zur MPU. Alle fallen durch.

Ganz zuletzt nach 5 Stunden komme ich dran. Ich bin sehr aufgeregt. Ich unterhalte mich mit dem Typen. Er hat die Nachweise vor sich liegen, die ich eingereicht habe. Den Nachweis für die MPU-Beratung von der Fahrschule, den Nachweis von der Diakonie, den Abstinenznachweis von den Haarproben und zuletzt einen Zettel von meinem Arzt, welches Medikament ich gerade nehme. Der Typ sagt, das mit dem Medikament ist OK, ich kann damit fahren. Auch der Reaktionstest ist gut verlaufen. Doch dann geht es los. Er redet zwei Stunden mit mir. Fragt mich so viele Sachen. Ob ich wieder kiffen will oder was ich mache wenn mich jemand wieder fragt. Ich rede wie ein Wahnsinniger. Doch einmal sagt er, dass er nicht das richtige hört, was er hören will. Er fragt weiter und ich gebe ihm am Ende die richtige Antwort. Ich erzähle, dass ich nie wieder kiffen will, dass ich darauf nicht mehr klarkommen würde. Und Alkohol trinke ich ja eh nicht. Auch dass ich mit den Kiffern nichts mehr zu tun habe. Ich kann auch abends so chillen, ohne zu kiffen. Es ist alles besser geworden seit ich nicht mehr kiffe. Habe eine schöne Wohnung und eine gute Ausbildung bekommen. Sogar der Streit mit meiner Mutter hat aufgehört.

Nach dem Gespräch komme ich wieder ins Wartezimmer. Ich bekomme dann die Abschrift vom Gespräch. Auch dem Zettel steht: Bestanden. Ich bekomme meinen Führerschein wieder.

Meine Mutter leiht mir dann, die nächste Zeit, ihren Mercedes SLK aus. Dann, als ich den Führerschein wiederbekommen habe. Die Jungs bei meiner Ausbildung machen richtig große Augen.

Aggressives Verhalten

Sophia und Gerriet melden sich per Handy bei mir. Es sind schon ein paar Jahre vergangen, seit ich vom Marienplatz weggezogen bin. Hatte keinen Kontakt mehr zu den beiden. Ich erzähle, dass ich meinen Führerschein wieder habe und eine gute Ausbildung mache.

Sie wollen mal vorbei kommen, schreibt Sophia. Sie hätte nicht viel Kontakt zu den Leuten in der Heimatstadt und kommt nicht oft raus.

Als ich noch am Marienplatz gewohnt habe ist was krasses passiert. Ich bin ja kein aggressiver Mensch. Und Schlägereien mache ich ja nicht. Aber Psycho ist bei mir

337

auf der Terrasse. Zusammen mit dem Nachbarn, der über mir gewohnt hatte. Sie haben eine Leiter aufgestellt. Ich gehe raus und sage im lauten Ton: „Psycho! Was macht ihr hier einfach auf meiner Terrasse? Da fragt man doch normalerweise vorher!" Sie wollen wohl auf den Balkon vom Nachbarn über mir. Er hat die Tür oben zugezogen und kann nicht mehr in seine Wohnung. Über den Balkon will er in seine Wohnung. Psycho soll da hochklettern. Eigentlich alles kein Problem.

„Nenn mich noch einmal Psycho!", sagt Psycho voll sauer. „Psycho!", kommt es aus mir heraus.

Dann springt er von der Leiter. Rast auf mich zu. Kommt ganz nah zu mir. Ich denke er haut mir eine rein. Und ich schlage ihm aus Reflex mit einem Fausthieb ins Gesicht. „Was soll das!", sagt der Nachbar. Plötzlich ist Psycho ganz klein und weicht von mir. „Ich wollte doch keine Schlägerei", sagt er eingeschüchtert. Ich bin auch geschockt von meiner Reaktion. Mein Puls schoss in die Höhe. Ich hatte einfach nur kurz Angst bekommen. Er geht dann auf die Leiter und auf den Balkon und ist weg.

Ein anderes mal bin ich beim Supermarkt, der bei mir in der Nähe ist. Diesmal als ich ungezogen bin ins Ghetto in die Zwei-Zimmer-Wohnung. Ich laufe zum Supermarkt. Sehe beim Fahrradständer, den jüngeren Bruder von Johannes. Er ist ja ein ziemlich großer Typ. Und wohnte ja neben mir. Mit dem wollte ich mich nicht anlegen. Und es ist dort Psycho. Ich sage zu Psycho: „Hab meine Ausbildung beendet." Er hält sich die Ohren zu und schreit laut: „Das will ich gar nicht wissen! Lalalalalala!" „Psycho du bist ein echter Neider!", sage ich. Er schreit laut meinen Namen und weiterhin: „Du bist ein Heroin-Junkie!" Ich halte dagegen, weil mich das auch sauer gemacht hat: „Du wirst von allen Psycho genannt!" Er kommt immer näher. Ich sage immer wieder: „Psycho!"

Er immer wieder: „Heroin-Junkie!" Warum sagt er das? Ich nehme doch gar kein Heroin mehr. Außerdem war es damals nur ganz kurz so, dass ich Heroin genommen hatte.

Plötzlich ist er ganz nah bei mir. Ich denke wieder er haut mir jetzt eine. Dann schlage ich wieder zu. Der Bruder von Johannes kommt an und geht zwischen uns: „Hört auf!" Ich sage: „OK." Und gehe rein einkaufen. Als ich wieder raus komme. Lauert mir Psycho auf: „Was sollte das!" Er stellt sich mir in den Weg. Die Passanten schauen ängstlich. Er drückt mich zurück. „Ich will mich nicht mit dir schlagen Psycho. Ich mache Sport!" „Ja, du bist ja so erfolgreich!", schreit er. „Psycho, du bist ein Langzeitarbeitsloser. Du hast noch nie gearbeitet!", brülle ich ihn an. Aus ihn platzt es raus: „Du kannst nur Leute beleidigen!" Er drückt mich weg. Lässt mich nicht vorbei. Dabei kneift er mir in den Brustkorb. Ein junger Mann ruft rüber zu mir: „Brauchst du Hilfe?" Dann lässt Psycho von mir ab und ich kann nach Hause gehen.

Ich bin ziemlich aufgeladen. Die Tage, habe ich Angst, dass Psycho eine Anzeige macht. Ich beschließe zu ihm zu gehen, um rauszufinden was er gemacht hat. Bei ihm ist er ziemlich aggressiv. Er schreit mich an. Macht immer wieder die Tür zu. Macht sie wieder auf. Schreit mich wieder an. Das geht die ganze Zeit so. „Ich wollte mich bei dir entschuldigen. Du bist so nah gekommen. Ich dachte du haust mir eine?", sage ich zu ihm. „Wahrscheinlich hat dein Betreuer mit dir geredet was? Und dir gesagt du sollst her kommen. Ich war beim Sozialpsychiatrischen Dienst und habe denen erzählt, dass du mich geschlagen hast", sagt Psycho mit einem richtig wütenden Gesicht. So wusste ich dann was abging. Er wollte mich in die Psychiatrie bringen! Er hat versucht durchzubringen, dass ich eine Gefahr für die Allgemeinheit bin. Das kannte er noch von den

Einweisungen meines Betreuers. Ich erzählte Psycho damals davon. Es ist alles miteinander verwoben. Aber nichts ist passiert. Einen Betreuer habe ich ja gar nicht mehr. Der meinte ja ich komme gut alleine klar.
„Ich sollte sofort die Polizei holen!", kommt es aus Psycho heraus. Ich gehe und wirklich, die Polizei kommt mir in einem Streifenwagen entgegen. Aber sie halten mich nicht an. Zum Glück.

Ich bin dann, nach einer Zeit, zu Silvester in der Dorfkneipe. Draußen geht das Feuerwerk los. Plötzlich kommt Psycho vorbei. Mein Puls geht kurz höher.
Und hinter ihm kommt Sophia hinterher. Hängen die beiden jetzt zusammen ab? Würde mich nicht wundern, denn sie wohnen ja im gleichen Haus. Normalerweise mögen Gerriet und Sophia Psycho ja nicht. Kein Wunder, der ist ja auch voll komisch. Aber Psycho hat ja so eine Taktik, die Leute zu sich zu bekommen. Meistens kommen Leute zu ihm, weil sie was zu Rauchen haben wollen. Er macht das nicht so wie ich, dass er sie versorgt und ihnen was bringt. Man muss immer zu ihm kommen. Dann gibt er immer ein bisschen was ab, so dass die Leute am nächsten Tag wieder zu ihm kommen müssen. Gabriel hatte früher die gleiche Taktik. Denke er hat die Taktik, bei Gerriet und Sophia angewendet. Sie müssen jetzt wohl immer zu ihm.
Drinnen gehe ich zu Sophia und Psycho. Sophia hat mich draußen wohl gesehen, ist aber so an mir vorbei.
„Wo habt ihr Gerriet gelassen?", frage ich Sophia. „Der passt auf den Hund auf", sagt sie.
Und später bekomme ich einen Schock. Sophia leckt Psycho am Ohr rum. Und sie küssen sich.
Ich schreibe Gerriet. Wünsche ihm einen schönes neues Jahr. Er schreibt auch zurück. Dann frage ich ihm, ob Psycho jetzt mit Sophia zusammen ist. Daraufhin schreibt

er nicht zurück.

Ich sehe ihn circa ein Jahr später beim Supermarkt. Er will gerade mit dem Fahrrad losfahren nach Hause. Ich bin zu Fuß auf dem Heimweg. „Was ist eigentlich mit Sophia? Die habe ich lange nicht mehr gesehen!", rufe ich zu ihm rüber. Er ruft zurück: „Die ist Tot!" „Ja, klar!", kommt es aus mir heraus. Er dreht mit dem Fahrrad hum. Fährt einen kleinen Kreis und kommt zu mir. Dann erzählt er: „Sie war mit einem Dealer zusammen. Mit Psycho hielt es nicht sehr lange. Wegen dem Koks von dem Dealer ist sie ins Krankenhaus gekommen. Sie hat ein Organversagen bekommen."

Zuhause erzähle ich das meiner Mutter. Sie hat Sophia auch mal gesehen. Wir beide weinen fast deswegen.

Als ich die MPU mache, treffe ich Aaron bei der Diakonie. Er macht eine Alkoholsuchttherapie. „Hast du das von Daniel schon gehört?" Ich antworte: „Nein, was ist denn mit dem los? Hab ihn ewig nicht gesehen." „Der hat sich erhängt", erzählt Aaron.

Ohne

Ich beschließe es mal ohne mein Medikament zu versuchen. Ich habe psychisch gar nichts mehr. Warum soll ich mein Leben lang das Medikament nehmen? Dazu frage ich meinen Arzt, ob er mich runter dosieren kann. Mein Arzt ist ziemlich alt. Er ist sehr dick und macht nur eine medikamentöse Behandlung. Dazu muss ich alle zwei Monate zu ihm. Das einzige was er dann macht ist mich zu fragen, wie es mir geht. Dann macht er das Rezept fertig und ich gehe. Es ist immer das gleiche und nach drei Minuten bin ich dann schon wieder draußen. Ich gehe dann immer zur Apotheke und lasse mir das

Medikament bringen, wenn es nicht da ist. Manchmal lasse ich mir auch eine Krankmeldung geben. Ich sage dann einfach, dass ich mal wieder eine Pause bräuchte. Dann schreibt er mich bis zu zwei Wochen krank. Das ist eigentlich ganz gut.

Doch mein Arzt will mir nicht erlauben, es ohne das Medikament zu versuchen. „Dann hören sie doch wieder Stimmen", sagt er. „Ich habe noch nie Stimmen gehört!", antworte ich daraufhin empört. Ich beschließe dann mich selber runter zu dosieren. Wenn ich ohne das Medikament klar kommen, muss ich auch nicht immer zu diesem Arzt. Es ist eine totale Zeitverschwendung, da immer hin zu müssen. In Zwei-Wochen-Schritten dosiere ich mich runter. Ich kaufe mir einen Pillen-Schneider. Damit schneide ich die 10mg-Pille in eine Hälfte. Mit 5 mg komme ich auch klar. Doch es sind auch Nachwirkungen zu spüren. Ich bin nicht so ruhig wie sonst. Leider streite ich mich mit meiner Schwester und einer Arbeitskollegin. Ich bin jetzt wohl leichter reizbar und hab nicht so ein dickes Fell. Meine Mutter hält auch noch zu meiner Schwester, was die Situation noch erschwert. Ich teile die Pillen noch in Viertel-Teile. Mit 2,5 mg komme ich auch klar. Aber meine Gedanken werden unruhig. Zum Teil rasen meine Gedanken durch meinen Kopf. Auch bin ich stark sexuell erregt. Ich erwische mich auf der Heimfahrt von der Arbeit, wie ich geil werde. Das hörte dann den ganzen Abend nicht auf. Als ich im Bett liege habe ich eine Latte.

Im letzten Schritt, nach den nächsten zwei Wochen, nehme ich kein Medikament mehr. Es geht auch erst gut. Doch dann kann ich an einem Abend plötzlich nicht mehr schlafen. Ich habe wilde Gedanken im Bett. Die Gedanken rasen wieder durch meinen Kopf. Immer wieder stehe ich auf und gehe E-Zigarette dampfen in der Küche. Es wird 23 Uhr, dann 24 Uhr und auch noch ein

Uhr. Ich muss am nächsten Tag um 6 Uhr aufstehen! Wie soll das klappen? Im Bett denke ich, ich kann einfach nicht schlafen. Ich habe Angst bis um 6 hier wach zu liegen. Habe Angst psychotisch zu werden. Um ein Uhr dreißig habe ich keine andere Wahl. Ich nehme wieder mein Medikament. Ich weiß nicht wieso, ob es an meiner Krankheit liegt oder daran, dass diese Medikamente abhängig machen. Hatte ich Absetzsymptome? Ich hatte es in der Vergangenheit schon ein bis zwei mal, dass ich nicht schlafen konnte, weil ich an dem Abend das Medikament vergessen hatte. Anscheinend kann ich ohne dieses Medikament nicht mehr einschlafen. Ich erzähle es meiner Mutter: „Ich kann nicht mehr ohne diese Medikament klar kommen. Wahrscheinlich muss ich mein Leben lang das Medikament nehmen." Ich bin halt psychisch krank.

Der Abschied von Gerold

Gegenwart. Mein Haus ist in der Nähe von Gerold seiner Wohnung. Ich gehe einkaufen. Er hat mir beim Umzug erst helfen wollen. Dann aber noch abgesagt, als ich ihm schrieb, dass ich mir ein Haus gekauft habe. Und er meldet sich gar nicht mehr. Hat sich mein Haus wohl einmal angeschaut und kein schönes Wort darüber verloren. Dies obwohl mein Haus viele schöne Ecken hat. Zum Beispiel, die Größe mit den vier Zimmern ist echt cool. Oder die Marmortreppe, der Wintergarten und das große Wohnzimmer. Ich vermute er ist stark neidisch. Auch weil ich jetzt mit Arne befreundet bin. Darauf kommt er nicht klar.
Als ich mit meiner Einkaufstasche bei seinem Haus vorbeikomme sehe ich ihn wie er aus dem Eingang seines Mehrfamilienhauses raus kommt. Er schaut böse. Ich

grüße ihn. Er grüßt mich und geht schnurstracks an mir vorbei. Ohne stehen zu bleiben und sich mit mir zu unterhalten. Ich läuft schnell weiter und wechselt die Straßenseite und ist dann weg. Ein paar Tage später ist seine Wohnung leer. Er ist in die Großstadt gezogen.

Epilog

Nach der MPU und der einjährigen Abstinenz fing ich nicht mehr mit dem Kiffen an. Nach so langer Zeit ohne Weed, brauchte ich auch nicht mehr anfangen. Ich hatte auch kein Verlangen mehr danach. Ich versuchte zwar noch zwei mal etwas zu kiffen. Aber ich kam nicht mehr darauf klar. Es knallte ziemlich rein. Mir reichten schon zwei Züge vom Joint und die Gedanken rasten nur so durch meinen Kopf. Man bekommt Kopfkino vom Kiffen, wenn man es nicht gewohnt ist. Ich hatte beim zweiten mal zwar eine Strategie, wie ich darauf klar komme, aber wieder anfangen zu Kiffen wollte ich trotzdem nicht. Ich hatte an drei Tagen gekifft und langsam die Dosis gesteigert. Am ersten Tag hab ich nur einen kleinen Sticky geraucht. Und an den darauf folgenden Tagen konnte ich wieder normal kiffen und hatte dieses schöne warme, gechillte Gefühl. Doch mir war das auch mit dem Führerschein zu gefährlich. Ich wurde noch zwei mal im Straßenverkehr angehalten und musste sofort mit zum Pissen aufs Revier. Irgendwie steht noch was in meiner Akte bei der Polizei. So dass sie mich immer mit zur Urin-Kontrolle aufs Revier nehmen. Ich habe alles schlechte erlebt was man mit dem Kiffen erleben kann. Der Drogenkrieg früher war heftig. Die Polizei jagt die Kiffer regelrecht in der Kleinstadt. Die Kiffer untereinander bekämpfen sich. Und die Psychiatrie-Szene will Kiffer immer einweisen. Ich spare viel Geld, dadurch dass ich nicht kiffe. Hab gelernt mich ohne dem Kiffen zu beschäftigen. Hab viele Hobbys, wie das Tischtennis spielen im Verein oder dem Gitarre spielen. Mache Musik mit dem PC, schaue Netflix, treffe mich mit Freunden und lese Bücher. Ab und zu male ich auch wieder.

Ohne das Kiffen ist alles besser geworden. Streite mich nicht mehr mit meiner Mutter. Sie sagt, seit ich aufgehört habe zu kiffen ist es wie Urlaub für sie.

Ich habe mir einen Neuwagen gekauft, habe die Ausbildung bestanden, gehe Arbeiten. Mein Betreuer hat gesagt ich komme alleine klar und ich brauch keine Betreuung mehr. Und zuletzt habe ich mir ein Haus gekauft. Ich liebe jeden Tag. Freue mich aufzustehen und morgens meinen Tee zu trinken und E-Zigarette zu dampfen. Muss immer um 5 Uhr aufstehen und dann zur Arbeit. Ich verschlafe nicht mehr den ganzen Tag und bin fitter. Ohne Gras kann man besser arbeiten. Kiffen sediert und macht ja antriebslos.

Nur eine Freundin in der Kleinstadt zu finden ist schwer. Schläger und Gabriel haben überall herumerzählt, dass ich schwul bin und was mit Eddy hatte. Sie sind durch Psycho darauf gekommen. Das Erbe der Biene, meiner Ex-Freundin. Sie hat das damals schon überall herumerzählt.

Bei mir über Facebook melden sich zwei alte Freunde. Es sind Josef und Steve. Beide kiffen noch. Und sie sind beide schon auf Rente. Aus gesundheitlichen Gründen. Josef wegen der Psyche und Steve hat eine Lungenkrankheit. Sie haben beide nicht viel Geld. Und sie beide wollen wieder in die Heimatstadt ziehen, was aber noch in den Sternen steht. Niklas mit dem ich keinen Kontakt mehr habe, wegen seiner aggressiven Art, wurde von einem LKW überrollt. Er wurde oft operiert.

Ich kann froh sein so gesund zu sein.

Dieses Buch beruht auf einer wahren Begebenheit.
Namen und Orte wurden geändert.